Direito do Trabalho e Cidadania

Direito do Trabalho e Cidadania

O SENTIDO DO DIREITO DO TRABALHO
CIVIL LAW & COMMON LAW
DIREITOS DE PERSONALIDADE
IGUALDADE E NÃO DISCRIMINAÇÃO
CORPORATE SOCIAL RESPONSIBILITY

2022

Guilherme Dray
Professor Auxiliar da Faculdade de Direito da Universidade de Lisboa
Advogado

ALMEDINA

DIRETO DO TRABALHO E CIDADANIA
AUTOR
Guilherme Dray
EDITOR
EDIÇÕES ALMEDINA, S.A.
Rua Fernandes Tomás, nºs 76, 78 e 80
3000-167 Coimbra
Tel.: 239 851 904 · Fax: 239 851 901
www.almedina.net · editora@almedina.net
DESIGN DE CAPA
FBA.
CAPA
EDIÇÕES ALMEDINA, S.A.
PRÉ-IMPRESSÃO
EDIÇÕES ALMEDINA, S.A.
IMPRESSÃO E ACABAMENTO

Maio, 2022
DEPÓSITO LEGAL
....

ALMEDINA | GRUPOALMEDINA

Biblioteca Nacional de Portugal – Catalogação na Publicação

DRAY, Guilherme

Direito do trabalho e cidadania. - (Manuais universitários)
ISBN 978-989-40-0453-0

CDU 349

ÍNDICE

INTRODUÇÃO

1. Enquadramento

1. Falar em Direito do Trabalho é, também, falar em cidadania.

A ideia de cidadania no trabalho tem presente a seguinte premissa: não obstante assumir a qualidade de trabalhador através da celebração de contrato do trabalho, o trabalhador subordinado não deixa de ser cidadão e não deixa de poder exercer os seus direitos de cidadania, mesmo no âmbito da relação laboral. Por detrás de cada trabalhador, temos uma pessoa. E a pessoa está no cerne das preocupações do Direito. A dignidade da pessoa, os direitos de personalidade e a igualdade e não discriminação acompanham e condicionam o Direito do Trabalho e as suas soluções desde a formação do contrato de trabalho, até à sua cessação, passando pela respetiva execução.

Nesse sentido, Direito do Trabalho e direitos de cidadania[1-2] caminham lado a lado. Ambos se relacionam com as liberdades negativa e positiva do

[1] Recorda-se que o artigo 26.º da Constituição da República Portuguesa, sob a epígrafe "*Outros direitos pessoais*", enuncia o direito de cidadania como um dos direitos fundamentais previstos na Constituição, ao afirmar que "1. *A todos são reconhecidos os direitos à identidade pessoal, ao desenvolvimento da personalidade, à capacidade civil, à cidadania, ao bom nome e reputação, à imagem, à palavra, à reserva da intimidade da vida privada e familiar e à proteção legal contra quaisquer formas de discriminação*".

[2] A ideia de "direitos de cidadania" que adotamos não se confunde com os *civil rights* estado-unidenses. Em regra, a ideia que existe, a propósito dos "*civil rights*", é que estes decorrem da ideia de igualdade de oportunidades, são um ingrediente indispensável de qualquer regime democrático e estão relacionados com o direito ao voto, o direito de acesso aos tribunais, o

trabalhador e do candidato a emprego, fulcrais numa sociedade em que a liberdade e o pleno exercício de direitos de cidadania fazem parte do respetivo sistema de valores e são alicerces do Estado de Direito. O trabalhador não é, apenas, alguém que produz e que atua sob as ordens e direção do empregador. Antes de ser trabalhador e acima dessa condição, ele é uma pessoa e um cidadão[3], cujos direitos de cidadania devem ser acautelados, ainda que ao celebrar um contrato de trabalho se obrigue a atuar sob as ordens e a autoridade do empregador[4].

O Direito do Trabalho, enquanto direito privado que lida com a relação entre sujeitos privados, deve seguir os valores que marcam o Direito Civil, enquanto direito privado comum: a liberdade e a igualdade. Mas deve, também, em nome da justiça contratual e da tutela do contraente mais débil, atender à situação de tendencial inferioridade do trabalhador, que trabalha em regime de subordinação jurídica e económica e que afeta pessoalmente a sua disponibilidade à prestação do trabalho[5]. É isso que o afasta do "*regime comum das relações patrimoniais do Direito das Obrigações*"[6].

direito a um julgamento justo e à prestação de serviços públicos ou à educação, implicando consequentemente ações positivas do Estado – "*Civil rights are an essential component of democracy. They're guarantees of equal social opportunities and protection under the law, regardless of race, religion, or other characteristics. Examples are the rights to vote, to a fair trial, to government services, and to a public education. In contrast to civil liberties, which are freedoms secured by placing restraints on government, civil rights are secured by positive government action, often in the form of legislation*" – https://www.britannica.com/topic/civil-rights. Veja-se, também, a propósito da diferença entre *civil rights* e *civil liberties*, a informação contida no *Legal Information Institute* da *Cornell Law School* – https://www.law.cornell.edu/wex/civil_rights. Neste caso, no âmbito do nosso estudo, quando falamos nos direitos do trabalhador enquanto cidadão, pretendemos afirmar que o mesmo, antes de ser trabalhador e apesar de o ser, é e continua a ser um cidadão, devendo consequentemente ser tratado no âmbito da relação de trabalho enquanto tal. Nesse sentido, deve ser tratado em condições de igualdade e não discriminação, deve poder exercer livremente a sua liberdade de opinião sem pôr em causa o regular funcionamento da unidade produtiva, deve ver respeitada a sua integridade física e moral e deve ver salvaguardado o seu direito à privacidade, nas suas múltiplas aceções.

[3] Cf. Júlio Vieira Gomes, *Direito do Trabalho*, Vol. I, *Relações Individuais de Trabalho*, Coimbra Editora, Coimbra, 2007, p. 265.

[4] Cf. Menezes Cordeiro, *Direito do Trabalho, I*, Almedina, Coimbra, 2019, pp 466 e ss.; João Leal Amado, *Contrato de Trabalho*, 3ª Edição, Reimpressão, Almedina, Coimbra, 2020, p. 214 e ss.

[5] Sobre a justiça contratual e a tutela do contraente mais débil, veja-se Guilherme Dray, "Breves Notas Sobre o Ideal de Justiça Contratual e a Tutela do Contraente Mais Débil",

2. Direito do Trabalho é direito privado especial[7].

O contrato de trabalho é um contrato privado, celebrado entre sujeitos privados, que decorre da autonomia privada. O contrato de trabalho resulta, no essencial, da liberdade de trabalho, positivada no artigo 47.º da Constituição da República Portuguesa ("Constituição") e do exercício da liberdade de celebração, que é o corolário máximo da autonomia privada e da liberdade negocial, previstos no Código Civil (artigo 405.º).

Os sujeitos laborais, por sua vez, são entidades privadas, que se regem pelo direito privado. Assim sucede com as partes do contrato de trabalho – empregador e trabalhador – e assim sucede, também, com os sujeitos laborais coletivos que os representam e que, nos termos do Código do Trabalho, são outorgantes de instrumentos de regulamentação coletiva de trabalho (artigos 1.º, 2.º, e 485.º e seguintes)[8]. Do lado do empregador, tais instrumentos de regulamentação coletiva tanto podem ser outorgados pelo próprio, a título individual, como por associações de empregadores, que em última instância são associações de direito privado, sujeitas ao regime geral do direito de associação em tudo o que não contrarie o Código do Trabalho (artigos 440.º, n.º 2, 441.º e 443.º). No que diz respeito aos trabalhadores, as respetivas estruturas de representação são acima de tudo as comissões de trabalhadores, que atuam ao

Separata dos Estudos em Homenagem ao Prof. Doutor Inocêncio Galvão Telles, Vol. I, Vária, Almedina, Coimbra, 2002, pp. 75-105.

[6] Cf. João Leal Amado, *Contrato de Trabalho*, 3ª Edição, cit., p. 17.

[7] Sobre a natureza privada do Direito do Trabalho, veja-se, entre nós, Menezes Cordeiro, *Direito do Trabalho, I*, cit., pp. 55 e ss.; Pedro Romano Martinez, *Direito do Trabalho*, 9ª edição, Almedina, Coimbra, 2019, pp. 48 e ss.; Luís Menezes Leitão, *Direito do Trabalho*, 6ª edição, Almedina, Coimbra, 2019, pp. 11 e ss.; Maria do Rosário Ramalho, *Da Autonomia Dogmática do Direito do Trabalho*, Almedina, Coimbra, 2001, pp. 134 e ss.; Bernardo Lobo Xavier, *Manual de Direito do Trabalho*, 4ª edição, Revista e Atualizada, com a colaboração de , P. Furtado Martins, A. Nunes de Carvalho e Joana Vasconcelos, Rei dos Livros, Lisboa, 2020, pp. 68 e ss.; e João Leal Amado, *Contrato de Trabalho*, cit., pp. 29 e ss.

[8] Recorda-se que o Código do Trabalho de 2009 foi aprovado pela Lei n.º 7/2009, de 12 de fevereiro, e alterado pelas seguintes leis: n.º 105/2009, de 14 de setembro, n.º 53/2011, de 14 de outubro, n.º 23/2012, de 25 de junho, n.º 47/2012, de 29 de agosto, n.º 69/2013, de 30 de agosto, n.º 27/2014, de 8 de maio, n.º 55/2014, de 25 de agosto, n.º 28/2015, de 14 de abril, n.º 120/2015, de 1 de setembro, n.º 8/2016, de 1 de abril, n.º 28/2016, de 23 de agosto, n.º 73/2017, de 16 de agosto, n.º 14/2018, de 19 de março, n.º 90/2019, de 4 de setembro, n.º 93/2019, de 4 de setembro, n.º 18/2021, de 8 de abril, n.º Lei n.º 83/2021, de 6 de dezembro, e n.º 1/2022, de 3 de janeiro.

nível da empresa (artigos 415.º e ss.), e as associações sindicais, que promovem a defesa dos seus interesses socioprofissionais, tendo, nomeadamente, o direito de celebrar convenções coletivas de trabalho (artigos 440.º, n.º 1, 441.º e 443.º do Código do Trabalho e 56.º da Constituição) e competência para decretar a greve (artigo 531.º). Ambos são pessoas coletivas de base associativa, que se regem pelo direito privado.

Mesmo a convenção coletiva de trabalho, expoente máximo da negociação coletiva e dos instrumentos de regulamentação coletiva de trabalho (artigo 2.º do Código do Trabalho), resulta de uma negociação levada a efeitos entre sujeitos privados, à luz da sua autonomia negocial coletiva, segundo regras de direito privado e com recurso, em termos linguístico-culturais, a expressões próprias do direito privado. O processo negocial conducente à celebração de uma convenção coletiva de trabalho envolve uma negociação, que por sua vez assenta na apresentação de propostas (artigo 486.º) e contrapropostas (artigo 487.º), e numa aceitação, bem como no eventual cumprimento de um protocolo negocial pelas partes negociadoras – empregador ou associação de empregadores, por um lado, e associação sindical, no polo oposto (artigos 485.º e ss.)[9].

3. O Direito do Trabalho é, portanto, um ramo do direito privado, ainda que com especificidades próprias. É um ramo de direito privado especial[10], dotado de autonomia dogmática[11] e de autonomia sistemática[12]. A relação

[9] Veja-se, a este propósito, a anotação ao artigo 485.º do Código do Trabalho de Luís Gonçalves da Silva, *Código do Trabalho Anotado,* 13ª edição, Pedro Romano Martinez, Luís Miguel Monteiro, Joana Vasconcelos, Pedro Madeira de Brito, Guilherme Dray e Luís Gonçalves da Silva, Almedina, Coimbra, 2020, pp. 1049 e ss.

[10] Veja-se, a este propósito, Menezes Cordeiro, *Direito do Trabalho, I,* Almedina, Coimbra, 2019, p. 50; Pedro Romano Martinez, *Direito do Trabalho,* 9ª edição, Almedina, Coimbra, 2019, pp. 60 e ss.; Luís Menezes Leitão, *Direito do Trabalho,* 6ª edição, Almedina, Coimbra, 2019, pp. 11 e ss.; Bernardo Lobo Xavier, *Manual de Direito do Trabalho,* cit., pp. 60 e ss.; Maria do Rosário Ramalho, *Tratado de Direito do Trabalho, Parte I – Dogmática Geral,* cit., pp. 54-56. e João Leal Amado, *Contrato de Trabalho,* 3ª Edição, Reimpressão, Almedina, Coimbra, 2020, pp. 28 e ss.

[11] Veja-se, a este propósito, Maria do Rosário Ramalho, *Da Autonomia Automática do Direito do Trabalho,* Coimbra, 2000, pp. 961 e ss.; e Guilherme Dray, *O Princípio da Proteção do Trabalhador,* Almedina, Coimbra, 2015, pp. 195 e ss. e 319 e ss.

[12] O reconhecimento da autonomia legislativa do Direito do Trabalho atingiu o seu expoente máximo com a aprovação, entre nós, do primeiro Código do Trabalho, em 2003, aprovado pela Lei n.º 99/2003, de 27 de agosto. A este propósito, veja-se Pedro Romano Martinez, Luís

entre o Direito do Trabalho e o Direito Civil é uma relação de especialidade. O Direito Civil, enquanto direito privado comum, trata da generalidade das situações jurídicas privadas. O Direito do Trabalho, sendo direito privado, é especial e circunscreve-se à situação jurídica laboral, que é o seu objeto. Ele não rege, nem regula, a generalidade de situações privadas, mas apenas a situação jurídica laboral, à qual dispensa um tratamento diferenciado, tendo por base a ideia da especialidade laboral. Como sublinha MENEZES CORDEIRO, Direito do Trabalho é direito privado – "*sem prejuízo da existência de situações potestativas por ele reguladas e de limitações legais por vezes marcadas, pode considerar-se haver, no seu seio, um predomínio da igualdade e da liberdade, por oposição à autoridade e à competência*"[13].

4. A circunstância de se tratar de direito privado determina que o Direito do Trabalho não deve esquecer, tal como no Direito Civil, que as relações sobre as quais incide envolvem os *cives*, ou seja, os cidadãos. Quer dizer, ao regular o contrato de trabalho, e ao regular as fontes específicas do Direito do Trabalho decorrentes da negociação coletiva, o que este ramo do direito tem em vista, em última instância, é a proteção dos cidadãos que são partes desse contrato e sobre os quais vão incidir as normas legais e as decorrentes das convenções coletivas de trabalho que venham a ser celebradas pelos sujeitos laborais coletivos. O Direito do Trabalho, com as suas especificidades, não deixa de ser um ramo do direito que visa a proteção dos *cives* e que procura, acima de tudo, sem pôr em causa a liberdade de gestão empresarial, proteger o contraente mais débil e os respetivos direitos de cidadania.

5. E se tem sido assim desde a sua fundação, no século XIX, na sequência da famosa *Questão Social*[14], não há razões para que assim deixe de ser, no século XXI, depois dos múltiplos avanços que o Direito do Trabalho tem vivido.

MIGUEL MONTEIRO, JOANA VASCONCELOS, PEDRO MADEIRA DE BRITO, GUILHERME MACHADO DRAY e LUÍS GONÇALVES DA SILVA, *Código do Trabalho Anotado,* Almedina, Coimbra, 2003.

[13] Cf. MENEZES CORDEIRO, *Direito do Trabalho, I,* Almedina, cit., p. 53.

[14] Sobre a célebre "Questão Social" que esteve na origem do aparecimento do Direito do Trabalho, vejam-se os clássicos GUSTAV SCHMOLLER, *Die soziale Frage /Klassenbildung, Arbeiterfrage, Klassenkampf,* Duncker & Humblot Munique,1918; e FRIEDRICH ENGELS, *A situação da classe trabalhadora em Inglaterra,* tradução portuguesa, Edições Afrontamento, Porto, 1975. Veja-se,

6. O século XIX trouxe-nos os alicerces do Direito do Trabalho e a consciência de que o Direito Civil era insuficiente para proteger o contraente mais débil, havendo necessidade de se criar um corpo de leis e regras próprias para proteger o trabalhador. O Direito Civil foi concebido e desenvolvido tendo por base um paradigma de paridade de armas em sede contratual, o que não sucede no domínio das relações jurídicas desequilibradas, como sejam as de consumo ou laborais. E mesmo quando atua, pontualmente, com o intuito de proteger alguém que se encontra, em concreto, numa especial situação de inferioridade – *vg.* no domínio dos negócios usurários – o Direito Civil não o faz de forma categorial e tendo por base um universo identificado de pessoas, como sejam os consumidores ou os trabalhadores: fá-lo, apenas, perante determinados casos concretos, quando, *in casu*, se verifique a existência de uma particular situação de inferioridade negocial que pode ter origem em diversas causas ou situações distintas, insuscetíveis, portanto, de uma categorização única e previamente identificável[15]. O Direito do Trabalho foi mais longe: autonomizou os trabalhadores como uma categoria de contraentes tendencialmente mais débeis, mesmo em sede constitucional[16], e dispensou-lhes um tratamento autónomo e particularmente garantístico, independentemente de qualquer circunstância específica, através de princípios próprios e de regras jurídicas específicas – o chamado *"floor of rights"* a que se referem Simon Deakins e Gillian Morris[17]. O Direito do Trabalho

também, Guilherme Dray, *O Princípio da Proteção do Trabalhador,* cit., pp. 209 e ss.; e Luís Gonçalves da Silva, *From The Social Question to Legislative Protection,* AAFDL, Lisboa, 2021.

[15] Veja-se Guilherme Dray, *O Princípio da Proteção do Trabalhador,* cit., p. 61.

[16] O mesmo sucede, aliás, ao nível da Constituição da República Portuguesa, que dedica um capítulo específico aos "direitos, liberdades e garantias" dos trabalhadores, no Capítulo III do Título II (artigos 53.º a 57.º), garantindo em simultâneo, a par daqueles direitos de carácter precetivo, direitos de crédito" previstos no Capítulo I do Título III, na parte atinente aos "direitos económicos, sociais e culturais" (artigos 58.º e 59.º). Recorda-se, como sublinha João Caupers, que *"o conceito constitucional de trabalhador, enquanto titular de direitos, corresponde à noção de trabalhador subordinado"* – João Caupers, *Os Direitos Fundamentais dos Trabalhadores e a Constituição,* Almedina, Coimbra, 1985, p. 80. Veja-se também, a propósito da nossa Constituição Laboral, José João Abrantes, "Direito do Trabalho e Constituição", *Direito do Trabalho, Ensaios,* Edição Cosmos, 1995; e Jorge Miranda, *Manual de Direito Constitucional,* Tomo IV, Direitos Fundamentais, 5ª ed., cit., pp. 99 e ss.

[17] Cf. Simon Deakin / Gillian Morris, *Labour Law,* 3ª edição, Butterworths, Londres, 2001, p. 20.

aparece, portanto, como um sistema jurídico que intervém a favor da "*parte più debole*" do contrato[18], afirmando-se como um instrumento para a realização dos direitos fundamentais e de cidadania do trabalhador ou, como sustentam Júlio Viera Gomes e José João Abrantes, para a defesa da sua dignidade como pessoa[19-20]. É a chamada "*função tuitiva ou tutelar de proteção da parte mais débil da relação laboral*", a que se refere João Leal Amado[21].

7. O século XX trouxe-nos, num primeiro momento, uma primeira geração de direitos laborais, desde a limitação do tempo de trabalho[22], passando pelo direito ao repouso, ao salário mínimo nacional, à proibição do trabalho infantil e à negociação coletiva[23]. O pós-I Guerra Mundial trouxe-nos a Organização Internacional do Trabalho (1919), a consciencialização, expressa na Declaração de Filadélfia de 1944, de que o trabalho "não é uma mercadoria" e a internacionalização deste ramo do direito, através da criação dos primeiros *minimum labour* standards, aplicáveis à escala global[24]. O

[18] Cf. Giuseppe Pera, *Diritto del Lavoro*, 6ª ed., Cedam, 2000, Padova, p. 1

[19] Cf. Júlio Vieira Gomes, *Direito do Trabalho*, Vol. I, *Relações Individuais de Trabalho*, Coimbra Editora, Coimbra, 2007, p. 39.

[20] Cf. José João Abrantes, *Contrato de Trabalho e Direitos Fundamentais*, Coimbra Editora, Coimbra, 2005, pp. 35 e ss.

[21] Cf. João Leal Amado, *Contrato de Trabalho*, 3ª Edição, cit., p.217.

[22] A temática do tempo de trabalho está na génese do Direito do trabalho, na exata medida em que um dos problemas associados à referida "Questão Social" prendia-se, precisamente, com a necessidade de limitação do tempo de trabalho e com a preservação da vida pessoal e familiar do trabalhador – as regras da limitação do tempo de trabalho, nomeadamente a regra que mandava trabalhar *de Sol a Sol*, bem como as respeitantes ao descanso aos domingos e feriados e à limitação de trabalho durante o período noturno, estão na origem do Direito do Trabalho e contribuíram, decisivamente, para a consolidação do "princípio da proteção do trabalhador" que é característico do Direito do Trabalho e que surge na sequência da referida "Questão Social".

[23] Veja-se, a este propósito, Guilherme Dray, "Negociação coletiva & trabalho nas plataformas digitais. *Winds of Change from the USA*", *Revista Res Publica*, número 01 – fevereiro 2021, pp. 26-42.

[24] Recorda-se que a Organização Internacional do Trabalho foi constituída no âmbito Tratado de Versalhes, em que as potências aliadas, bem como a Alemanha, a Áustria-Hungria e a Bulgária, "*movidas por sentimentos de justiça e de humanidade, assim como pelo desejo de assegurar uma paz mundial e duradoura*", acordaram na criação desta agência especializada, de onde resultou a correlativa internacionalização do Direito do trabalho. Veja-se, a este propósito, Montoya Melgar, *Derecho del Trabajo*, 42.ª edição, Tecnos, Madrid, 2021, pp. 200 e ss. Veja-se, também, Guilherme Dray, "As convenções fundamentais da OIT: receção normativa e dificuldades

pós-II Guerra Mundial trouxe-nos a universalização do Direito do Trabalho, a sua consagração na Declaração Universal dos Direitos do Homem (1948)[25] e a sua importação para a generalidades das constituições dos Estados modernos, passando os trabalhadores a gozar de "direitos fundamentais" relacionados com a atividade laboral[26]. Os anos sessenta do século XX, deram-nos a primeira conexão direta entre o Direito do Trabalho e os diretos de cidadania, através da aprovação, nos Estados Unidos da América, do *Civil Rights Act of* 1964[27], cujo Título VII trata da igualdade e não discriminação no acesso ao

de aplicação", *IV Encuentro Ibérico de Derecho del Trabajo. Los Convenios de la OIT: su incidência en los ordenamentos de Portugal Y España*, Documentación Laboral, Revista de la Associación Española de Derecho del Trabajo y de la Seguridad Social, n-º 116, Año 2019, Vol. I, Ediciones Cinca, Mayo 2019, pp. 23-35.

25 A preocupação de tutela do trabalhador encontra-se presente na Declaração Universal dos Direitos do Homem (DUDH), aprovada pela Assembleia Geral das Nações Unidas em 10 de dezembro de 1948. Partindo precisamente desse pressuposto – o da necessidade de proteção do trabalhador – os artigos 23.º e 24.º da DUDH consagram vários direitos fundamentais dos trabalhadores, estando igualmente previstos, no artigo 25.º, diversos direitos sociais. O artigo 23.º da DUDH determina que toda a pessoa tem *"direito ao trabalho, à livre escolha do trabalho, a condições equitativas e satisfatórias de trabalho e à proteção contra o desemprego"* n.º 1, prescrevendo ainda que todos têm direito, sem discriminação alguma, a *"salário igual por trabalho igual"* (n.º 2), a uma *"remuneração equitativa e satisfatória"* (n.º 3) e a *"fundar com outras pessoas sindicatos e de se filiar em sindicatos para defesa dos seus interesses"* (n.º 4). Por outro lado, o artigo 24.º prevê o direito ao repouso e ao lazer, bem como à limitação da duração do trabalho e a férias periódicas pagas. O artigo 25.º desta mesma Declaração consagra um conjunto de direitos sociais – *"Toda a pessoa tem direito a um nível de vida suficiente para lhe assegurar e à sua família a saúde e o bem-estar, principalmente quanto à alimentação, ao vestuário, ao alojamento, à assistência médica e ainda quanto aos serviços sociais necessários, e tem direito à segurança no desemprego, na doença, na invalidez, na viuvez, na velhice ou noutros casos de perda de meios de subsistência por circunstâncias independentes da sua vontade"* (n.º 1), prevendo também a proteção da maternidade e da infância (n.º 2).

26 Veja-se Guilherme Dray, *O Princípio da Proteção do Trabalhador*, cit., pp. 118 e ss. e 454 e ss.

27 Sobre o *Civil Rights Act de 1964*, veja-se, entre nós, Guilherme Dray, *A Influência dos Estados Unidos da América na Afirmação do Princípio da Igualdade no Emprego nos Países da Lusofonia*, Almedina, Coimbra, 2016, e *The Influence of the United States of America on Reaffirming the Principle of Equality Portuguese Speaking Countries*, Almedina, Coimbra, 2016. Na doutrina estado-unidense, veja-se, nomeadamente, Abner Greene, "Religious Freedom and (Other) Civil Liberties: Is There a Middle Ground?", *Harvard Law & Policy Review*, Volume 9, Number 1, Winter 2015, Cambridge, Massachusetts, 2015, pp. 161 e ss.; Bruce Ackerman, *We The People, 3, The Civil Rights Revolution*, The Belknap Press of Harvard University Press, Cambridge, Massachussets, 2014; Ayeh Neier, *The International Human Rights Movement: a History*, Princeton, Nj and Oxford, UK, Princeton University Press, 2012; Joel Wm Friedman, *The Law of Employment Discrimination, Cases and Materials, Seventh Edition*, Foundation Press, New York, 2009; Finley, Keith M. 2008, *Delaying the Dream: Southern Senators and the Fight Against Civil Rights,*

emprego. Com base no *Civil Rights Act*, o direito de acesso ao emprego em condições de igualdade, a par do direito ao voto, do direito de acesso a estabelecimentos públicos e ao ensino, passa a ser expressamente concebido como um "direito de cidadania". O *Civil Rights Act of 1964*, reconhecidamente tido como *"the landmark federal antidiscrimination law"*[28], *"the rights revolution"*[29] ou *"a milestone"*[30], esteve na origem do que alguns apelidam de *"Civil Rights*

1938–1965, Baton Rouge: LSU Press; George A. Rutherglen / John J. Donohue III, *Employment Discrimination*, Foundation Press, New York, 2005; Wright, Susan (2005), *The Civil Rights Act of 1964: Landmark Antidiscrimination Legislation*, The Rosen Publishing Group; Kotz, Nick (2005), *Judgment Days: Lyndon Baines Johnson, Martin Luther King, Jr., and the Laws that Changed America*, p. 61; Barbara Lindemann / Paul Grossman, *Employment Discrimination Law, Third Edition, Volume I*, American Bar Association, Section of Labor and Employment Law, Washington D.C., 1996; Loevy, Robert (1997), *The Civil Rights Act of 1964: The Passage of the Law that Ended Racial Segregation*, State University of New York Press; Freeman, Jo. "How 'Sex' Got Into Title VII: Persistent Opportunism as a Maker of Public Policy," *Law and Inequality: A Journal of Theory and Practice*, Vol. 9, No. 2, March 1991, pp 163–184; Cas. R. Sunstein, *After the Civil Rights Revolution, Reconceiving the Regulatory State*, cit.; Gold, Michael Evan. *A Tale of Two Amendments: The Reasons Congress Added Sex to Title VII and Their Implication for the Issue of Comparable Worth.* Faculty Publications – Collective Bargaining, Labor Law, and Labor History. Cornell, 1981; j.r. brockhoff, "A Lesson on Tolerance", *in Rethoric, Religion and the Civil Rights Movement*, David W. Houck & David E. Dixon editors., 2006, pp. 172 e ss.; MarC Galanter, "Religious, Freedoms in the United States: a Turing Point", *in Wis. L. Review*, n.º 217, 1966, cit.; Samuel Moyn, *The Last Utopia: Human Rights in History*, Harvard University Press, 2010Eric S. Dreiband and Brett Swearinge, *The Evolution of Title VII — Sexual Orientation, Gender Identity, and the Civil Rights Act of 1964*, Material presented at the 2015 National Conference on Equal Opportunity Employment Law, American Bar Association, disponível em http://www.americanbar.org/tools/digitalassetabstract.html/content/dam/aba/events/labor_law/2015/april/eeo/dreiband_lgbt.pdf, acesso em Agosto de 2015.

[28] Cf. Katherine E., Lamm, "Work in Progress: Civil Rights Class Actions After Wal-Mart v. Dukes", *Harvard Civil Rights – Civil Liberties Review*, Vol. 49, n.º 2, Summer 2014, Cambridge, Massachusetts, pp.153 e ss., p. 154.

[29] Cf. R. Sunstein, *After the Civil Rights Revolution, Reconceiving the Regulatory State*, Harvard University Press, Cambridge, Massachusetts, 1990, pp. 12 e 13. O autor recorda que *"Between the New Deal and the 1980s the United States witnessed a rights revolution – the creation by Congress of legal entitlements to freedom from risks in the workplace and in consumer products, from poverty, from long hours and low wages, from fraud and deception, from dominating by employers .... Building on the original Bill of Rights, and inspired by the civil rights movement, Congress created regulatory programs as a means of furnishing government protection against the multiple hazards of industrial society. This development has been an exceptionally dramatic and important one. Indeed, it has renovated the original constitutional framework and the system of government under which the nation operated for most of its history"*.

[30] Cf. Stanley Howard, *The Civil Rights Act of 1991: A Pluralist Analysis of African American Political and Economic Integration, Thesis*, U.M.I Dissertation Services, Michigan, 1994, p. 93

Era" [31]. O Direito do Trabalho passou, assim, a ser visto também como um ramo do direito associado aos direitos de cidadania. O último quartel do século XX, por fim, trouxe-nos a flexibilização das relações laborais, quer no plano interno da relação de trabalho (polivalência funcional, mobilidade geográfica, gestão flexível do tempo de trabalho, etc), quer ao nível da cessação do contrato de trabalho.

8. O século XXI, com as profundas alterações que encerra, decorrentes acima de tudo da chamada "transição digital", traz-nos agora novos problemas e novos desafios, que voltam a convocar o Direito do Trabalho, trazendo à colação um "Direito do Trabalho da Era Digital"[32]. Questões relativas à privacidade e não discriminação, ao trabalho prestado nas plataformas digitais, ao trabalho remoto e ao nomadismo digital, à globalização e ao *redeployment*, trazem, mais uma vez, dúvidas sobre a eventual desadequação do Direito do Trabalho face às profundas alterações que se registam no mundo do trabalho. O Futuro do Trabalho tem, de resto, suscitados diversos estudos e intervenções, à escala global[33].

9. Pois bem: é nesse contexto que se julga que o Direito do Trabalho, mantendo a sua plena atualidade, pode e deve recentrar-se, prestando particular atenção à ideia de cidadania no trabalho.

Mais do que uma *Timed-Out Idea*, o Direito do Trabalho mantém-se como uma *Timeless Idea*, nos termos que se passam a enunciar.

[31] Veja-se, a este propósito, JAMES M. OLESKE, JR., *"The Evolution of Accommodation: Comparing the Unequal Treatment of Religious Objections to Interracial and Same-Sex Marriages", Harvard Civil Rights – Civil Liberties Review,* Vol. 50, n.º 1, Winter 2015, Cambridge, Massachusetts, pp.99 e ss., p. 102.

[32] Sobre o tema, veja-se TERESA COELHO MOREIRA, *Direito do Trabalho na Era Digital,* Almedina, Coimbra, 2021.

[33] Veja-se, nomeadamente, as obras publicadas pela Organização Internacional do Trabalho, *Work for a brighter future,* Global Commission on the Future of Work International Labour Office – Geneva, ILO, 2019 ; e pela Organização Para a Cooperação e Desenvolvimento Económico, *OECD Employment Outlook 2019: The Future of Work,* OECD Publishing, Paris, 2019.

2. O Direito do Trabalho como uma *Timeless Idea*

1. A importância do Direito do Trabalho na sociedade hodierna e no universo jurídico é de simples compreensão.

Quer em termos sociais, quer em termos económicos, quer em termos jurídicos, é inegável a importância do Direito do Trabalho. O contrato de trabalho é dos contratos mais utilizados e massificados na atual sociedade[34]. A grande maioria de pessoas, à escala global, presta atividade laboral e aufere rendimentos provenientes do seu trabalho, indispensável para o seu sustento e o da sua família. O trabalho subordinado, por sua vez, é titulado pelo contrato de trabalho. O contrato de trabalho é, de resto, um dos mais importantes fatores de exclusão da pobreza e é um poderoso instrumento de mobilidade social[35], de afirmação da cidadania e do livre desenvolvimento da personalidade[36], no que este tem de melhor. Cidadãos livres e esclarecidos são, também, cidadãos independentes. O rendimento do trabalho, decorrente do contrato de trabalho, é um importante instrumento para a independência económica e a autossuficiência dos cidadãos. A disciplina da relação laboral e do contrato de trabalho é, pois, de suma importância, cabendo ao Direito do Trabalho a sua regulação e governação. Mesmo enquanto disciplina jurídica, dotada de autonomia científica, o Direito do Trabalho tem tido uma importância crescente para o próprio desenvolvimento do direito privado comum, quer através da criação e promoção de princípios jurídicos próprios[37], como seja o

[34] Sobre as características do contrato de trabalho, veja-se Menezes Cordeiro, *Direito do Trabalho, II,* Almedina, Coimbra, pp. 95 e ss.; Pedro Romano Martinez, *Direito do Trabalho,* cit., pp. 299 e ss.; e João Leal Amado, *Contrato de Trabalho,* cit., pp. 63 e ss.

[35] Sobre a mobilidade social *social mobility*, associada ao «American Way of Life» e ao mercado de trabalho, veja-se Guilherme Dray, *A influência dos Estados Unidos da América na Afirmação do Princípio da Igualdade no Emprego nos Países da Lusofonia*, Almedina, Coimbra, 2016, pp. 79 e ss; e *The Influence of the United States of America on Reaffirming the Principle of Equality Portuguese Speaking Countries*, Almedina, Coimbra, 2016, pp. 77 e ss.

[36] Sobre o livre desenvolvimento da personalidade, recorda-se o artigo 2.º da Constituição da República Federal da Alemanha, segundo o qual, «*Todos têm o direito ao livre desenvolvimento da sua personalidade, desde que não violem os direitos de outros e não atentem contra a ordem constitucional ou a lei moral*».

[37] Cf. Maria do Rosário Ramalho, *Da Autonomia Automática do Direito do Trabalho,* cit., pp. 961 e ss.;

princípio da proteção do trabalhador[38], quer ao nível do sistema de fontes e da resolução dos respetivos conflitos hierárquicos, que conta com determinadas especificidades. A autonomia dogmática do Direito do Trabalho decorre da afirmação, no seu seio, de princípios normativos próprios, como seja o aludido princípio da proteção do trabalhador, que atua, quer ao nível do sistema de fontes e da resolução de conflitos hierárquicos que possam ocorrer entre as mesmas, quer ao nível das soluções consagradas nas regras jurídicas que incidem sobre a formação, a execução e a cessação do contrato de trabalho, quer, até, enquanto elemento de conformação legislativa. O princípio da proteção do trabalhador, que é a "partícula divina" do Direito do Trabalho ou o seu "norte magnético"[39], marca este ramo do direito e está, em certa medida, na base da evolução dogmática de outras áreas jurídicas – não só no domínio do Direito Privado, mas também do Direito Público e do Direito Internacional[40], influenciando até a socialização do Direito Civil[41].

2. Relativamente ao sistema de fontes, a especificidade do Direito do Trabalho é também significativa, na exata medida em que o mesmo conta com fontes normativas específicas[42], em particular os instrumentos de regulamentação coletiva de trabalho (cf. artigo 1.º do Código do Trabalho)[43], que

[38] Veja-se, a este propósito, Guilherme Dray, *O Princípio da Proteção do Trabalhador,* cit. pp. 453 e ss.

[39] Cf. Guilherme Dray, *O Princípio da Proteção do Trabalhador,* cit., p. 853.

[40] Cf. Maria do Rosário Ramalho, *Autonomia Dogmática do Direito do Trabalho,* cit., p. 999; Guilherme Dray, *O Princípio da Proteção do Trabalhador,* cit., p. 41. Veja-se, também, Júlio Vieira Gomes, *Direito do Trabalho,* Vol. I, *Relações Individuais de Trabalho,* Coimbra Editora, Coimbra, 2007, p. 14.

[41] Sobre a socialização do Direito Civil, ramo do direito tradicionalmente neutral e de estruturação liberal, referindo que este vem evoluindo no sentido da respetiva socialização e da criação de esquemas de proteção de certas categorias de contraentes mais débeis, ao arrepio da liberdade negocial, veja-se Menezes Cordeiro, *Da Modernização do Direito Civil, I – Aspectos Gerais,* Almedina, Coimbra, 2004, que ilustra a situação acima descrita com a reforma do Código Civil alemão de 2001/2002, a qual acolheu, nomeadamente, a matéria da tutela dos consumidores, integrando no Direito Civil, num fenómeno de *alargamento,* a defesa do consumidor – pp. 70 e 117 e ss.

[42] Cf. Pedro Romano Martinez, *Direito do Trabalho,* cit., 167 e ss.; e Luís Menezes Leitão, *Direito do Trabalho,* cit., pp. 61 e ss.

[43] Veja-se Luís Gonçalves da Silva, anotação ao artigo 1.º do Código do Trabalho, em *Código do Trabalho Anotado,* Pedro Romano Martinez, Luís Miguel Monteiro, Joana

em larga medida resultam da autonomia negocial coletiva e da atribuição de competências a estruturas representativas de trabalhadores e empregadores para criarem normas aplicáveis aos trabalhadores de determinadas empresas ou setores de atividades[44]. Tais especificidades fazem-se sentir, em particular, ao nível da negociação coletiva e da eficácia perante terceiros do conteúdo normativo das convenções coletivas de trabalho, à luz do chamado "princípio da filiação" (artigo 496.º do Código do Trabalho)[45]. Também aqui, temos um ramo de direito que faz a diferença e que cria novas soluções, assentes na autorregulamentação de interesses, capazes de influenciar o próprio Direito Civil.

3. Por tudo isto, o Direito do Trabalho é, hoje em dia, um ramo do direito incontornável. E é, também, um ramo do direito em constante evolução, que procura acompanhar o chamado "Futuro do Trabalho"[46].

4. É neste contexto que a conceção do Direito do Trabalho como um direito de cidadania ganha uma importância acrescida. Quando muitos questionam a pertinência do Direito do Trabalho e a necessidade da sua manutenção perante novos modelos de trabalho assentes na flexibilização, na precariedade e na digitalização, e quando se questiona sobre se o Direito do Trabalho que conhecemos se coaduna, por exemplo, com o trabalho nas plataformas digitais,

Vasconcelos, Pedro Madeira de Brito, Guilherme Machado Dray e Luís Gonçalves da Silva, cit., pp. 49 e ss.

[44] Sobre a importância da negociação coletiva enquanto instrumento de paz social e de dignificação do trabalho no âmbito das democracias liberais, garantindo relações laborais equilibradas, veja-se, a propósito da realidade estado unidense, Robert A. Gorman / Matthew W. Finkin, *Basic Text on Labor Law, Second Edition*, Thomson West, United States of America, 2004, p. 8.

[45] Sobre a obrigatoriedade de negociação coletiva e o princípio da filiação previstos, respetivamente, nos artigos 485.º e 496.º do Código do Trabalho, veja-se, nomeadamente, Luís Gonçalves da Silva, em *Código do Trabalho Anotado*, Pedro Romano Martinez, Luís Miguel Monteiro, Joana Vasconcelos, Pedro Madeira de Brito, Guilherme Machado Dray e Luís Gonçalves da Silva, 13ª edição, Almedina, Coimbra, 2020, pp. 1049 e ss e 1070 e ss.

[46] Sobre o Futuro do Trabalho, veja-se o *Livro Verde Sobre o Futuro do Trabalho*, de Teresa Coelho Moreira e Guilherme Dray (coordenadores científicos), Ana Lima das Neves (coordenadora executiva), Ana Fontes, Maria João Câmara, Sónia Trindade, José Luís Albuquerque, Ana Olim, Ricardo Bernardes, Susana Tavares e Rita Dantas Ferreira, Gabinete de Estratégia e Planeamento do Ministério do Trabalho, Solidariedade e Segurança Social, 2022.

o trabalho intermitente, o trabalho sazonal, o trabalho assente nos *zero hours contracts*, o nomadismo digital, o trabalho remoto e o *redeployment*, que se caracterizam acima de tudo pela ausência de estabilidade laboral e por vínculos laborais sem uma perspetiva de carreira, a resposta que pode ser dada é esta: o Direito do Trabalho, enquanto direito de cidadania, tende a ser intemporal e tem muito para dar. Quando se diz que o Direito do Trabalho, pelo menos nas economias ocidentais, já cumpriu o seu papel, garantindo a limitação das horas de trabalho, o direito ao descanso, o direito a férias periódicas pagas, o direito ao salário mínimo nacional, o direito à greve e à negociação coletiva, nada mais havendo a cuidar, a resposta que pode ser dada e esta: perante novas realidades laborais e o fenómeno da transição digital, há novos desafios que se levantam, nomeadamente associados à proteção da privacidade, da liberdade de expressão, da integridade física e moral, da igualdade e não discriminação e da conciliação entre vida profissional e vida pessoal.

5. O Direito do Trabalho do século XXI deve tratar, também, de novos temas por ora não regulados: a Inteligência Artificial e o uso de algoritmos, enquanto instrumentos de exercício do poder patronal, a proteção dos dados pessoais dos candidatos a emprego e dos trabalhadores, bem como o direito à confidencialidade na utilização da internet e do correio artificial. Quando se pergunta, em suma, na esteira da questão colocada pelos autores, GUY DAVIDOV e BRIAN LANGILLE, se o Direito do Trabalho é uma *Timed-Out Idea*, ou seja, uma ideia já ultrapassada, ou se é uma *Timeless Idea*, ou seja, uma ideia ilimitada e intemporal[47], a nossa resposta é clara: a Ideia de Direito subjacente ao Direito do Trabalho, assente na proteção da parte mais fraca (proteção do trabalhador) e na tentativa de reequilíbrio negocial, é uma ideia intemporal, porque faz parte da matriz personalista do Direito. O Direito serve, acima de tudo, para proteger as pessoas, seja contra ingerências externas provenientes do Estado, seja contra o abuso do exercício de poderes por parte de outros sujeitos privados. No caso do Direito do Trabalho, atenta a situação de subordinação jurídica e económica do trabalhador, o norte magnético é

[47] Cf. GUY DAVIDOV e BRIAN LANGILLE, "Understanding Labour Law: A Timeless Idea, a Timed-Out Idea, or an Idea Whose Time has Now Come", The Idea of Labour Law, Edited by Guy Davidov & Brian Langille, Oxford University Press, United Kingdom, 2013, pp. 1-10.

e continua a ser a proteção do trabalhador, sem se descurar o empreendedorismo, a iniciativa privada e a liberdade de gestão empresarial. O Direito do Trabalho do século XXI deve, em suma, procurar um *fair balance* ou um justo equilíbrio entre a proteção da parte mais fraca e a preservação e agilização da gestão empresarial. O facto de as novas relações de trabalho se afastarem do modelo tradicional de trabalho dos séculos XIX e XX, produzindo modelos contratuais menos estáveis e mais deslocalizados, e o facto de a primeira geração de direitos laborais já se ter por adquirida – salário mínimo nacional, limitação das horas de trabalho, direito ao repouso e a férias periódicas pagas e direito à proteção contra acidentes de trabalho – não significa que o Direito do Trabalho tenha perdido a sua atualidade ou deixe de fazer sentido. Ele continua a fazer sentido, em especial se o associarmos à ideia de proteção da cidadania. O Direito do Trabalho é, inquestionavelmente, um ramo do Direito que pode contribuir para a cidadania plena e para a afirmação dos direitos de cidadania, fazendo a ponte entre a vida profissional e a vida privada. E, neste sentido, ele é intemporal – *a Timeless Idea* – como intemporal é a ideia de proteção da parte mais fraca.

6. O Direito do Trabalho do século XXI, mais do que centrar a sua atenção no trabalho que se produz nas fábricas, e mais do que lutar pela limitação da jornada de trabalho, pelo direito ao repouso, pela reparação dos acidentes de trabalho e pelo salário mínimo nacional, tem de centrar a sua atenção, não apenas na manutenção dos direitos que já foram conquistados, mas acima de tudo na resposta a novos desafios e na defesa da cidadania de quem trabalha. Tem de centrar a sua atenção, como se disse, na proteção da privacidade face ao uso da tecnologia; na defesa da conciliação entre a vida profissional e a vida privada perante a conexão digital ilimitada; na salvaguarda dos dados pessoais face ao tratamento massificado dos mesmos; na defesa da igualdade e não discriminação perante práticas potencialmente discriminatórias; na regulação do uso da Inteligência Artificial e de algoritmos como modelos de exercício dos poderes patronais; bem como na proteção da liberdade de expressão e de opinião, no combate ao assédio e na defesa da confidencialidade de mensagens e de acesso a informação. Todos estes novos problemas se reconduzem à defesa do trabalhador, enquanto cidadão que nunca deixa de ser e que está por detrás de cada trabalhador. A associação do Direito

do Trabalho à defesa dos direitos de cidadania reforça a sua importância e permite atribuir-lhe uma nova vocação que reforça a sua intemporalidade. O Direito do Trabalho, visto nesta perspetiva, e usando as palavras dos referidos autores, GUY DAVIDOV e BRIAN LANGILLE, surge como uma *Idea Whose Time has Now Come.* Ou seja, como uma ideia que se renova, que mantém a intemporalidade no que diz respeito à proteção da parte mais fraca, mas que tem agora, perante os novos desafios do trabalho digital, espaço para florescer, se robustecer e se dedicar a novos temas.

7. A importância desta unidade curricular – Direito do Trabalho e Cidadania – enquanto área jurídica essencial no plano de estudos da Faculdade de Direito da Universidade de Lisboa, torna-se, portanto, manifesta[48-49].

8. O que está em causa, no estudo do Direito do Trabalho e Cidadania, é o aprofundamento de uma área específica do Direito do Trabalho ainda não desenvolvida e que justifica um tratamento autónomo e unitário, que se prende com a salvaguarda do exercício de direitos cidadania no trabalho, em especial através da aplicação conjugada dos regimes jurídicos dos direitos de personalidade e da igualdade e não discriminação. O presente estudo é, por isso, oportuno, inovador e pedagogicamente importante. Trata de um tema atual, pouco desenvolvido, que marca a sociedade de hoje e que tende a consolidar-se no âmbito do que muitos apelidam por "Futuro do Trabalho"[50]. Com efeito, ainda que os temas dos direitos de personalidade e da igualdade e não discriminação no trabalho façam parte do Plano de Estudos da unidade curricular de Direito do Trabalho I, no curso de licenciatura, a verdade é que

[48] Veja-se, a este propósito, MARIA DO ROSÁRIO RAMALHO, *Perspectivas Metodológicas do Direito do Trabalho, Relatório,* Almedina, Coimbra, 2005, p. 21.

[49] Sobre a história do Direito do Trabalho nas Universidades portuguesas, designadamente na Faculdade de Direito da Universidade de Lisboa, na Faculdade de Direito da Universidade de Coimbra, em Faculdades de Direito de Universidades privadas, veja-se PEDRO ROMANO MARTINEZ, *Direito do Trabalho. Relatório sobre o Programa, o Conteúdo e os Modos de Ensino Teórico e Prático da Cadeira de Direito do Trabalho,* Suplemento da RDUL, 1999, 7, pp. 9 e ss.; MARIA DO ROSÁRIO RAMALHO, *Perspectivas Metodológicas do Direito do Trabalho, Relatório,* Almedina, Coimbra, 2005, pp. 31 e ss.

[50] Veja-se, a este propósito, o *Livro Verde Sobre o Futuro do Trabalho,* cit., relativamente ao qual o autor é um dos coordenadores científicos.

os mesmos não são aprofundados e orientados para uma visão integrada à luz da ideia de cidadania no trabalho.

9. A ideia de cidadania no trabalho ou – numa abordagem anglo-saxónica – de *citizenship at work*, segundo a terminologia utilizada nos países pertencentes à *common law*[51], faz hoje parte do núcleo central de preocupações do Direito do Trabalho[52], mesmo numa perspetiva empresarial, em nome da responsabilidade social das empresas[53]. A ideia de cidadania no trabalho assenta, portanto, no seguinte: não obstante assumir a qualidade de trabalhador e de se obrigar a trabalhar sob as ordens e direção do empregador, o trabalhador subordinado não deixa de ser cidadão e não deixa de poder exercer os seus direitos de cidadania, mesmo no âmbito da relação laboral. Trata-se de uma consequência direta do conceito humanista da relação de trabalho[54].

[51] Recorda-se que a família da *Common Law* é composta pelo conjunto dos sistemas jurídicos que têm por base o Direito comum (*Common Law*) criado pelos tribunais ingleses a partir do século XI, onde o Direito Romano não foi recebido. Nela se compreendem, na Europa, o Direito vigente na Inglaterra, País de Gales, Irlanda do Norte e República da Irlanda; na América do Norte, o Direito dos Estados Unidos da América e o do Canadá; na Oceânia, o Direito da Austrália e o da Nova Zelândia; em África, o da Nigéria, Gana, Tanzânia, Quénia, Uganda e o da Libéria. Na Ásia, o Direito da Índia, Paquistão e Israel, ainda que estes contenham também caracteristicas de outras famílias jurídicas, sendo por isso "híbridos" – cf. Dário Moura Vicente, *Direito Comparado, Volume I Direito Comparado, Volume I*, 4ª edição, Almedina Coimbra, p. 234. No âmbito do presente Relatório, trataremos de analisar o tema do Direito do Trabalho e Cidadania tendo por base, exclusivamente, o direito luso. Não deixaremos, todavia, sempre que tal se justifique, de fazer algumas referências à *case law* dos Estados Unidos da América, ou seja, à jurisprudência estado-unidense, a propósito de decisões sobre direitos de personalidade ou sobre igualdade e não discriminação no trabalho e emprego. A escolha dos Estados Unidos da América reside na circunstância deste ser um dos mais representativos sistemas jurídicos desta família jurídica e ser uma das suas "cabeças de estirpe", que tem tido uma atuação muito significativa ao nível, por exemplo, da liberdade de expressão ou da proibição de discriminação no acesso ao emprego e no trabalho.

[52] No mesmo sentido, João Leal Amado, *Contrato de Trabalho*, Coimbra Editora, 3ª edição, pp. 207 e ss., o qual analisa os direitos do trabalhador "*enquanto pessoa e cidadão*".

[53] Sobre a responsabilidade social das empresas e o Direito do Trabalho, veja-se Guilherme Dray, *"Corporate Social Responsibility & Labor Compliance"*, *Revista Internacional de Direito do Trabalho*, Almedina, Coimbra, 2021, pp. 837-870; e, do mesmo autor, *Equality, Welfare State & Democracy*, Almedina, Coimbra, 2018, pp. 41 e ss.

[54] Sobre a função social do Direito do Trabalho e a conceção humanista da relação de trabalho acolhida na Constituição da República portuguesa, bem como sobre os direitos de personalidade do trabalhador e os respetivos direitos fundamentais, veja-se José João Abrantes,

A circunstância de o trabalhador celebrar um contrato de trabalho e passar, consequentemente, a desempenhar a sua atividade em regime de subordinação jurídica, não significa que o mesmo deixe, por exemplo, de poder exprimir livremente as suas opiniões políticas ou religiosas, em nome da liberdade de expressão; apesar de assumir a qualidade de trabalhador e de se subordinar ao poder de direção do empregador, este continua a ter direito à sua integridade física e moral; não obstante ser um trabalhador dependente, este, enquanto cidadão, mantém o direito à reserva da intimidade da vida privada e o direito à confidencialidade de mensagens que envie ou receba, nomeadamente através de correio eletrónico; e apesar de trabalhar em regime de subordinação jurídica e dependência económica, o trabalhador, enquanto cidadão que é, tem direito a ser tratado em condições de igualdade e não discriminação, sem ser discriminado e ou assediado, moral ou sexualmente.

10. A ideia de "Direito do Trabalho e Cidadania" permite aprofundar estes temas. Permite, nomeadamente, conferir uma unidade pedagógica e dogmática aos regimes parcelares dos direitos de personalidade e da igualdade e não discriminação, quer na fase de formação do contrato de trabalho, quer na da sua execução ou cessação, unindo-as em torno da ideia de cidadania no trabalho.

3. O aprofundamento da cidadania laboral: leis nacionais e internacionais

1. A ideia de cidadania no trabalho e da necessidade de respeito pelos direitos de personalidade[55] e pelo princípio da igualdade e não discriminação

"O novo Código do Trabalho e os direitos de personalidade do trabalhador", *Estudos de Direito do Trabalho*, AAFDL, Lisboa, 2018, pp. 131 e ss.; "Direitos fundamentais da pessoa humana no trabalho – em especial, a reserva da intimidade da vida privada algumas questões" *Estudos de Direito do Trabalho*, cit., pp. 151 e ss; e *Direito do Trabalho II (Direito da Greve)*, Almedina, Coimbra, 2012, pp. 33 e ss.

55 Sobre os direitos de personalidade, quer em sede de Direito Civil, quer ao nível do Direito do Trabalho, veja-se Guilherme Dray, *Direitos de Personalidade – Anotações ao Código Civil e ao Código do Trabalho*, Almedina, Coimbra, 2006.

no trabalho[56] é uma ideia que tem vindo a ser aprofundada, nomeadamente em sede legal.

Assim, depois de ambos os regimes – direitos de personalidade e igualdade e não discriminação – terem sido acolhidos, entre nós, no Código do Trabalho de 2003, aprovado pela Lei n.º 99/2003, de 27 de agosto, os mesmos mantiveram-se e expandiram-se no Código do Trabalho de 2009, aprovado pela Lei n.º 7/2009, de 12 de fevereiro, e nas sucessivas alterações que nele foram sendo introduzidas. Os regimes em apreço, que se prendem com a proteção da cidadania no trabalho, têm sido reforçados, nomeadamente a nível nacional, fruto das alterações a este Código do Trabalho e da aprovação de legislação extravagante com ele relacionada. De resto, o regime dos direitos de personalidade e de igualdade e não discriminação tem, também, marcado os regimes lusófonos[57], num fenómeno de *receção,* que aprofunda a ideia de "sistema lusófono"[58].

[56] Sobre o princípio da igualdade e não discriminação no Direito do Trabalho, veja-se Guilherme Dray, *O Princípio da Igualdade no Direito do Trabalho,* Almedina, Coimbra, 1999.

[57] Recorda-se, a este propósito, que o regime dos direitos de personalidade laborais, que foi inaugurado pelo CT2003 (e que se mantém no CT2009) e cujo pioneirismo, na altura, foi amplamente assinalado pela doutrina, revela-se hoje um regime sólido e amadurecido, com forte aplicação jurisprudencial e com influência decisiva em diversas leis do trabalho da lusofonia aprovadas depois da entrada em vigor do Código do Trabalho português. Assim, a Lei do Trabalho de *Moçambique,* Lei n.º 23/2007, de 1 de agosto, contém uma Subsecção dedicada à proteção da dignidade do trabalho, em que se alude ao direito à privacidade (artigo 5.º), à proteção de dados pessoais (artigo 6.º), aos testes e exames médicos (artigo 7.º), aos meios de vigilância à distância (artigo 8.º) e ao direito à confidencialidade da correspondência (artigo 9.º); o Código do Trabalho de *Cabo Verde,* aprovado pelo Decreto Legislativo n.º 5/2007, de 16 de outubro, consagra uma Secção (artigos 44.º e ss). dedicada aos direitos de personalidade, que envolve a proteção de dados pessoais (artigo 45.º), a proibição de meios de vigilância à distância (artigo 46.º), a reserva da vida privada e familiar (artigo 47.º) e o direito de confidencialidade relativamente a mensagens utilizadas no correio eletrónico (artigo 49.º); a Lei do Trabalho de *Timor Leste,* Lei n.º 4/2012, de 21 de fevereiro, garante a proibição do assédio (artigo 7.º); por fim, a Lei Geral do Trabalho de *Angola,* Lei n.º 7/15, de 15 de junho, afirma expressamente que as condições em que o trabalho é prestado devem respeitar as liberdades e a dignidade do trabalhador (artigo 4.º).

[58] Sobre a eventual existência de um sistema lusófono, que engloba os países de língua oficial portuguesa, e que assenta na mesma Ideia de Direito ; numa cultura jurídica comum; nos mesmos valores e princípios jurídicos ; na proximidade dos institutos jurídicos aplicados nos respetivos direitos nacionais; na a proximidade dos respetivos textos constitucionais; na centralidade e poder de influência assumidos pela Constituição portuguesa de 1976; veja-se, nomeadamente, Dário Moura Vicente, *Direito Comparado,* cit., pp. 81 e ss. ; Menezes

2. A este propósito, chama-se particular atenção para a Lei n.º 73/2017, de 16 de agosto, que reforçou o quadro legislativo para a prevenção da prática de assédio, procedendo à décima segunda alteração ao Código do Trabalho[59], bem como para a Lei n.º 60/2018, de 21 de agosto, que aprova medidas de promoção da igualdade remuneratória entre mulheres e homens por trabalho igual ou de igual valor.

3. No mesmo sentido, a décima quinta alteração ao Código do Trabalho, levada a efeito pela Lei n.º 93/2019, de 4 de setembro, estabeleceu também como novo dever do empregador, o dever de respeitar e tratar o trabalhador com urbanidade e probidade, afastando quaisquer atos que possam afetar a dignidade do trabalhador e que sejam discriminatórios, lesivos, intimidatórios, hostis ou humilhantes para o trabalhador, nomeadamente o assédio. Correlativamente, determinou que constitui justa causa de resolução do contrato pelo trabalhador, nomeadamente, a violação culposa de garantias legais ou convencionais do trabalhador, designadamente a prática de assédio praticada pela entidade empregadora ou por outros trabalhadores[60]. Também a décima sétima alteração ao Código do Trabalho, aprovada pela Lei n.º 83/2021, de 6 de dezembro, atua no sentido do aprofundamento dos direitos de personalidade do teletrabalhador, em particular quanto ao direito à privacidade. Por um lado, ao estabelecer um novo número 5 para o

Cordeiro, *Tratado de Direito Civil*, I, *Introdução, Fontes do Direito, Interpretação da Lei, Aplicação das Leis no Tempo, Doutrina Geral*, 4.ª edição, Reformulada e Atualizada, 2012, pp. 269 e ss., e "O Sistema Lusófono de Direito", Revista da Ordem dos Advogados, Ano 70, Vol. I/IV, 2010, pp. 17-119 ; Guilherme Dray, *A influência dos Estados Unidos da América na Afirmação do Princípio da Igualdade no Emprego nos Países da Lusofonia*, Almedina, Coimbra, 2016, pp. 79 e ss; e *The Influence of the United States of America on Reaffirming the Principle of Equality Portuguese Speaking Countries*, Almedina, Coimbra, 2016, pp. 77 e ss.

[59] Veja-se, a este propósito, a anotação ao artigo 127.º do Código do Trabalho, de Pedro Romano Martinez, Pedro Madeira de Brito e Guilherme Machado Dray em *Código do Trabalho Anotado*, Pedro Romano Martinez, Luís Miguel Monteiro, Joana Vasconcelos, Pedro Madeira de Brito, Guilherme Machado Dray e Luís Gonçalves da Silva, cit., pp. 329 e ss.

[60] Veja-se, a este propósito, a anotação de Joana Vasconcelos ao artigo 394.º do Código do Trabalho, em *Código do Trabalho Anotado*, Pedro Romano Martinez, Luís Miguel Monteiro, Joana Vasconcelos, Pedro Madeira de Brito, Guilherme Machado Dray e Luís Gonçalves da Silva, cit., pp. 919 e ss.

artigo 170.º (privacidade de trabalhador em regime de teletrabalho), determinando que é vedada a captura e utilização de imagem, de som, de escrita, de histórico, ou o recurso a outros meios de controlo que possam afetar o direito à privacidade do trabalhador. Por outro lado, ao criar, no novo artigo 199-º-A, o "Dever de abstenção de contacto", determinando que o empregador tem o dever de se abster de contactar o trabalhador no período de descanso, ressalvadas as situações de força maior.

4. Por outro lado, em sede de medidas de ação positiva, como mecanismo de concretização do princípio da igualdade, recordam-se, respetivamente, a Lei n.º 62/2017, de 1 de agosto, que cria um regime da representação equilibrada entre mulheres e homens nos órgãos de administração e de fiscalização das entidades do setor público empresarial e das empresas cotadas em bolsa, e a Lei n.º 4/2019, de 10 de janeiro, que estabelece um sistema de quotas de emprego para pessoas com deficiência com um grau de incapacidade igual ou superior a 60% no setor privado[61]. Em ambos os casos, o que está em causa é a ideia de igualdade de oportunidades, através de medidas de ação positiva – as chamadas *affirmative actions*[62].

5. A nível internacional, o tema tem vindo igualmente a ser aprofundado.

Recorda-se, nomeadamente, a aprovação pela Organização Internacional do Trabalho (OIT), em 21 de junho de 2019, da Convenção n.º 190 e da Recomendação n.º 206, em ambos os casos sobre a eliminação da violência e do assédio no mundo do trabalho. Ambos os textos consideram que o assédio é contrário à dignidade humana, que pode afetar a saúde física, mental e sexual da pessoa visada e que deve ser combatido em nome da agenda promovida pela Organização das Nações Unidas e pela OIT, denominada, "*decent work agenda*" ("agenda do trabalho decente")[63].

[61] Veja-se, a este propósito, a anotação de Guilherme Dray ao artigo 27.º do Código do Trabalho, em *Código do Trabalho Anotado*, Pedro Romano Martinez, Luís Miguel Monteiro, Joana Vasconcelos, Pedro Madeira de Brito, Guilherme Machado Dray e Luís Gonçalves da Silva, cit., pp. 127 e ss.

[62] Veja-se, a este propósito, Guilherme Dray, *The Influence of the United States of America on Reaffirming the Principle of Equality Portuguese Speaking Countries*, cit.

[63] Sobre a "Agenda Para o Trabalho Decente", recorda-se a recente aprovação, pelo Governo português, de uma proposta de lei intitulada, "Proposta de lei que procede à alteração da

6. À luz destes textos, a proteção contra o assédio deve aplicar-se tanto no local de trabalho, como em ambientes com ele relacionados e dele derivados. Além disso, estão compreendidos eventos sociais relacionados com a prestação laboral e trajetos de ida e volta para o local de trabalho. Por outro lado, determina-se que os trabalhadores têm o direito de se retirar de situações nas quais tenham motivos razoáveis para considerar que a sua vida, saúde ou segurança estão diretamente ameaçados por violência ou assédio[64]. Neste como noutros casos, o que está em causa é a proteção da cidadania do trabalhador.

7. O mesmo resulta, de resto, ao nível da União Europeia, do Pilar Europeu dos Direitos Sociais, adotado pelo Parlamento Europeu, pela Comissão Europeia e pelo Conselho, em 2017[65], que tem por principal objetivo construir uma União Europeia mais inclusiva e mais justa, assente em três grandes pilares: igualdade de oportunidades e acesso ao mercado de trabalho; condições de trabalho justas; e proteção e inclusão sociais. Afirma-se, nomeadamente, que a igualdade de tratamento e de oportunidades entre homens e mulheres deve ser assegurada e promovida em todos os domínios, nomeadamente no que diz respeito à participação no mercado de trabalho, às condições de trabalho e à progressão na carreira, e que mulheres e homens têm direito a uma remuneração igual por um trabalho de igual valor. Independentemente do género, raça ou origem étnica, religião ou crença, deficiência, idade ou orientação sexual, todas as pessoas têm direito à igualdade de tratamento e de oportunidades em matéria de emprego, proteção social, educação e acesso a bens e serviços disponíveis ao público. De igual modo, afirma-se que a igualdade de oportunidades dos grupos sub-representados deve ser promovida. Paralelamente, determina-se também que os trabalhadores têm direito à proteção dos seus

legislação laboral no âmbito da agenda do trabalho digno", publicada no Boletim do Trabalho e Emprego, n.º 33, de 29/10/2021, disponível em http://bte.gep.mtss.gov.pt/separatas/sep33_2021.pdf

[64] Veja-se, a este propósito, a anotação de Guilherme Dray ao artigo 29.º do Código do Trabalho, em *Código do Trabalho Anotado*, Pedro Romano Martinez, Luís Miguel Monteiro, Joana Vasconcelos, Pedro Madeira de Brito, Guilherme Machado Dray e Luís Gonçalves da Silva, cit., pp. 142 e ss.

[65] O *Pilar Europeu dos Direitos Sociais* pode ser consultado em https://ec.europa.eu/commission/sites/beta-political/files/social-summit-european-pillar-social-rights-booklet_en.pdf

dados pessoais no âmbito do trabalho[66]. Ou seja, o Pilar Europeu dos Direitos Sociais convoca, quer a aplicação do regime dos direitos de personalidade, designadamente quanto à proteção de dados pessoais, quer o regime da igualdade e não discriminação no emprego, nomeadamente a propósito do acesso ao emprego e das condições de trabalho. Em ambos os casos, o que está em causa, em última instância, é o pleno exercício de direitos de cidadania.

8. A prevenção e repressão do assédio, a defesa e promoção dos direitos de personalidade, a proteção da privacidade e dos dados pessoais e a proscrição de práticas discriminatórias no acesso ao emprego e condições de trabalho é, cada vez mais, um tema presente e objeto de intervenção legislativa, em nome da dignidade do trabalhador e enquanto instrumento necessário à proteção da sua cidadania. E é, também, como veremos adiante, uma preocupação social e ética crescente das empresas, em nome da ideia de responsabilidade social.

9. Existia e existe, consequentemente, espaço para a criação de uma unidade curricular específica que aborde o Direito do Trabalho na perspetiva da promoção da plena cidadania, através da promoção e da proteção dos direitos de cidadania no âmbito da relação de trabalho. A ideia de Direito do Trabalho e Cidadania convoca também uma visão comparada do tema.

10. Em termos comparados, o estudo do Direito do Trabalho e Cidadania pode ter por base, quer os ordenamentos dos países que integram a família jurídica dos países romano-germânicos, quer a dos países que fazem parte da família jurídica da *common law*. A razão é simples: apesar das diferenças existentes entre as famílias jurídicas da *civil law* e da *common law*[67], a verdade é que há fortes semelhanças que as aproximam: em ambos os casos, lidamos com famílias jurídicas que assentam na ideia de Estado de Direito, que adotam o princípio democrático, que consagram o princípio da separação de poderes e, acima de tudo, que adotam o princípio da dignidade da pessoa humana e do

[66] Sobre a igualdade Direito do Trabalho, veja-se GUILHERME DRAY, *O Princípio da Igualdade no Direito do Trabalho – Sua aplicação no domínio específico da formação de contratos individuais de trabalho*, Almedina, Coimbra, 1999.

[67] Sobre as semelhanças e diferenças entre ambas as famílias jurídicas veja-se, por todos, DÁRIO MOURA VICENTE, *Direito Comparado, Volume I*, cit., pp. 63 e ss.

personalismo ético como critério inspirador da criação do Direito e aferidor da validade das soluções jurídicas. O princípio da igualdade e a proclamação de direitos de personalidade, nomeadamente no âmbito das relações de trabalho, fazem parte da ideia de Direito presente em ambas as famílias jurídicas.

11. Mesmo no domínio do Direito do Trabalho, em que existe uma marcada diferença entre os ordenamentos jurídico romano-germânicos, mais marcados pelo princípio da segurança no emprego[68] e pela proibição de despedimentos sem justa causa[69], e os anglo-saxónicos, que assentam na doutrina do "*employment at will*", à luz da qual os despedimentos sem justa causa são admissíveis, há um campo comum no que diz respeito ao princípio da igualdade e à proteção dos direitos de personalidade do trabalhador. Em ambos os sistemas, proscreve-se a discriminação em função do género, raça, orientação, filiação sindical ou convicção política; proíbe-se o assédio no trabalho, em particular o assédio sexual; protege-se a privacidade do trabalhador; promove-se a proteção dos respetivos dados pessoais; e garante-se a sua liberdade de opinião, mesmo no contexto do trabalho. A ideia de cidadania no trabalho, ou de *citizenship at work*, tem também esta virtude: permite unir dois sistemas jurídicos – o romano-germânico e o da *common law* – que, tradicionalmente, na regulação da relação laboral, tendem a estar separados[70].

12. Julga-se, pois, que na sequência da autonomização legislativa e dogmática do Direito do Trabalho, hoje tida como um dado adquirido, faz todo o sentido e justifica-se que seja dada particular atenção à vertente deste ramo do Direito que lida especificamente com os direitos de cidadania do trabalhador no âmbito da relação laboral, tendo especialmente por base, como se afirmou,

[68] A propósito do princípio da segurança no emprego nas constituições de Itália, Alemanha, Portugal, e Espanha, veja-se Luís Gonçalves da Silva, *Direito Constitucional do Trabalho Comparado*, AAFDL Editora, Lisboa, 2021.

[69] Sobre o despedimento e a garantia de segurança no emprego no ordenamento jurídico nacional, veja-se Bernardo Lobo Xavier, *Manual de Direito do Trabalho*, pp.771 e ss.

[70] Veja-se, a este propósito, Guilherme Dray, *An Introduction to Portuguese Employment & Labour Law*, with the collaboration of Catarina Granadeiro, 2ª edição, Almedina, Coimbra, 2020, pp. 19 e ss. Sobre os métodos de comparação a utilizar em sede de Direito Comparado, bem como sobre as características principais da família romano-germânica e da família da *common law*, veja-se, por todos, Dário Moura Vicente, *Direito Comparado*, cit., pp. 37 e ss.

o regime dos direitos de personalidade e o da igualdade e não discriminação previstos na lei.

13. O estudo do Direito do Trabalho na referida vertente dos direitos de cidadania resulta, nos termos acima expostos, da circunstância de o Direito do Trabalho ser um ramo de direito privado especial, mas que não deixa de ter uma relação estreita com outros ramos de direito. Por um lado, relaciona-se com outros ramos do direito da mesma área científica, como sejam a Teoria Geral do Direito Civil[71] ou o Direito das Obrigações. Por outro lado, relaciona-se com unidades curriculares de direito público e do grupo de ciências políticas, como sejam o Direito Constitucional e os Direitos Fundamentais, por um lado[72], e o Direito da União Europeia[73], por outro lado, atendendo ao facto de, quer os direitos de personalidade, quer o direito à igualdade e à não discriminação, serem também direitos fundamentais com assento na Constituição da República Portuguesa (artigos 9.º, 13.º, 26.º e ss. e 59.º) e na Carta dos Direitos Fundamentais da União Europeia (artigos 20.º a 26.º). Por fim, o Direito do Trabalho, nesta perspetiva comparada, relaciona-se também com o Direito Comparado, enquanto instrumento de comparação de diferentes ordens jurídicas.

14. Tudo isto justifica a existência de uma unidade curricular que se debruce sobre estas matérias e que permita aos estudantes e juristas desenvolver competências multidisciplinares, de índole jurídica, que são absolutamente fundamentais para a sua formação jurídica, à escala global. A proteção da cidadania, nomeadamente no trabalho e emprego, é uma preocupação universal, que não deve ter fronteiras, em nome do livre desenvolvimento da

[71] Sobre a Teoria Geral do Direito Civil, veja-se, por todos, o *Tratado de Direito Civil* (Volumes I a VI), de António Menezes Cordeiro. Sobre o tema das pessoas, com particular interesse para os temas da proteção da pessoa e da sua cidadania, veja-se em particular o *Tratado de Direito Civil, Volume IV, Parte Geral. Pessoas,* António Menezes Cordeiro, com a colaboração de A. Barreto Menezes Cordeiro, 5ª edição, Revista e Atualizada, Almedina, Coimbra, 2019.

[72] Sobre a adoção de direitos fundamentais dos trabalhadores nas principais constituições dos países da família romano-germânica, veja-se, nomeadamente, Luís Gonçalves da Silva, *Direito Constitucional do Trabalho Comparado*, cit..

[73] Veja-se a este propósito, a título meramente exemplificativo, Maria do Rosário Ramalho, *Direito Social na União Europeia*, Almedina, Coimbra, 2009

personalidade humana, do conceito de liberdade positiva[74] e da proibição de discriminação atentatória da dignidade humana, ideais que caracterizam os países ocidentais que se integram nas famílias romano-germânicas, quer nos da *common law*.

4. Direito do trabalho e *corporate social responsibility*

1. Os temas em apreço e a associação do Direito do Trabalho aos direitos de cidadania são igualmente importantes numa perspetiva empresarial.

Por um lado, em nome das boas práticas empresariais, centradas na ideia de responsabilidade social corporativa (*corporate social responsibility*)[75]. É nesse sentido que se compreende, nomeadamente, a adoção pelas empresas de códigos de conduta e manuais de boas práticas, alguns de natureza voluntária e outros de adoção obrigatória[76]. A título meramente exemplificativo, recorda-se que a lei exige, hoje, a adoção por certas empresas dos seguintes planos: *Plano Para a Igualdade de Género; Código de Conduta Para a Prevenção e Combate ao Assédio no Trabalho;* e *Relatório Sobre as Remunerações dos Trabalhadores (homens e mulheres).* O tema da cidadania no trabalho é, portanto, de particular importância para as empresas, potenciando benefícios para a comunidade que extravasam o objeto da relação (bilateral) de trabalho.

2. Por outro lado, porque as matérias em causa, atenta a especial dignidade que as rodeiam, geram responsabilidade civil e contraordenacional para as empresas que violem as normas que lhes dizem respeito. A ideia de *compliance* laboral e de conformidade das empresas com os normativos em matéria laboral

[74] Veja-se, sobre o tema, JOHN RAWLS, *Justice as Fairness: A Restatement*, ed. by Erin Kelly, Harvard University Press, Cambridge, 2001.

[75] Veja-se, a este propósito, J. MURRAY, "Corporate Social Responsibility: An Overview of Principles and Practices, Policy Integration Department"– *World Commission on the Social Dimension of Globalization*, International Labour Office, Geneva, Working Paper n.º 34, 2004.

[76] Veja-se, sobre o tema, ISABELLE DUPLESSIS, "Soft Law and international labour law", *Labour Law: Its role, trends and potential*, Labour Education, 2-3, n.º 143-144, 2006, pp. 37-46, p. 37 ; e I. SCHÖMANN et al., Codes of Conduct and International Framework Agreements: New Forms of Governance at Company Level, *European Foundation for the Improvement of Living and Working Conditions*, 2008, p. 105.

é, pois, particularmente importante, devendo merecer particular atenção por parte destas e dos seus departamentos de recursos humanos[77]. Mais do que cumprir a lei positivada, as empresas devem, numa perspetiva de futuro, ir para além da *hard law*, adotando códigos de conduta, boas práticas empresariais e negociação coletiva, centrados na promoção do bem comum. É nesse sentido, aliás, que se registam, atualmente, movimentos em torno da "negociação coletiva para o bem comum" – *bargaining for the commn good*- em especial nos Estados Unidos da América[78].

3. O exposto explica e justifica, em suma, um estudo que aprofunde os temas dos direitos de personalidade e da igualdade e não discriminação laborais, por um lado, bem como um estudo e arrumo científico próprios. São estas as razões que estão na base da escolha deste trabalho.

4. É precisamente esse aprofundamento o que se tem em vista: visa-se, com a disciplina de Direito do Trabalho e Cidadania, densificar os regimes de direitos de personalidade e de igualdade e não discriminação, nomeadamente numa perspetiva comparada, em nome da ideia de cidadania no trabalho, associando-os aos temas de *corporate social responsibility*.

Por essa via, garante-se também uma nova visão – mais moderna –do Direito do Trabalho. O Direito do Trabalho de hoje não é o mesmo Direito do Trabalho da classe operária, decorrente da revolução Industrial e da "Questão Social" dela emergente. O Direito do Trabalho de hoje incide essencialmente sobre relações jurídicas que envolvem de forma geral trabalhadores com níveis de qualificação profissional mais elevados, com uma taxa de feminização mais elevada e com melhores condições de trabalho, do ponto de vista da segurança e saúde[79]. E incide, também, sobre um mundo laboral em profunda

[77] Cf. Guilherme Dray, *"Corporate Social Responsibility & Labor Compliance"*, *Revista Internacional de Direito do Trabalho*, cit., pp. 842 e ss.

[78] Cf. Guilherme Dray, "Negociação coletiva & trabalho nas plataformas digitais. *Winds of Change from the USA*", *Revista Res Publica*, número 01 – fevereiro 2021, pp. 26-42.

[79] Veja-se, a este propósito, a propósito da realidade nacional, *o Livro Verde Sobre as Relações Laborais*, Guilherme Dray (Coord.), Gabinete de Estratégia e Planeamento do Ministério do Trabalho, Solidariedade e Segurança Social, Lisboa, 2016, pp. 58-105 e 160 e ss.

transição digital e em larga medida deslocalizado e realizado remotamente[80]. Todavia, na medida em que os riscos para a dignidade e proteção do trabalhador subsistem, designadamente por força do desenvolvimento e incremento das tecnologias de informação e de comunicação[81-82] e pelo desenvolvimento do teletrabalho, em larga medida impulsionado pela pandemia da doença Covid 19[83], o Direito do Trabalho não pode deixar de atender a estes novos desafios. O desenvolvimento da tecnologia aplicada ao trabalho e emprego permite, nomeadamente, a uma escala nunca antes vista, a recolha, armazenamento e processamento de dados pessoais, nomeadamente dados biométricos[84-85]; a utilização de meios de vigilância à distância, que podem ser particularmente intrusivos no caso de o trabalhador prestar a sua atividade em regime de teletrabalho, a partir do seu próprio domicílio; o

[80] Veja-se, a este propósito, TERESA COELHO MOREIRA, *Direito do Trabalho na Era Digital*, Almedina, Coimbra, 2021

[81] Veja-se, sobre o tema, "Os Direitos Fundamentais e as tecnologias da Comunicação e Informação e os Grupos de Trabalho do WhatsApp", MARIA CLÁUDIA FELTEN, DENISE PIRES FINCATO e LEILIANE PIOVESANI VIDALETTI org., cit., pp. 118-136.

[82] Sobre o tema, e dando nota que o incremento das novas tecnologias teve um enorme impacto no mundo do trabalho, revolucionando todo o processo de produção, a programação e a organização do trabalho, bem como as condições de vida materiais e morais dos trabalhadores, veja-se TERESA COELHO MOREIRA, "Novas Tecnologias: Um admirável Mundo Novo do Trabalho", in *Revista de Direitos e Garantias Fundamentais*, n.º 11, Janeiro/Junho, 2012, p.16. Veja-se, também, MARIA REGINA REDINHA, "Utilização de Novas tecnologias no Local de Trabalho – Algumas questões", in *IV Congresso Nacional de Direito do Trabalho*, António Moreira (org.), Almedina, Coimbra, 2002, p.115.

[83] Sobre o tema, veja-se, nomeadamente, o Relatório do Eurofound, "Fifth European Working Conditions Survey", *Publications Office of the European Union*, Luxembourg, p. 96, disponível em : https://www.eurofound.europa.eu/sites/default/files/ef_publication/field_ef_document/ef1182en.pdf; J. C. MESSENGER e L. GSCHWIND, "Three generations of Telework: New ICTs and the (R)evolution from Home Office to Virtual Office", *New Technology, Work and Employment*, Edited by Debra Howcroft and Miguel Martinez Lucio, Vol. 31, n.º. 3 (2016), pp. 195-208; C. DEGRYSE, "Digitalisation of the economy and its impact on labour markets", Working paper 201.02, ETUI, Bruxelles, p. 41, available at: https://www.etui.org/fr/Publications2/Working-Papers/Les-impacts-sociaux-de-la-digitalisation-de-l-economie

[84] Sobre a relevância das novas tecnologias nas relações de trabalho, veja-se *Novas Tecnologias, Processo e Relações de Trabalho, III*, DENISE PIRES FINCATO e LEILIANE PIOVESANI VIDALETTI (org.), Lex Magister, Porto Alegre, 2019.

[85] Veja-se, TERESA COELHO MOREIRA, *A privacidade dos trabalhadores e as novas tecnologias de informação e comunicação : contributo para um estudo dos limites do poder de controlo electrónico do empregador*, Almedina, Coimbra, 2006.

controlo e acesso de mensagens recebidas ou remetidas por meios eletrónicos, designadamente por correio eletrónico ou sistemas de *messaging*[86]; a utilização de algoritmos para efeitos de seleção e contratação de trabalhadores, os quais, em larga medida, permitem distinguir pessoas tendo por base elementos potencialmente discriminatórios[87]. Tais possibilidades, associadas às práticas de assédio no trabalho, nomeadamente de assédio sexual[88], e à necessidade de proteção da liberdade de expressão e de opinião no trabalho e de reserva da intimidade da vida privada do trabalhador[89], fazem com o que o Direito do Trabalho da atualidade deva dar particular atenção a estas temáticas, em nome da ideia de cidadania e do livre desenvolvimento da personalidade.

5. É este, portanto, o principal objetivo desta obra: desenvolver e aprofundar os ensinamentos ministrados em Direito do Trabalho I e II, sob o prisma da proteção da cidadania no trabalho, aprofundando os conhecimentos relativos aos regimes dos direitos de personalidade e de igualdade e não discriminação no acesso ao emprego e no trabalho, de forma a consolidar e reforçar a "Ideia do Direito do Trabalho"[90] enquanto ramo do direito que visa acima de tudo a proteção do contraente mais débil. A proteção do trabalhador, que esteve na origem do Direito do Trabalho, funcionando como a sua "partícula divina"[91], passa, atualmente, pela salvaguarda dos direitos de personalidade do

[86] Veja-se Teresa Coelho Moreira- "Controlo do Messenger dos trabalhadores: anotação ao acórdão do Tribunal da Relação de Lisboa de 7 de março de 2012", Prontuário de Direito do Trabalho, n.º 91/92, 2014.

[87] Sobre o tema, veja-se Teresa Coelho Moreira, "Direito ao respeito pela vida privada no âmbito de relações laborais", *Comentário da Convenção Europeia dos Direitos Humanos e dos Protocolos Adicionais,* Volume II, Universidade Católica Editora, 2020, pp. 1473-1492, p. 1481 e ss.

[88] Veja-se, a este propósito, Isabel Vieira Borges, "Assédio e assédio moral no Código do Trabalho", *Los actuales cambios sociales y laborales: nuevos retos para el mundo del trabajo. II, Cambios sociales y nuevos retos para la igualdad y la salud,* España, Portugal, Francia, Italia, Brasil / coord. por Silvia Fernández Martínez; Lourdes Mella Méndez dir., 2017, pp. 243-274,

[89] Sobre o tema, Guilherme Dray, "Comunicações eletrónicas e privacidade no contexto laboral", *Direitos Fundamentais e de Personalidade do Trabalhador* 3ª edição, Coleção Formação Inicial, Centro de Estudos Judiciários, 2016, pp. 63-83.

[90] Sobre a ideia de Direito do Trabalho, veja-se *The Idea of Labour Law,* Edited by Guy Davidov & Brian Langille, Oxford University Press, United Kingdom, 2013,

[91] Cf. Guilherme Dray, *O Princípio da Proteção do Trabalhador,* cit., pp. 813. e ss.

trabalhador e pela proscrição de comportamentos discriminatórios, atentatórios da respetiva dignidade pessoal. O moderno Direito do Trabalho passa, sobretudo, pela afirmação da ideia de cidadania no trabalho, enquanto afirmação da ideia de plena cidadania.

6. É por isso que sustentamos, nesta obra, uma unidade curricular de Direito do Trabalho III fortemente centrada na proteção da cidadania do trabalhador no âmbito da relação de trabalho.

7. A ideia de "Direito do Trabalho e Cidadania" permite, portanto, aprofundar as competências dos estudantes na compreensão e estudo da vasta literatura, legislação e decisões judiciais sobre um dos temas mais marcantes da atualidade – a afirmação da plena cidadania, que passa também pela cidadania no trabalho, assente nomeadamente na liberdade de expressão, na reserva da intimidade da vida privada, na proteção de dados, na proscrição do assédio, na afirmação do princípio da igualdade no acesso ao emprego e nas condições de trabalho, na proibição de discriminações e na promoção de medidas de ação positiva destinadas a garantir o acesso ao emprego de grupos de pessoas tradicionalmente afastadas do mercado de trabalho por razões histórico-culturais, de deficiência, desenraizamento ou emigração. A unidade curricular de Direito do Trabalho e Cidadania é importante, julga-se, quer para o desenvolvimento da investigação académica, quer para a vida profissional dos estudantes que dela beneficiam. Garante simultaneamente conhecimentos práticos e teóricos. Promove a investigação, mas fá-lo numa área e domínio de grande relevância prática, do ponto de vista profissional. Incentiva o aprofundamento de conhecimentos individuais, numa perspetiva que beneficia a comunidade em geral, em nome do bem-comum.

5. Sequência

1. O estudo do Direito do Trabalho e Cidadania assenta em quatro partes: Questões Gerais (Parte I); Direitos de Personalidade (Parte II); Igualdade e Não Discriminação (Parte III); e *Corporate Social Responsibility* (Parte IV).

2. Na Parte I, enunciam-se as questões gerais que presidem a este tema, tendo em consideração as características gerais e os valores que marcam as duas grandes famílias jurídicas dos países ocidentais: a romano-germânica e a da *common law*. É nesta primeira parte, também, que se abre o tema e se apresenta o fundamento do Direito do Trabalho enquanto direito de cidadania. Seguem-se, depois, as partes II e III, que tratam dos instrumentos normativos existentes tendo em vista a promoção e salvaguarda da aludida cidadania no trabalho: o regime dos direitos de personalidade e o da igualdade e não discriminação.

3. A Parte II debruça-se sobre o regime dos direitos de personalidade, em geral, e sobre os direitos de personalidade especificamente aplicáveis à relação laboral, em especial.

4. A Parte III trata do tema da igualdade e não discriminação no acesso ao emprego e condições de trabalho.

5. Finalmente, a Parte IV trata do tema da responsabilidade social corporativa e da importância da *soft law* para promover os direitos de cidadania no âmbito da relação laboral.

PARTE I – Questões Gerais

1. A ideia de cidadania no trabalho

1. A ideia de cidadania no trabalho ou de *citizenship at work* está consolidada nos países ocidentais[92].

No essencial, todos os ordenamentos jurídicos dos países pertencentes à família romano-germânica ou da *common law* adotam atualmente uma visão moderna e orientada para o futuro do Direito do Trabalho, que assenta, acima de tudo, na criação no âmbito da relação de trabalho de um espaço de cidadania do trabalhador que tenha em atenção a defesa dos seus direitos de personalidade, a igualdade e a proscrição do arbítrio no exercício dos poderes patronais. A ideia de cidadania no trabalho[93] visa promover a liberdade positiva do cidadão[94] e a sua capacidade de autodeterminação, potenciando um amplo

[92] Recorda-se, a este propósito, que a igualdade e não discriminação, por exemplo, faz parte do ideal democrático e, em termos internacionais, está acolhida em diversos textos juridicamente relevantes: na Declaração Universal dos Direitos do Homem, de 1948, na Convenção sobre a Eliminação de Todas as Formas de Discriminação Racial, de 1965, no Pacto Internacional de Direitos Civis e Políticos, de 1966, no Pacto Internacional de Direitos Económicos, Sociais e Culturais, também de 1966, na Convenção sobre a Eliminação de Todas as Formas de Discriminação Contra as Mulheres, de 1979, em diversas convenções da Organização Internacional do Trabalho e em tratados ou declarações de direitos de certos blocos regionais, nomeadamente no Tratado da União Europeia, na Carta dos Direitos Fundamentais da União Europeia e na Carta Africana dos Direitos do Homem e dos Povos.

[93] Sobre a cidadania no trabalho, veja-se Guy Davidov, "Re-Matching Labour Laws with Their Purpose", *The Idea of Labour Law*, cit., pp. 179-189 (p. 189).

[94] Veja-se, a este propósito, Amartya Sem, *A ideia de Justiça*, Almedina, Cimbra, 2012.

espaço de liberdade e o exercício de direitos do trabalhador enquanto cidadão no mundo do trabalho. A promoção da liberdade positiva do trabalhador, nos termos acima referidos, integra, pois, a teleologia do moderno Direito do Trabalho: visa-se, acima de tudo, garantir ao trabalhador um espaço de liberdade real no âmbito da relação laboral[95]; um "espaço de cidadania", em que este possa atuar de forma livre e com dignidade, sem ser alvo de discriminações; um espaço onde estejam garantidos os respetivos direitos de personalidade e onde o trabalhador disponha de certas garantias ao nível da sua liberdade de expressão, do direito à reserva da intimidade da vida privada e à proteção de dados pessoais, nomeadamente biométricos; um espaço que lhe garanta a conciliação entre a sua vida profissional e privada[96], boas condições de saúde e higiene no trabalho[97] e o direito à desconexão[98]; um espaço onde não sejam admitidas práticas de assédio, quer moral, quer sexual; e um espaço onde sejam proscritas práticas discriminatórias em função de elementos categoriais

[95] Sobre os direitos de personalidade do trabalhador e a sua limitação voluntária, veja-se Geraldo Da Cruz Almeida, "O contrato de trabalho como limitação voluntária dos direitos da personalidade – esboço de uma perspetiva dogmática", Revista Internacional de Direito do Trabalho, n.º 1, Almedina, Coimbra, 2021 pp. 201-297, disponível em: https://idt.fdulisboa.pt/wp-content/uploads/2020/04/RIDT-22_01_vf_final.pdf

[96] Veja-se, a este propósito, M. Hilbrecht, S. M. Shaw, l. C. Johnson and J. Andrey, "Remixing work, family and leisure: teleworker's experiences of everyday life", *New Technology, Work and Employment,* Edited by Debra Howcroft and Miguel Martinez Lucio, vol. 28, n.º. 2 (2013), pp. 130 seq.; S. Halford, "Hybrid workspace: re-spatialisations of work, organisation and management", *New Technology, Work and Employment,* Edited by Debra Howcroft and Miguel Martinez Lucio, Vol. 20, n.º. 1 (2005), pp. 19 seq.

[97] Veja-se, sobre o tema, S. Fantoni-Quinton et C. Leborgne-Ingelaere, "L'impact des TIC sur la santé au travail", JCP S, 2013, 1452 ; Jean-Baptiste Moustié, "Droit et risques psychosociaux au travail", Jean-Baptiste Moustié, HAL, Archives-Ouvertes, disponível em : https://tel.archives-ouvertes.fr/tel-01230639/document

[98] Veja-se, a este propósito e no que concerne à União Europeia, o estudo realizado sobre o Eurofund e a Organização Internacional do Trabalho – Eurofound and the International Labour Office (2017), "Working anytime, anywhere: The effects on the world of work", *Publications Office of the European Union, Luxembourg, and the International Labour Office, Geneva,* available at: https://www.eurofound.europa.eu/publications/report/2017/working-anytime-anywhere-the-effects-on-the-world-of-work.. Veja-se também, C. Mellner, "After-hours availability expectations, work-related smartphone use during leisure, and psychological detachment. The moderating role of boundary control", *Journal of Workplace Health Management* (IJWHM), Emerald Publishing, Vol. 9, n.º. 2 (2016), pp. 146-164 ; C. W. Von Bergen, M. S. Bressler and T.L. Proctor, "On the Grid 24/7/365 and the Right to Disconnect", *Employee Relations Law Journal,* Wolters Kluwer, Vol. 45, n.º. 2 (2019), pp. 3-20.

que não têm qualquer relação com a execução do contrato de trabalho, como sejam a ascendência, idade, sexo, orientação sexual, estado civil, situação familiar, património genético, capacidade de trabalho reduzida, deficiência ou doença crónica, nacionalidade, origem étnica, religião, convicções políticas ou ideológicas e filiação sindical[99].

2. O Direito do Trabalho, visto também como um ramo do Direito capaz de garantir a cidadania no trabalho, assume-se assim como um instrumento para a realização dos direitos fundamentais e de cidadania do trabalhador e para a defesa da sua dignidade como pessoa. O Direito do Trabalho surge, consequentemente, como um ramo de direito "destacadamente teleológico e finalístico", que visa a valorização "da dignidade da pessoa humana, do trabalho e do emprego"[100] , fazendo-o através de um corpo de regras e princípios normativos – "*floor of rights*" – destinados a garantir a proteção do trabalhador"[101].

3. A ideia de Direito do Trabalho e Cidadania segue, portanto, esta linha condutora: visa aprofundar a vertente do Direito do Trabalho que aposta na realização dos direitos de cidadania do trabalhador, apesar da sua condição de trabalhador subordinado. O trabalhador que seja tratado com dignidade e enquanto cidadão, adquire, consequentemente, as condições necessárias para se afirmar como um Homem livre e independente, que pode exercer de forma plena a sua cidadania e determinar o tipo de vida que quer viver. A unidade curricular em apreço visa aprofundar este tema e pretende fazê-lo tendo por base, essencialmente, os ordenamentos jurídicos dos países ocidentais, pertencentes às famílias romano-germânica ou da *common law*, que foram moldados de forma a garantir a defesa dos citados direitos de cidadania. É este, aliás, o sentido que resulta (a título meramente exemplificativo) do

[99] Veja-se, a este propósito, GUILHERME DRAY, *O Princípio da Proteção do Trabalhador*, cit., pp. 39 e ss.; JOSÉ JOÃO ABRANTES, *Contrato de Trabalho e Direitos Fundamentais*, Coimbra Editora, Coimbra, 2005, pp. 35 e ss.; JÚLIO VIEIRA GOMES, *Direito do Trabalho*, Vol. I, cit., p. 39.

[100] Cf. MAURÍCIO GODINHO DELGADO, *Curso de Direito do Trabalho*, 9ª edição, LTR Editora, São Paulo, 2010, p. 62.

[101] Cf. SIMON DEAKIN / GILLIAN MORRIS, *Labour Law*, 3ª edição, Butterworths, Londres, 2001, p. 20. 128.

artigo 26.º da Constituição da República Portuguesa, à luz da qual a todos são reconhecidos os direitos ao desenvolvimento da personalidade, à capacidade civil, à cidadania, ao bom nome e reputação, à imagem, à palavra, à reserva da intimidade da vida privada e familiar e à proteção legal contra quaisquer formas de discriminação. E é este, no âmbito da *common law*, o sentido que resulta da Constituição dos Estados Unidos da América de 1787, segundo a qual, "*Congress shall make no law respecting an establishment if religion, or prohibiting the free exercise thereof; or abridging the freedom of speech, or of the press; or the right of the people peaceably to assemble, and to petition the Government for a redress of grievances" (Amendment I,* 1791)[102].

4. A ideia base é esta: a proteção dos direitos de personalidade do trabalhador e a proscrição de práticas discriminatórias no trabalho insere-se na visão atualista do Direito do trabalho e é um dos mais importantes valores prosseguidos por este ramo do Direito[103]. A ideia segundo a qual o trabalhador é, simultaneamente, um cidadão, cujos direitos de personalidade importa acautelar, é hoje um dado adquirido[104]. Mais do que um ramo do Direito que visa a proteção do "proletariado" do século XIX, o Direito do trabalho deve caminhar no sentido da proteção do trabalhador enquanto cidadão que presta a sua atividade, em regime de subordinação jurídica, perante o empregador.

[102] Sobre a Constituição dos Estados Unidos da America, veja-se, nomeadamente, LAURENCE H. TRIBE, *The Invisible Constitution*, Oxford University Press, Oxford, 2008, e *American Constitucional Law*, Volume I, Foundations, 3rd edition, University Textbook Series, 2000; BRUCE ACKERMANN, *We The People – transformations, II*, Harvard University Press, 2000; LAURENCE H. TRIBE / MICHAEL C. DORF, *On Reading the Constitution*, by The President and Fellows of Harvard College, United States of America, 1991; HERMAN C. PRITCHETT, *The American Constitution*, McGraw-Hill Series in Political Science, Edited by Joseph P. Harris, New York, 1959; BERTHA MOSER HAINES / CHARLES GROVE HAINES, *The Constitution of the United States*, F.S. Crofts & Co., New York, 1933; GEORGE BACROFT, *History of the Formation of the Constitution of the United States of America*, Vol. 2, 1889

[103] Cf. MENEZES CORDEIRO, *Tratado de Direito Civil*, I, 4ª ed., Reformulada e Atualizada, cit., p.314.

[104] Cf. JÚLIO VIEIRA GOMES, Direito do *Trabalho*, Vol. I, cit., p. 265.

5. O Direito do trabalho pode, pois, numa nova abordagem "pós-industrial" e no novo Mundo Digital[105], afirmar-se como um direito personalista, que vê o trabalhador, não enquanto parente pobre de uma relação jurídica, mas enquanto cidadão pleno, que atua com liberdade e que deve ver os seus direitos de personalidade salvaguardados, mesmo no âmbito da unidade produtiva em que presta a sua atividade[106]. E se esta realidade é óbvia quanto ao trabalhador subordinado, ela estende-se, também, ao trabalhador legalmente equiparado, ou seja, àquele que, sendo trabalhador autónomo do ponto de vista jurídico, trabalha, todavia, em regime de dependência económica perante um beneficiário da sua atividade. Quanto tal suceda, o artigo 10.º do Código do Trabalho, sob a epígrafe *"situações equiparadas"*, determina que as normas legais respeitantes a direitos de personalidade, igualdade e não discriminação e segurança e saúde no trabalho são aplicáveis a situações em que ocorra prestação de trabalho por uma pessoa a outra, sem subordinação jurídica, sempre que o prestador de trabalho deva considerar-se na dependência económica do beneficiário da atividade. Por outras palavras: o núcleo essencial de direitos decorrente da aplicação dos regimes dos direitos de personalidade e da igualdade e não discriminação estende-se, não apenas ao trabalhador subordinado, mas aos que a ele se equiparam por estarem em situação de dependência económica.

São estes o sentido e o objeto da unidade curricular cujo programa ora se propõe. Ela lida com os temas acima enunciados, que fazem parte daquilo a que podemos apelidar de "núcleo irredutível" do Direito do Trabalho.

2. Sistemas romano-germânicos e da *common law*: diferenças e pontos de contacto

1. A disciplina de Direito do Trabalho e Cidadania permite aos seus destinatários desenvolver a sua investigação na Ciência do Direito e dotá-los da capacidade de pesquisa e de trabalho autónomos, nomeadamente em sede

105 Sobre o Mundo Digital e o Direito do Trabalho, veja-se Teresa Coelho Moreira, *Direito do Trabalho na Era Digital,* cit.

106 Cf. Humberto Podetti, "Los Principios del Derecho del Trabajo", obra disponível na internet, em www.biblio.juridicas.unam.mx/libros/1/139/11.pdf (acesso em julho de 2013), p. 146.

de Direito Comparado. A unidade curricular em apreço, como acima se referiu, privilegia o estudo de fontes de Direito Internacional, bem como de diferentes ordenamentos jurídicos e de atos legislativos de diferentes geografias, pertencentes acima de tudo a duas famílias jurídicas autónomas – a romano-germânica e a da *common law*. No mesmo sentido, promove também a análise de jurisprudência sobre o tema proveniente de diferentes ordenamentos jurídicos e de instâncias judiciais de determinados blocos regionais, como sejam a jurisprudência do Tribunal de Justiça da União Europeia[107], ao nível da União Europeia, do Tribunal Europeu dos Direitos do Homem[108], relativo ao Conselho da Europa, ou do Supremo Tribunal Federal[109], dos Estados Unidos da América.

2. A disciplina em causa permite que se verifique que, não obstante as diferentes características decorrentes destas duas famílias jurídicas, nomeadamente ao nível do regime jurídico relativo ao Direito do Trabalho, a verdade é que no domínio da proteção dos direitos de cidadania dos trabalhadores, centrados na promoção e defesa dos direitos de personalidade e no princípio da igualdade, há uma grande similitude e um campo argumentativo comum, próprio dos países e da cultura jurídica dos países ocidentais.

3. A afirmação da dignidade da pessoa e a defesa dos seus direitos de cidadania é atualmente a pedra de toque dos ordenamentos jurídicos ocidentais, que assentam no Estado de Direito e na dignidade da pessoa.

A Declaração Universal dos Direitos do Homem, de 1948, marca esta linha de atuação, ao afirmar logo no seu artigo 1.º que "*Todos os seres humanos nascem livres e iguais em dignidade e em direitos*".

[107] Veja-se, a este propósito, Siófra O'Leary, *Employment Law At The European Court Of Justice*, Bloomsbury Publishing, 2002 ; José João Abrantes, "Do Tratado de Roma ao Tratado de Amsterdão – a caminho de um Direito do Trabalho europeu?", *Questões Laborais*, n.º 16 de Ano 7-2000.

[108] Veja-se, a este propósito, o *Comentário da Convenção Europeia dos Direitos Humanos*", Vol. I e II, Paulo Pinto de Albuquerque (org.), I, Universidade Católica Editora, Lisboa, 2019, no qual se encontram diversos artigos de vários autores com extensa indicação jurisprudencial.

[109] Veja-se, a este propósito, Jake Henderson / Robert Marshall, *The Great Supreme Court Cases: Student Edition*, Reading Through History, 2015.

O artigo 1.º da Constituição da República Federal da Alemanha ("Constituição de Bona"), de 1949, aprovada no pós-II Guerra Mundial e como reação aos horrores do holocausto, afirma a dignidade da pessoa humana, ao estabelecer que "*(1) A dignidade da pessoa humana é intangível. Respeitá-la e protegê-la é obrigação de todo o poder público. (2) O povo alemão reconhece, por isto, os direitos invioláveis e inalienáveis da pessoa humana como fundamento de toda comunidade humana, da paz e da justiça no mundo. (3) Os direitos fundamentais, discriminados a seguir, constituem direitos diretamente aplicáveis e vinculam os poderes legislativo, executivo e judiciário*".

O artigo 1.º da Constituição portuguesa, na mesma linha de raciocínio, é igualmente elucidativo a este propósito, ao afirmar que Portugal é uma República soberana, baseada na dignidade da pessoa humana e na vontade popular e empenhada na construção de uma sociedade livre, justa e solidária.

Em suma, é este o sentido geral que marca a ideia de Direito das famílias jurídicas dos sistemas romano-germânico e da *common law*[110], em especial do pós-II Guerra Mundial.

Em termos gerais, as duas referidas famílias jurídicas apresentam diversas semelhanças e pontos comuns. Desde logo, ambas assentam todo o sistema jurídico à luz da afirmação do princípio da dignidade da pessoa humana e do personalismo como critério inspirador de criação e aferidor de validade das soluções jurídicas; num segundo momento, defendem e aplicam o princípio democrático – vontade expressa pelas maiorias políticas democráticas. Na mesma linha, ambas consagram o princípio da separação de poderes e assentam no citado Estado de Direito – o Direito marca e rege a sociedade, fazendo-o através de leis aprovadas nos parlamentos nacionais, em nome da soberania popular. É a chamada *Rule of Law*, que diferencia estes sistemas doutras famílias jurídicas centradas no poder da religião, como sucede, nomeadamente, com os sistemas Muçulmano ou Hindu[111].

4. A circunstância de coexistirem duas famílias jurídicas no Mundo Ocidental – romano-germânica e da *common law* – significa, naturalmente, que não

[110] Sobre o conceito de *família jurídica* veja-se, por todos, DÁRIO MOURA VICENTE, *Direito Comparado*, Volume I, 4.ª edição, Almedina, Coimbra, 2018 (Reimpressão 2020), pp. 55 e ss., que desenvolve o *conceito de "sistemas jurídicos" e enuncia as principais características da família jurídica romano*-germânica e da *common law*.

[111] Cf. DÁRIO MOURA VICENTE, *Direito Comparado*, cit., pp. 61 e ss.

há apenas similitudes entre ambas. Há também aspetos que as diferenciam, apesar dos pontos que têm em comum.

No essencial e de forma simplista, importa recordar a diferente posição da lei e da jurisprudência no sistema de fontes de Direito: ao passo que as leis tendem a prevalecer no sistema romano-germânico, as decisões jurisprudenciais (a *case law*) assumem maior preponderância no sistema da *common law*[112]; enquanto que o costume é (apenas) uma fonte de direito mediata no sistema romano-germânico, o mesmo desempenha um papel decisivo nos países que se inserem no sistema da *common law*, até por razões históricas ligadas ao processo de formação desta família jurídica. Enquanto no sistema da *common law* os Tribunais tendem a ser mais ativistas[113-114], já no sistema romano-germânico os legisladores são tendencialmente mais interventivos no processo de adaptação do Direito às novas realidades sociais. Ao passo que no sistema da *common law* a prevalência do princípio da autonomia privada é mais evidente, no sistema romano-germânico dá-se maior enfoque aos princípios da igualdade, da solidariedade social ou da justiça social; ao passo que o Direito Romano teve forte influência no desenvolvimento dos países romano-germânicos, há um forte desconhecimento ou quase imunidade à influência do Direito Romano na família jurídica da *common law*.

5. As diferenças enunciadas registam-se também ao nível do Direito do Trabalho aplicável em ambas as famílias, designadamente no que diz respeito ao regime da cessação do contrato de trabalho. Genericamente, ao passo que o sistema romano-germânico assenta na ideia de proibição de despedimentos arbitrários e sem justa causa, como se retira, entre nós, do artigo 53.º da

[112] Sobre o sistema de fontes de Direito nos Estados Unidos da América, veja-se por exemplo, Lawrence M. Friedman, *American Law in the 20th Century*, Yale University Press, New Haven and London, 2002.

[113] Sobre o ativismo judiciário do Supremo Tribunal de Justiça dos Estado Unidos da América, veja-se Carlos Alexandre de Azevedo Campos, "A Evolução do Ativismo Judicial na Suprema Corte Norte-Americana II", *Revista Brasileira de Direito Constitucional*, Ano 2, 2013, n.º 7, pp. 6515-6571 p. 6520, disponível em http://cidp.pt/publicacoes/revistas/ridb/2013/07/2013_07_06515_06571.pdf

[114] Sobre o papel do *Supreme Court* durante o mandato the Earl Warren, correntemente associado ao ativismo judiciario deste Supremo Tribunal, veja-se Lucas A. Powe Jr, *The Warren Court and American Politics*, Harvard University Press, Cambridge, 2000.

Constituição, os países da *common law*, pelo contrário, assentam na chamada *employment at will doctrine*, à luz da qual qualquer das partes – empregador e trabalhador – podem pôr termo à relação laboral de livre vontade, seja por uma boa razão, seja por uma má razão, seja sem qualquer razão que o fundamente[115].

6. Faz todo o sentido, pois, no âmbito da unidade curricular em causa, recordar estes aspetos essenciais de Direito Comparado.

E faz sentido fazê-lo, por uma razão muito simples: é que apesar das dissemelhanças existentes, mesmo ao nível do Direito do Trabalho, a verdade é que no que diz respeito à afirmação dos direitos de cidadania no trabalho, em particular quanto a aspetos relacionados com direitos de personalidade ou com temas referentes à igualdade e não discriminação, a proximidade é enorme: ambos os sistemas afirmam e defendem a liberdade de expressão no local de trabalho, o direito à reserva da intimidade da vida privada, a proibição do assédio ou, entre outras, a proscrição de práticas discriminatórias, quer diretas, quer indiretas.

Faz todo o sentido, portanto, recordar estes tópicos gerais de Direito Comparado no âmbito da unidade curricular objeto do presente estudo.

7. A afirmação da cidadania no trabalho, do ponto de vista jurídico, atinge-se com recurso aos elementos normativos do sistema.

Ou seja, faz-se com base em princípios normativos e regras jurídicas.

Importa, pois, nesta unidade curricular, recordar o papel desempenhado por ambos os citados elementos normativos: princípios normativos e regras jurídicas.

[115] Sobre a *employment at will doctrine*, que admite como regra geral o despedimento sem justa causa, e sobre as suas exceções, nomeadamente em matéria de exercício de direitos sindicais, de discriminação e de exercício de direitos em matéria de segurança e saúde no trabalho, veja-se, nomeadamente, Patrick J. Cihon e James Ottavio Castagnera, *Employment and Labor* Law, 9 ed., Cengage Learning, Legal Studies in Business, Boston, MA, 2017, pp. 21 e ss.

3. Elementos normativos do sistema: princípios normativos e regras jurídicas

1. É hoje pacificamente aceite que os princípios jurídicos integram a ordem jurídica, a par das regras jurídicas[116]: tal como estas, encerram juízos concretos de dever ser, ainda que em moldes distintos[117]. Podem ser vistos como "*pautas gerais de valoração ou preferências valorativas em relação à ideia de Direito, que todavia não chegam a condensar-se em regras jurídicas imediatamente aplicáveis, mas que permitem apresentar 'fundamentos justificativos' delas*"[118]; como "*os valores fundamentais mais profundos (...) duma ordem jurídica*"[119]; como "*mandamentos de otimização*" ou "*normas que ordenam que algo seja realizado na maior medida possível dentro das possibilidades jurídicas e fáticas existentes*"[120]; ou como "*um padrão que deve ser observado ... porque é uma exigência de justiça ou equidade*"[121]. Importa, pois,

[116] Veja-se, a este propósito, ROBERT ALEXY, *Teoria dos Direitos Fundamentais*, tradução de Virgílio Afonso da Silva, 2ª edição, Malheiros Editores, São Paulo, 2011, p. 87 ; RONALD DWORKIN, *Law's Empire*, 11ª edição, Cambridge, Massachusetts, 2000, *Uma Questão de Princípio*, tradução de Luís Carlos Borges, Martins Fontes, São Paulo, 2001, e Levando os direitos a sério, tradução de Nelson Boeira, Martins Fontes, São Paulo, 2002; sobre a imperatividade do Direito, a componente normativa da ordem social e a regra jurídica como regra de dever ser, veja-se OLIVEIRA ASCENSÃO, O *Direito. Introdução e Teoria Geral*, 13ª edição, cit., pp. 29 e ss., para quem "Uma ordem normativa é necessariamente uma ordem de condutas humanas". Sobre a coexistência de princípios e de regras jurídicas no sistema jurídico, veja-se, entre nós, MIGUEL TEIXEIRA DE SOUSA, *Introdução ao Direito*, Almedina, Coimbra, 2016, pp. 241 e ss, segundo o qual "O sistema jurídico é um conjunto de princípios e de regras jurídicas" (p. 241).

[117] Seguimos, a este propósito, o nosso *O Princípio da Proteção do Trabalhador*, cit., pp. 20 e ss.

[118] Cf. KARL LARENZ, *Metodologia da Ciência do Direito*, tradução de José Lamego, 3ª edição, Fundação Calouste Gulbenkian, Lisboa, 1997, p. 316.

[119] 7Cf. CLAUS-WILHELM CANARIS, *Pensamento Sistemático e Conceito de Sistema na Ciência do Direito* (Introdução), cit., p. 77.

[120] Cf. ROBERT ALEXY, *Teoria dos Direitos Fundamentais*, cit., p. 90, pp.85-91. Recorda-se que o autor, no essencial, parte do pressuposto que tanto as regras, como os princípios, devem ser reunidos sob o conceito de norma, porque ambos encerram um comando de dever ser.

[121] Cf. RONALD DWORKIN, *Levando os direitos a sério*, cit., p. 36. Recorda-se que para o autor, nesta mesma obra, "a diferença entre princípios jurídicos e regras jurídicas é de natureza lógica. (...). As regras são aplicáveis à maneira do tudo-ou-nada. (...) Mas não é assim que funcionam os princípios (...). Mesmo aqueles que mais se assemelham a regras (...) não apresentam consequências jurídicas que se seguem automaticamente quando as condições são dadas". No essencial: os "princípios jurídicos são tipos particulares de padrões", que "desempenham um papel fundamental nos argumentos que sustentam as decisões a respeito de direitos e obrigações jurídicos particulares" pp. 36-46.

que os alunos desta unidade curricular assimilem que o que caracteriza os princípios face às regras é que, enquanto estas últimas podem aplicar-se sob a forma de "tudo ou nada", os princípios possuem uma dimensão de "peso": quando se aplicam para resolver um caso, devem ser ponderados entre si, de modo a que o caso seja resolvido de acordo com o peso relativo atribuído aos diversos princípios concorrentes. Além disso, ao contrário das regras, os princípios jurídicos não fazem parte do sistema jurídico pela sua origem ou fonte, mas sim em razão do seu conteúdo. É nesse sentido que, entre nós, MENEZES CORDEIRO sublinha que, tal como a norma, "*o princípio é também uma proposição; limita-se, porém, a imprimir uma certa direção aos modelos de direção jurídica que, com ele, tenham determinado contacto*"[122], ao passo que MIGUEL TEIXEIRA DE SOUSA, por sua vez, define os princípios jurídicos como "*valores estruturantes do ordenamento jurídico destinados a optimizar a efectividade do direito na sociedade segundo critérios de justiça, de confiança e de eficiência*"[123].

2. Os princípios são, em suma, normas de dever ser ou linhas diretrizes valorativas que informam algumas regras e que inspiram direta ou indiretamente uma série de soluções: servem, nomeadamente, para promover a aprovação de novas regras, orientar a interpretação das existentes, resolver os casos não previstos na lei e fornecer fundamentos e argumentos válidos para a solução do caso concreto. Têm, pois, uma natureza normativa[124].

3. Os princípios jurídicos situam-se, no fundo, num plano intermédio, entre os valores gerais do sistema e as regras jurídicas, resultando de uma relação de "esclarecimento recíproco" entre ambos, e resultam, em última

[122] Cf. MENEZES CORDEIRO, *Tratado de Direito Civil, I, Introdução, Fontes do Direito, Interpretação da Lei, Aplicação das Leis no Tempo, Doutrina Geral*, 4ª edição, Reformulada e Atualizada, Almedina, Coimbra, 2012, p. 923. Veja-se também, do mesmo autor, Princípios gerais de Direito, Enciclopédia Pólis, 4 (1986).

[123] Cf. MIGUEL TEIXEIRA DE SOUSA, *Introdução ao Direito*, cit., pp. 249 e ss. (p. 250). Para o autor, os princípios são sempre estruturantes e valorativos; em contrapartida, as regras são sempre instrumentais e podem não ser valorativas – as regras jurídicas tanto podem ser concretizações daqueles mesmos valores, como podem, em certos casos, ser valorativamente neutras. Em qualquer caso, independentemente da sua diversidade, os princípios e as regras são ambos "elementos do sistema jurídico com aptidão para servirem de critérios de decisão de casos concretos".

[124] Cf. GUILHERME DRAY, *O Princípio da Proteção do Trabalhador*, cit., p. 23.

instância, de uma "*construção de um observador do sistema: é este que qualifica uma determinada disposição legal como um princípio ou que infere um princípio de uma regra ou de um conjunto de regras*"[125]. Em qualquer caso, uma vez consagrados no sistema normativo, os princípios jurídicos, tal como as regras, assumem natureza normativa[126].

4. Quando se manifestam em determinado ramo do direito, de forma específica e autónoma, os princípios jurídicos justificam a autonomização dogmática do mesmo. Nesse sentido, e para quem defende a autonomia dogmática do Direito do Trabalho, a existência de princípios próprios deste ramo do direito é uma evidência[127], que resulta da existência, no subsistema laboral, de valores distintos – concorrentes ou alternativos – aos do Direito Civil. A autonomia dogmática do Direito do Trabalho, como sustenta Maria do Rosário Ramalho, resulta da existência de "*princípios ou valorações materiais subjacentes ao sistema normativo laboral*", que se diferenciam "*dos princípios subjacentes ao sistema normativo mais vasto do qual ele se afastara no caso, o direito civil para se erigir num corpo regulativo autónomo*"[128].

5. E, de entre tais princípios, o "princípio da proteção do trabalhador", segundo a mesma autora, pode ser visto como a "*valoração material fundamentante geral*" desta área jurídica[129].

[125] Cf. Miguel Teixeira de Sousa, *Introdução ao Direito*, cit., p. 250.

[126] Veja-se, a este propósito, Manuel Atienza, *O sentido do Direito*, Escolar Editora, Lisboa, 2014, p. 96.

[127] Veja-se, a este propósito, Américo Plá Rodriguez, *Princípios de Direito do Trabalho*, tradução de Wagner D. Giglio, Editora LTR, São Paulo, 1997, pp. 9 e ss., que refere a existência de "princípios próprios ou peculiares do Direito do Trabalho" que "servem para justificar a sua autonomia e peculiaridade" (p. 17) e que "constituem o fundamento do ordenamento jurídico do trabalho" (p. 19).

[128] Cf. Maria do Rosário Ramalho, *Da Autonomia Dogmática do Direito do Trabalho*, cit. p. 965 e ss.

[129] Sobre as diversas concretizações do princípio da proteção do trabalhador, veja-se Maria do Rosário Ramalho, *Da Autonomia Dogmática do Direito do Trabalho*, cit., pp. 974 e ss.

4. Princípios específicos do Direito do Trabalho: proteção do trabalhador e salvaguarda dos interesses de gestão. Necessidade de articulação

1. Os princípios jurídicos são determinantes para a Ciência Jurídica. Sendo algo mais geral do que a regra jurídica, o princípio jurídico serve para inspirá-la, para entendê-la e para supri-la, em caso de necessidade. E serve, também, para organizar as regras jurídicas sob pontos de vista unitários, harmonizando-as e conferindo-lhes sentido útil. Sendo importantes para a afirmação de qualquer ramo do direito, os princípios jurídicos são particularmente determinantes para a afirmação, o desenvolvimento e a salvaguarda do Direito do Trabalho. Sendo este um ramo de direito relativamente jovem e em permanente evolução, com algum caráter fragmentário, com uma clara tendência para o concreto e que assenta, não raras vezes, na proliferação de regras em contínuo processo de modificação e de aperfeiçoamento, muitas das vezes ao sabor de imperativos de natureza económica ou social, a necessidade de afirmação de princípios próprios neste ramo de Direito torna-se decisiva, em nome da sua autonomia dogmática e da sua solidez. No fundo, os princípios próprios do Direito do Trabalho servem de cimento a toda a estrutura jurídico-normativa laboral: eles estão por detrás, condicionam, harmonizam e permitem a cabal compreensão das regras jurídicas positivadas nas leis. É por essa razão que no Direito do Trabalho "*a principiologia adquire uma maior significação, porque constitui o alicerce fundamental da disciplina, que se mantém firme e sólida, malgrado a variação, fugacidade e profusão de normas*"[130]. A afirmação de princípios próprios do Direito do Trabalho é, por isso, uma condição necessária para a afirmação da respetiva autonomia dogmática e para a manutenção deste ramo do Direito. E é à luz destes princípios que se deve compreender a associação do Direito do Trabalho aos direitos de cidadania.

2. Neste contexto, enquanto ramo específico do Direito, o Direito do Trabalho contém princípios próprios e especiais, relativamente aos do Direito comum. Trata-se de um corolário lógico da autonomia dogmática deste ramo

[130] Cf. Américo Plá Rodriguez, *Princípios de Direito do Trabalho*, Editora LTR, São Paulo, 1997, p. 11.

do Direito. E há dois que se destacam, ainda que atuem em polos tendencialmente opostos: o princípio da proteção do trabalhador, por um lado, e o da liberdade de gestão empresarial, por outro.

Ambos justificam a ideia de Direito do Trabalho e Cidadania.

3. O princípio da proteção do trabalhador deve ser visto, como oportunamente já tivemos oportunidade de defender, como o princípio atomístico nuclear, primário e reprodutor; como – em linguagem físico-naturalística – o átomo ou a partícula de Higgs[131] de onde emanam os demais princípios que formam, neste caso, o universo do Direito do Trabalho[132]. Ele está na génese e na evolução do Direito do Trabalho e assume-se como o princípio estruturante de todo o edifício normativo deste ramo do Direito. Compreendê-lo de forma atualista e associado à defesa da plena cidadania é não apenas admissível, como vantajoso: permite que o princípio em causa se robusteça e continue a exercer a sua função de princípio estruturante e de polo aglutinador; preconizar a sua abolição, entendê-lo como um mero resquício histórico ou invocar a sua inutilidade significaria, afinal, advogar a supressão, o desaparecimento ou a falta de autonomia dogmática do Direito do Trabalho, ou não compreender a sua origem.

[131] Recorda-se que a existência do "bosão" ou partícula de Higgs resulta de uma teoria elaborada pelo físico britânico Peter Higgs, em 1964, na sua obra, *Broken Symmetries and the Masses of Gauge Bosons*, Tait Institute of Mathematical Physics, University of Edinburgh, Edinburgh, Scotland, 1964, The American Physical Society, Physical Review Letters 13 (16): 508–509. Subsequentemente, foi atribuída à referida partícula a denominação de "partícula de Deus", pelo físico, Leon Lederman (Prémio Nobel de Física, 1988), na sua obra, *The God Particle: If the Universe Is the Answer, What Is the Question?*, editora Dell Publishing, 1993, United States of America. No essencial, admite-se que a referida partícula subatómica é central e crucial: é a chave para entender a estrutura fundamental da matéria, na exata medida em que é a citada partícula que atribui massa a todas as demais partículas, segundo a teoria conhecida como "modelo padrão". No fundo, a "partícula de Deus" representa a chave para explicar a origem da massa das outras partículas elementares. A explicação da existência do Universo residirá, pois, na partícula de Higgs. Em 4 de julho de 2012, a Organização Europeia para Pesquisa Nuclear (CERN) anunciou ter descoberto uma partícula subatómica nova, que tendencialmente corresponderia à aludida "partícula de Deus".

[132] Cf. Guilherme Dray, *O Princípio da Proteção do Trabalhador*, cit., 2015, p. 809.

4. O princípio da proteção do trabalhador tem um enunciado jurídico, por nós já defendido – é aquele à luz do qual a dignidade do trabalhador deve ser sempre preservada, devendo o empregador, tanto nos preliminares, como na execução do contrato de trabalho, respeitar os respetivos direitos de personalidade e o direito do trabalhador a prestar a sua atividade em condições de igualdade e não discriminação, bem como proporcionar-lhe boas condições de trabalho e uma retribuição que lhe garanta uma existência condigna, sendo proibidos os despedimentos sem justa causa[133]. A ideia de defesa da cidadania resulta, pois, do princípio da proteção do trabalhador.

5. Ao se incluir, no citado enunciado, o respeito, em qualquer circunstância e momento histórico, pela dignidade do trabalhador, estamos a trazer para o princípio da proteção do trabalhador o valor da dignidade da pessoa humana, que integra não só os valores gerais do sistema, mas também os valores específicos do subsistema laboral e a proteção da cidadania. Ao se aludir à necessidade de serem respeitados, tanto nos preliminares, como na execução do contrato de trabalho, os direitos de personalidade do trabalhador e o respetivo direito à igualdade e não discriminação, estamos a carrear para o princípio em causa os direitos pessoais de cidadania a que temos feito referência, neles se incluindo, consequentemente, o valor da liberdade *vg.* liberdade positiva, que igualmente integra os valores gerais do sistema e os do subsistema laboral. Ao integrarmos a necessidade de o empregador proporcionar ao trabalhador boas condições de trabalho e uma retribuição que lhe garanta uma existência condigna, estamos a aludir, não apenas à dignidade do trabalhador, mas à dignidade do próprio trabalho que o mesmo vai prestar, bem como à necessidade de salvaguarda do princípio da suficiência salarial. Englobam-se, neste segmento, as preocupações com a conciliação entre a vida profissional e a vida familiar, as garantias dos trabalhadores, nomeadamente o respeito pelos valores da parentalidade, a tutela da categoria profissional, a necessidade de estabelecimento de regras de defesa em matéria de procedimento disciplinar, a segurança, higiene e saúde no trabalho, a imposição de limites à gestão do tempo de trabalho e o direito à desconexão, a regulação da mobilidade funcional e da mobilidade geográfica, bem como a proteção de

[133] Cf. Guilherme Dray, *O Princípio da Proteção do Trabalhador*, cit., p. 846.

categorias específicas de trabalhadores especialmente debilitados, como sejam os trabalhadores deficientes ou com doença crónica, incluindo os cuidadores informais. Ficam, pois, abrangidos os aspetos mais relevantes em matéria de formação e execução do contrato de trabalho. Ao incluirmos a proibição de despedimentos sem justa causa, fechamos o ciclo: o trabalhador deve ser protegido, também, na matéria relativa à cessação do contrato, em nome do subprincípio da segurança no emprego.

A ideia de *citizenship at work* fica, pois, plenamente assegurada.

6. Assumindo-se como um comando normativo, próprio dos princípios jurídicos em sentido estrito, o princípio da proteção do trabalhador pode, desde logo, assumir uma função normativa e potenciar a resolução de casos concretos: na exata medida em que contém um comando normativo de natureza simultaneamente prescritivo – o empregador deve, tanto nos preliminares como na execução do contrato de trabalho, respeitar os direitos de personalidade e o direito do trabalhador a prestar a sua atividade em condições de igualdade e não discriminação, bem como proporcionar-lhe boas condições de trabalho e uma retribuição que lhe garanta uma existência condigna – e proibitivo – sendo proibidos os despedimentos sem justa causa – o princípio da proteção do trabalhador pode, enquanto norma jurídica que é, ser utilizado para efeitos de resolução de casos concretos, *maxime* na ausência de regras legais (*lacuna legis*)[134].

7. Pode, também, assumir um importante papel ao nível da interpretação e aplicação jurídicas, atuando como elemento argumentativo ou de fundamentação das soluções jurídicas, funcionando como elemento de interpretação nos termos gerais do artigo 9.º do Código Civil, ao nível dos respetivos elementos lógicos (sistemático, histórico e teleológico) e, bem assim, como critério de interpretação, à semelhança do método de interpretação conforme com a Constituição[135-136].

[134] Cf. GUILHERME DRAY, *O Princípio da Proteção do Trabalhador,* cit., pp. 20 e ss. e 848 e ss.

[135] Como recorda MIGUEL TEIXEIRA DE SOUSA, a propósito do elemento *sistemático,* a fonte do direito deve ser interpretada de molde a assegurar a unidade do sistema jurídico e a harmonia contextual da lei interpretada com as demais leis do mesmo sistema. E, mais do que isso, "*o que vale para o sistema jurídico considerado na sua globalidade vale também para cada um dos*

8. Pode, ainda, ser útil no processo de integração de lacunas, a três níveis: em primeiro lugar, ao diminuir o âmbito das denominadas lacunas *iuris*, dado que a sua capacidade normativa tende a promover a solução (direta) de casos concretos numa situação de ausência de regra legal (*lacuna legis*)[137]; em segundo lugar, porque o princípio em causa pode atuar em sede de aplicação analógica: por um lado, porque estando presente na maioria das regras juslaborais e tendo em conta que estas são tendencialmente aptas a resolver a maioria dos factos juslaborais, o princípio em causa pode orientar o intérprete-aplicador na busca do caso análogo, levando-o a aplicar uma norma juslaboral que

seus subsistemas. Assim, por exemplo, na área do direito civil, do direito administrativo ou do direito penal há que assegurar, através da interpretação da lei, a unidade de cada um destes subsistemas. Aliás, atendendo a um princípio de proximidade, a lei a interpretar tem de ser integrada, antes do mais, no respectivo subsistema. Por exemplo: uma fonte de direito do trabalho tem de ser interpretada de acordo com os princípios característicos deste subsistema (como, por exemplo, o favor laboratoris") – cf. Miguel Teixeira de Sousa, *Introdução ao Direito*, cit., p. 366. Também sobre a interpretação sistemática e a importância dos *princípios jurídicos*, recorda-se Menezes Cordeiro, segundo o qual, "*no processo de interpretação da lei, a ponderação dos elementos que se obtenham, mormente por via literal, à luz dos princípios pertinentes, é decisiva. A confluência da lei com um princípio conforta-a e fortalece-a; pelo contrário, a oposição a um princípio obriga a retomar o processo (...)*". – cf. MENEZES CORDEIRO, *Tratado de Direito Civil*, I, 4ª edição, cit., p. 720.

136 Como assinala MENEZES CORDEIRO, a propósito do elemento teleológico, "à partida, as proposições ou normas jurídicas são estruturalmente teleológicas. (...) A norma não vale por si: não é um fim em si mesma. Ela existe e vale enquanto finalisticamente destinada à consecução de algo que a transcende. Esta mesma dimensão aplica-se aos princípios. Também eles, mesmo quando aparentemente descritivos, têm implícita a ideia de obter algo ou de agir nesse sentido". Ora, para o autor, o "*elemento teleológico da lei torna-se decisivo, na interpretação. Quando o intérprete-aplicador apreenda (...) a ratio legis, tem, disponível, a ferramenta decisiva para apreender o seu sentido e para proceder a uma aplicação adequada*" – Cf. MENEZES CORDEIRO, *Tratado de Direito Civil*, I, 4ª edição, cit., p. 725.

137 Sobre a distinção entre analogia da lei (*legis*) e do direito (*iuris*), defendendo que a diferença entre ambas é apenas uma diferença de grau, veja-se OLIVEIRA ASCENSÃO, *O Direito. Introdução e Teoria Geral*, cit., pp. 454 e ss. Recorda-se que para o autor a distinção entre estas duas formas de analogia "deve fazer-se consoante a analogia funciona pelo recurso a uma precisa solução normativa, que pode ser transposta para o caso omisso, ou supõe a mediação dum princípio elaborado a partir de várias regras singulares, só ele permitindo a solução daquela hipótese. No primeiro caso utiliza-se uma disposição normativa; no segundo um princípio normativo (...)". O autor defende, ainda, nesta sede, que "*os princípios (...) merecem-nos o mesmo respeito que toda a restante ordem normativa. (...) todos os autores de ponta, como Esser, acentuam a necessidade de princípios substanciais que exprimam a ordem jurídica e cuja aplicação permita a solução de casos omissos*" p. 456.

concretize os valores decorrentes do princípio da proteção do trabalhador[138]; por outro lado, havendo necessidade de recurso às regras legais do Direito comum, em sede de aplicação analógica, o princípio em causa exige que tal aplicação seja feita com adequação axiológica, funcional e social (artigo 10.º, n.º 1, do Código Civil)[139]; em terceiro lugar e na falta de caso análogo, ele pode ter um papel a desempenhar se o aplicador da lei tiver necessidade de criar uma norma dentro do espírito do sistema: neste caso, nos termos a que se refere o artigo 10.º, n.º 3, do Código Civil, o sistema a ter em consideração será o subsistema laboral e, dentro deste, o seu princípio nuclear a ter em consideração será, naturalmente, o princípio da proteção do trabalhador[140].

9. Ao nível do conflito de fontes, o princípio da proteção do trabalhador tem expressão no que diz respeito ao conflito hierárquico de fontes (artigos 3.º, n.ºs. 3 e 4; e artigo 476.º, ambos do Código do Trabalho), ao conflito de fontes no espaço (artigos 7.º e 8.º do Código do Trabalho) e ao conflito de fontes no tempo (artigo 503.º do Código do Trabalho).

Em sede de conflito hierárquico de fontes, há um determinado conjunto de matérias com assento legal que só podem ser afastadas por instrumento de regulamentação coletiva de trabalho se este for mais favorável para o trabalhador do que o regime previsto na lei. Entre essas matérias, temos o regime dos direitos de personalidade e o da igualdade e não discriminação, a par da proteção na parentalidade, do trabalho de menores, do trabalhador com capacidade de trabalho reduzida, com deficiência ou doença crónica, do trabalhador-estudante; do dever de informação do empregador; dos limites

[138] Veja-se, a este propósito, GUILHERME DRAY, *O Princípio da Proteção do Trabalhador*, cit., pp. 853.

[139] Cf. MARIA DO ROSÁRIO RAMALHO, *Direito do Trabalho, Parte I – Dogmática Geral*, cit., pp. 268-269.

[140] Recorda-se que, para MIGUEL TEIXEIRA DE SOUSA, "a consideração do espírito do sistema na integração da lacuna implica, antes do mais, uma actividade de prospecção, dado que o aplicador deve procurar descobrir nesse sistema o princípio formal e o princípio material que o devem orientar naquela integração. *Mutatis mutandis*, o mesmo vale em qualquer subsistema jurídico: também há que procurar neste o princípio formal e o princípio material que deve orientar o intérprete na construção da regra hipotética. Depois de descoberto (...) o intérprete está em condições de construir a regra hipotética, pois que, para isso, basta aplicar esse mesmo princípio na construção daquela regra" – cf. MIGUEL TEIXEIRA DE SOUSA, Introdução ao Direito, cit., p. 410.

à duração dos períodos normais de trabalho diário e semanal; da duração mínima dos períodos de repouso, incluindo a duração mínima do período anual de férias; da duração máxima do trabalho dos trabalhadores noturnos; da forma de cumprimento e garantias da retribuição, bem como do pagamento de trabalho suplementar; das regras sobre prevenção e reparação de acidentes de trabalho e doenças profissionais e legislação que o regulamenta; e da transmissão de empresa ou estabelecimento; direitos dos representantes eleitos dos trabalhadores (artigo 3.º, n.º 3).

Ainda a propósito do conflito hierárquico de fontes, a lei determina que as normas legais reguladoras de contrato de trabalho só podem ser afastadas por contrato individual que estabeleça condições mais favoráveis para o trabalhador, se delas não resultar o contrário artigo 3.º, n.º 4[141].

Por fim, sobre o mesmo tema, a lei determina, também, que as disposições de instrumento de regulamentação coletiva de trabalho só podem ser afastadas por contrato de trabalho quando este estabeleça condições mais favoráveis para o trabalhador (artigo 476.º)[142].

Ao nível do conflito de fontes no tempo, recorda-se que o princípio da proteção do trabalhador tem, também, a sua expressão positivada. O artigo 503.º, n.º 3, do Código do Trabalho, estabelece que em caso de sucessão de convenções coletivas os direitos decorrentes de convenção só podem ser reduzidos por nova convenção de cujo texto conste, em termos expressos, o seu carácter globalmente mais favorável[143].

10. O princípio da proteção do trabalhador tem por função, também, a ordenação, harmonização e equilíbrio interno do subsistema laboral: ele permite

[141] Sobre o artigo 3.º do Código do Trabalho, incluindo os citados números 3 e 4 deste preceito legal, veja-se a anotação de Luís Gonçalves da Silva, em *Código do Trabalho Anotado,* Pedro Romano Martinez, Luís Miguel Monteiro, Joana Vasconcelos, Pedro Madeira de Brito, Guilherme Machado Dray e Luís Gonçalves da Silva, cit, pp. 57 e ss.

[142] Sobre o artigo 476.º do Código do Trabalho, veja-se a anotação de Luís Gonçalves da Silva, em *Código do Trabalho Anotado,* Pedro Romano Martinez, Luís Miguel Monteiro, Joana Vasconcelos, Pedro Madeira de Brito, Guilherme Machado Dray e Luís Gonçalves da Silva, cit, pp. 1033 e ss.

[143] Sobre o artigo 503.º do Código do Trabalho, veja-se a anotação de Luís Gonçalves da Silva, em *Código do Trabalho Anotado,* Pedro Romano Martinez, Luís Miguel Monteiro, Joana Vasconcelos, Pedro Madeira de Brito, Guilherme Machado Dray e Luís Gonçalves da Silva, cit, pp. 1098 e ss.

organizar as regras jurídicas, agrupá-las segundo determinados subprincípios operativos e atribuir-lhes coerência interna, facilitando, por esta via, o papel dos agentes e aplicadores do Direito e a função sistematizadora da Ciência Jurídica.

11. O princípio em causa pode, enfim, noutro plano, atenta a sua primazia axiológica, nomeadamente perante os demais elementos normativos que integram o subsistema laboral, servir como elemento de conformação legislativa, compelindo o legislador a preservar, em qualquer circunstância e perante qualquer modelo contratual, um núcleo irredutível de direitos do trabalhador e a dignidade do mesmo, impedindo a entrada no sistema de normas que o contradigam. O princípio da proteção do trabalhador permite ao legislador zelar pela coerência valorativa do subsistema laboral e pela articulação interna das suas normas. Todavia, cumpre prevenir: primazia axiológica não significa, necessariamente, primazia hierárquica, pelo que o princípio em causa não tem o condão, por si só, de tornar inválidas regras jurídicas formalmente aprovadas pelo poder legislativo e que eventualmente o contradigam, ainda que as mesmas se revelem injustas[144]. Como recorda JOHN FINNIS, mesmo as leis injustas continuam, em princípio, a ser imperativas e a gozar da característica da coercibilidade, própria da ordem jurídica[145]. É este, aliás, o sentido

[144] Recorda-se, aliás, que para MIGUEL TEIXEIRA DE SOUSA "*os princípios têm a hierarquia normativa das regras que o consagram ou das regras dos quais eles são inferidos. Portanto, não é a hierarquia axiológica que determina a hierarquia normativa, mas precisamente o contrário: é pelo grau hierárquico atribuído pelo legislador ao princípio que se descobre a sua hierarquia axiológica*" – cf. MIGUEL TEIXEIRA DE SOUSA, *Introdução ao Direito*, cit., pp. 250-251.

[145] Sobre a eventual aplicação no sistema de leis injustas e porventura até imorais, contrárias às moral standards e aos valores do sistema, veja-se, por todos, o australiano JOHN FINNIS, *Natural Law and Natural Rights*, First Edition, Oxford University Press, New York, 1979, pp. 353 e ss., que conclui que, em princípio, mesmo quando as leis sejam imorais ou injustas, os cidadãos devem ainda assim respeitá-las, a título de "collateral obligation" e em nome de um bem superior (a "communitty good"), que é a preservação do ordenamento jurídico como um todo, ainda que o legislador deva, naturalmente, atuar no sentido da abolição dessa lei injusta e mesmo no da sua não aplicação – "*So, if an unjust stipulation is, fact, homogeneous with other laws its formal source, its reception by courts and officials, and its common acceptance, the good citizen may (not always) be morally required to conform to that stipulation to the extent necessary to avoid weakening 'the Iaw', the legal system (of rules, institutions, and dispositions) as a whole. The ruler still has the responsibility of repealing rather than enforcing his unjust law, and this sense has no right that it should be conformed to. But the citizen, or official, may meanwhile have the diminished, collateral,*

que decorre do artigo 8.º, n.º 2, do Código Civil, segundo o qual, o dever de obediência à lei não pode ser afastado sob pretexto de ser injusto ou imoral o conteúdo do preceito legislativo. Em qualquer caso, na exata medida em que este princípio se encontra incorporado no sistema de valores da Constituição e no elenco de direitos, liberdades e garantias dos trabalhadores expresso nos artigos 53.º e ss. da Constituição, qualquer regra que venha a ser aprovada pelo poder legislativo e que se mostre contrária ao princípio da proteção do trabalhador tende, consequentemente, a ser uma regra inconstitucional, filtrada nos termos dos artigos 277.º e ss. da Constituição.

12. O princípio da proteção do trabalhador funciona, em suma, como um limite à modificação do Direito do trabalho: este pode e deve ser alterado e atualizar-se em função do devir social; as modificações levadas a efeito não devem, todavia, subverter os valores essenciais deste ramo do direito, plasmados no seu princípio jurídico central. As alterações levadas a efeito no Direito do trabalho devem ter por objetivo a sua atualização, mas não a sua substituição; as modificações levadas a efeito nas regras jurídicas sistematizadas, entre nós, no Código do Trabalho, podem atuar ao nível de determinadas soluções concretas, mas não devem alterar o espírito e o sentido do Direito do trabalho (*The Idea of Labour Law*), expressos no princípio da proteção do trabalhador e na defesa da cidadania de quem trabalha; a fragmentação do contrato de trabalho tradicional – o contrato de trabalho por tempo indeterminado – numa multiplicidade de figuras contratuais distintas – contrato de trabalho a termo certo, contrato de trabalho de muito curta duração, em regime de trabalho temporário, em regime de comissão de serviço, contrato de trabalho intermitente, contrato de trabalho em regime de teletrabalho, etc – sendo um dado quase incontornável, deve ser acompanhada, todavia,

and an important sense extra-legal, obligation to obey" (pp. 361-362). Veja-se também, do mesmo autor, *Natural Law Theories, The Stanford Encyclopedia of Philosophy*, First published Mon Feb 5, 2007; substantive revision Mon Jul 25, 2011, disponível em http://plato.stanford.edu/entries/natural-law-theories/, acesso em outubro de 2014. Recorda-se, por outro lado, no que diz respeito ao ordenamento jurídico português, o disposto no artigo 8.º, n.º 2, do Código Civil, segundo o qual, "O dever de obediência à lei não pode ser afastado sob pretexto de ser injusto ou imoral o conteúdo do preceito legislativo".

pela manutenção de um denominador comum, que redunda no princípio da proteção do trabalhador e na defesa da *citizenship at work.*

13. Como sustenta MANFRED WEISS, apesar das transformações significativas que se têm verificado no mundo do trabalho e de ser clara, hoje, a necessidade de o Direito do trabalho se adaptar a um novo circunstancialismo e a novas realidades, os problemas fundamentais do mundo laboral, expressos nomeadamente na ideia de que "*labour is not a commodity, that employees are personally dependent and that the employee's human dignity has to be protected*", mantêm-se, razão pela qual, "*there is no reason to question the need for labour law as such (...) and no need for a new paradigm*" [146]. Apesar das alterações ocorridas no mundo do trabalho, a desigualdade entre as partes na situação juslaboral e a situação de dependência e de afetação pessoal de quem presta a sua atividade por conta de outrem, mantém-se – como recorda GUY DAVIDOV, "*This has been the case the past and has not changed. The goal of labour law is to provide protection to these people, by minimizing* such *vulnerabilities or preventing unwanted outcomes resulting from them*"[147]. O princípio da proteção do trabalhador mantém, pois, plena atualidade, sendo reforçado com a ideia de que o Direito do Trabalho deve, perante a chamada transição digital, continuar a defesa da cidadania no trabalho.

14. Em última instância, ao afirmarmos o princípio da proteção do trabalhador e ao defendermos a cidadania no trabalho, estamos, afinal, a contribuir para o valor civilista da liberdade e do livre desenvolvimento da personalidade: o trabalhador que seja tratado com dignidade, enquanto cidadão, que receba uma retribuição condigna pelo trabalho que desenvolve, adquire, consequentemente, as condições necessárias para se afirmar como um cidadão independente[148], que pode exercer de forma plena a sua cidadania, determinar

[146] Cf. MANFRED WEISS, "Re-Inventing Labour Law?", *The Idea of Labour Law*, cit., pp. 43-56 (p. 46). O autor sustenta, em todo o caso, a necessidade de o Direito do trabalho, se adaptar e evoluir (*need for adaptation*), face a novas circunstâncias e ao aparecimento de novas formas de trabalho atípicas, nomeadamente o *part time work* ou os *fixed-terms contracts* – em qualquer caso, conclui que, a "*Labour law does not need to be reinvented; there is no need for a new paradigm*" (p. 56).

[147] Cf. GUY DAVIDOV, "Re-Matching Labour Laws with Their Purpose", *The Idea of Labour Law*, cit., pp. 179-189 (p. 189).

[148] Veja-se, a este propósito, nos termos acima assinalados, KYLE SWAN, segundo o qual o *princípio da igualdade republicano* visa, nomeadamente, garantir a todos os cidadãos "*... a level*

o tipo de vida que quer viver[149] e dar azo, nesse sentido, ao princípio da igualdade material de oportunidades ou à ideia de *equality of fair opportunity* de JOHN RAWLS[150]. Nessa medida, fica claro, também, que o Direito do trabalho, ainda que instrumentalizado por alguns desideratos económicos que o ultrapassam, não pode perder de vista o essencial: a dignidade, a igualdade e a liberdade do trabalhador, enquanto cidadão que atua no mundo produtivo. Como sustenta HARRY ARTHURS, o Direito do trabalho, ainda que porventura em novos moldes, deve continuar a atuar *"to seek justice the work place and the labour market"*[151], de forma a garantir a defesa daquilo a que certa doutrina chama de *"personality at work"*[152-153]. Até porque, como ensina AMARTYA SEN, a Economia não tem que ser tão congenitamente hostil à felicidade. Pelo contrário: a disciplina da economia do bem-estar (*"welfare economics"*), que é a parte da economia que trata da avaliação das políticas a seguir, apresenta já um longo historial de pôr a felicidade no ponto mais central da disciplina de avaliação, vendo nela o único guia capaz de promover o bem-estar humano e as vantagens usufruídas pelos cidadãos[154]. Nesse sentido, como recorda SIMON DEAKIN, o Direito do trabalho, na exata medida em que contribua para a afirmação da liberdade positiva do trabalhador e para a sua normal

of capabilities minimally necessary for operating as a free and independent citizen" – cf. KYLE SWAN, *"Republican Equality", Social Theory and Practice,* Department of Philosophy The Florida State University, cit., July 2012, p. 454.

149 Cf. AMARTYA SEN, *A ideia de Justiça,* cit., p. 313.

150 Cf. JOHN RAWLS, *Justice as Fairness: A Restatement,* ed. by Erin Kelly, Cambridge, Harvard University Press, 2001.

151 Cf. HARRY ARTHURS, "Labour Law after Labour", *The Idea of Labour Law,* cit., pp. 13-29 (p. 27).

152 Veja-se, a este propósito, MARK FREEDLAND e NICOLA KOUNTOURIS, "The Legal Characterization of Personal Work Relations and The Idea of Labour Law", *The Idea of Labour Law,* cit., pp. 190-208, para quem a *ideia do Direito do trabalho* se centra no conceito de *"personality work"*, ideia essa que abarca *"the objectives of promoting dignity, capability and stability the arranging and conduct of personal work relations"* (p. 208).

153 Veja-se, também, R. DEL PUNTA, "Valori del diritto del lavoro ed economia di mercato", WP CSDLE "Massimo D'Antona".IT – 395/2019; A. PERULLI, "L'idea del diritto del lavoro, oggi", *Lav. dir.* 2016, 17 ss.; V. SPEZIALE, "La trasformazione del diritto del lavoro", *Lav. dir.*, 2016, 719 ss.

154 Cf. AMARTYA SEM, *A ideia de Justiça,* Almedina, Coimbra, 2012, p. 365 e 368 e ss. Veja-se, também, do mesmo autor, *Rationality and Freedom,* Harvard University Press, Cambridge, Massachusetts, 2002. Sobre a relação entre Economia e Felicidade, veja-se Richard Layard, *Happiness: a Revolution Economics,* Penguin Press, 2005.

aspiração *"to achieve (...) social and economic goals"*, pode ter um papel decisivo *"to Economic and Human development"*[155].

15. Em suma: o princípio da proteção do trabalhador é o princípio unificador do sistema laboral, o seu "norte magnético" ou a "partícula de Deus" do Direito do trabalho, sem o qual este perde a sua razão de ser. É, por outras palavras, o *moral standard* deste ramo do direito ou, utilizando a terminologia de Adrián Goldin, a sua *"basic idea"*[156], que garante ao trabalhador uma liberdade efetiva e a capacidade de se desenvolver enquanto cidadão[157]. É, em suma, o princípio fundamental que perpassa pelo subsistema laboral e o vivifica[158], conferindo sentido ético ao Direito do trabalho e garantindo ao

[155] A propósito da diferença entre a referida *basic idea* do Direito do trabalho e as particular ideias que foram surgindo a partir do último quartel do século XX, em especial as que se prendem com as políticas de flexibilização do direito laboral, veja-se Adrián Goldin, "Global Conceptualizations and Local Constructions", The *Idea of Labour Law*, cit., pp. 69-87 (p. 73), que analisa a evolução deste ramo do Direito na Europa continental, nos países do common law e na América Latina. No essencial, o autor recorda que as políticas de flexibilização que envolveram o Direito do trabalho não resultaram do seu "programa inicial" *"In the last decades, labour laws of Western European countries enrolled the civil law legal system have been subject to repeated and extensive reforms, many of which, undoubtedly, have been the product of recurring claims for adapting labour law to efficiency considerations (...) They are expected to take into account economic goals such as employment performance and the good functioning of labour markets. They are also expected to consider companies'prosperity. These objectives did not form part of their initial programme"*. Todavia, para este autor, se é verdade que estas politicas diminuíram *"the intensity of protection legal systems", não deixa de ser verdade, por outro lado, que "they do not envolve a quality change the logic of proteccion. On the contrary, it may be claimed that (...) such mechanisms constitue a characteristic feature of the protection system as the one prevailing here – and, as a result, they qualify it diferente degrees, but they do not alter its nature"*. Por outras palavras: para este autor, as politicas de flexibilização, nomeadamente a "flexicurity" resultante do Tratado de Lisboa, não são suscetíveis de pôr em causa a basic idea da labour law – "the idea of protection" p. 73.

[156] Adrián Goldin, "Global Conceptualizaions and Local Constructions", *The Idea of Labour Law*, Edited by Guy Davidov & Brian Langille, Oxford University Press, United Kingdom, 2013, pp. 69-87 (p. 87).

[157] Recorda-se, a este propósito, a recente afirmação do *Supreme Court* do Canadá, para quem o trabalho garante aos trabalhadores, não apenas *"a means of financial support and, as importantly, a contributory role society"*, mas também *"a sense of identity, self-worth and emotional well-being"* – decisão citada por Harry Arthurs, "Labour Law after Labour", *The Idea of Labour Law*, cit., p. 20.

[158] Deste ponto de vista, o *princípio da proteção do trabalhador* pode, também, na expressão de Oliveira Ascensão, ser visto como um *dogma jurídico*, porque resulta de um *exercício dogmático*, que tende a reduzir à *unidade* a diversidade expressa nas diferentes *regras jurídicas* de onde o mesmo emana – cf. Oliveira Ascensão, *O Direito. Introdução e Teoria Geral*, cit., p. 417.

trabalhador um amplo espaço de liberdade e de cidadania[159]. E, neste domínio, o regime dos direitos de personalidade e o da igualdade e não discriminação são particularmente importantes, em particular quando unificados em torno da ideia de cidadania.

16. O princípio da proteção do trabalhador, sendo o "Norte Magnético" do Direito do Trabalho, não é o único que marca este ramo do Direito. No polo oposto, importa contar também com o princípio da salvaguarda dos interesses de gestão, que faz apelo à necessidade de as empresas serem dotadas de instrumentos (flexíveis) de gestão empresarial. Como sublinha MARIA DO ROSÁRIO RAMALHO[160], o *"princípio da salvaguarda dos interesses de gestão"*, que tem em vista a salvaguarda da liberdade de gestão empresarial e a tutela dos interesses do empregador, aposta no reforço dos poderes de gestão, na flexibilização da relação de trabalho e, eventualmente, na diminuição do custo do trabalho. Ou seja, defendem valores distintos e porventura contrários aos que decorrem do princípio da proteção do trabalhador. Por essa razão, importa compatibilizá-los.

17. A existência de princípios jurídicos contraditórios não é uma novidade. Se é verdade que não podem existir regras jurídicas opostas ou contraditórias, o mesmo já não se passa quanto aos princípios. Para DWORKIN, ao passo que as regras são aplicáveis à maneira do "tudo-ou-nada", quer dizer, são totalmente aplicadas ou não aplicadas e não podem existir no mesmo sistema jurídico duas regras válidas e contraditórias, já os princípios, tendencialmente, dado que podem conflituar com outros princípios, apenas prevalecem se tiverem mais peso ou se forem mais importantes do que os princípios conflituantes, sem que, contudo, estes devam ser considerados inválidos. Ou seja, sendo certo que, quer os princípios, quer as regras, têm uma forma condicional, pois

[159] Como afirma BRIAN LANGILLE, o Direito do trabalho visa, em última instância, *"improve the lives of the inhabitants of the world, insofar as work as something to do with it. (...) This is because, Sen's formulation, our goal is real, substantive, human freedom – the real capacity to lead a life we have reason to value"* – cf. Brian Langille, "Labour Law's Theory of Justice", *The Idea of Labour Law,* cit., p. 112.

[160] Cf. MARIA DO ROSÁRIO RAMALHO, *Direito do Trabalho, Parte I – Dogmática Geral,* cit., p. 498; e *Tratado de Direito do Trabalho, Parte I, Dogmática Geral,* cit., p. 520.

estabelecem que, verificadas determinadas circunstâncias, se deve verificar uma consequência jurídica, a verdade é que as condições de aplicação dos princípios são fornecidas de forma muito aberta, ao passo que, nas regras, as condições de aplicação são fechadas. Por essa razão, os princípios, ao contrário das regras, apenas implicam uma regulação *prima facie*, desempenhando acima de tudo um papel fundamental nos argumentos que sustentam as decisões jurídicas, ao passo que o "deve" das regras tende a ser concludente [161]. Nesse sentido, no âmbito da disciplina que ora se preconiza, importa promover a compatibilização dos dois referidos princípios – o princípio da proteção do trabalhador e o da salvaguarda dos interesses de gestão – de forma a encontrar soluções que garantam, simultaneamente, a proteção da dignidade do trabalhador, enquanto cidadão, e a liberdade de gestão empresarial, igualmente necessária para a gestão da unidade produtiva.

17. É esse, também, o escopo da disciplina que se propõe. E a associação do Direito do Trabalho à ideia de cidadania ajuda a que se faça tal compatibilização. A defesa da cidadania pode estar presente nas políticas de *corporate social responsibility*. Ou seja, ao associar o Direito do Trabalho à ideia de cidadania no trabalho e à implementação de boas práticas empresariais, que apostam, nomeadamente, em políticas de igualdade, nos direitos de personalidade e no combate ao assédio, estamos a chamar as empresas e a convidá-las a promover a cidadania no trabalho através de políticas empresariais adotadas voluntariamente. Ou seja, estamos a contribuir para a interiorização da ideia de que o Direito do Trabalho não serve apenas o trabalhador, mas também o empregador e a sociedade.

[161] Cf. Ronald Dworkin, *Levando os direitos a sério*, cit., p. 36.

Parte II – Direitos de personalidade

1. A importância dos direitos laborais de personalidade

1. A matéria dos direitos de personalidade é determinante, numa lógica de proteção da dignidade humana e da cidadania, assumindo uma importância crescente na sociedade hodierna. O Direito do Trabalho não foge à regra e não era aceitável, consequentemente, que o mesmo permanecesse à margem desta lógica de proteção da pessoa e dos bens que diretamente lhe dizem respeito. Pelo contrário: as especificidades deste ramo do Direito não só justificam, como aconselham a consagração de um regime autónomo no domínio dos direitos de personalidade[162]. E a defesa da cidadania reforça esta opção.

A razão é simples de enunciar: a situação jurídico-laboral põe em confronto os interesses das partes contratuais de forma manifesta e vincada; na esfera jurídica do empregador, eleva-se a desiderato principal a salvaguarda dos interesses da empresa, mediante o recurso a instrumentos de gestão dinâmicos e flexíveis; na esfera do trabalhador, joga-se fundamentalmente com a tutela dos respetivos interesses pessoais e patrimoniais, com a segurança no emprego, a garantia salarial, a conciliação entre a vida profissional e a vida privada e o exercício dos respetivos direitos de cidadania. Mais do que qualquer outra situação jurídica relativa, a relação jurídico-laboral atinge de forma particularmente significativa a esfera privada e a dignidade do trabalhador, na medida

[162] Cf. Guilherme Dray, *Direitos de Personalidade, Anotações ao Código Civil e ao Código do Trabalho*, cit., pp. 10 e ss. No mesmo sentido, João Leal Amado, *Contrato de Trabalho*, cit, p. 217 e ss.

em que assenta numa estrutura de direção-subordinação. Por outro lado, a força de trabalho é uma qualidade inseparável da pessoa do trabalhador, o que implica um envolvimento pessoal deste na execução do contrato de trabalho. Não fazia sentido, consequentemente, que precisamente neste domínio, em que o desequilíbrio contratual é manifesto e em que a afetação pessoal é significativa, não existissem previsões normativas específicas especialmente concebidas para garantir a proteção dos direitos de personalidade, em especial do trabalhador, enquanto cidadão e contraente mais débil[163].

2. É por essa razão que o Código do Trabalho consagra uma secção especificamente dedicada aos direitos de personalidade do trabalhador. Foi esta a razão que esteve na origem da intervenção legislativa inovadora ocorrida no CT2003 e é esta, por certo, a razão que preside à manutenção deste regime no CT2009[164-165].

3. O Direito do Trabalho, desde a célebre "Questão Social", sempre avançou gradualmente no sentido da limitação das arbitrariedades e do poder de direção do empregador: numa primeira fase, como se afirmou, através da

[163] Veja-se, a este propósito, Pedro Romano Martinez, *Direito do Trabalho*, cit., pp. 323 e ss.; e João Leal Amado, Contrato de Trabalho, cit., pp. 207 e ss.

[164] A propósito da matéria dos direitos de personalidade, em geral, veja-se Capelo de Sousa, *O Direito Geral de Personalidade*, Coimbra, 1995; Carlos Mota Pinto, *Teoria Geral do Direito Civil*, 3ª Edição Atualizada, Coimbra, 1996, pp. 84-88; Carvalho Fernandes, *Teoria Geral do Direito Civil*, Volume I, 2ª Edição, Lex, Lisboa, 1995, pp. 187-195; Castro Mendes, *Teoria Geral do Direito Civil*, I, 1978 (reimp. 1986), pp. 310-315; Diogo Leite de Campos, *Lições de Direito de Personalidade*, 2ª edição, 1992 e "O Direito e os direitos de personalidade", *Revista da Ordem dos Advogados*, 1993, pp. 201-224; Menezes Cordeiro, *Tratado de Direito Civil Português, I, Parte Geral, Tomo III, Pessoas*, Almedina, 2004, pp. 29-213, *Tratado de Direito Civil, I*, Almedina, 4ª Edição, Reformulada e Atualizada, 2012, pp. 931 e ss., e "Os direitos de *personalidade* na civilística portuguesa", *Estudos em Homenagem ao Professor Doutor Inocêncio Galvão Telles*, Almedina, Coimbra, 1.º volume, 2202, pp. 21-45; Oliveira Ascensão, *Direito Civil, Teoria Geral, Volume I, Introdução, As Pessoas, os Bens*, Coimbra, 1997, pp. 63-114; Pedro Pais de Vasconcelos, *Teoria Geral do Direito Civil*, Almedina, 2003, 2ª Edição, pp. 38-70; Paulo Mota Pinto, "O direito à reserva da intimidade da vida privada, *Boletim da Faculdade de Direito*, LXIX (1993), pp. 479-485 e Guilherme Dray, *Direitos de Personalidade, Anotações ao Código Civil e ao Código do Trabalho*, cit.

[165] Sobre o regime consagrado no Código do Trabalho de 2009, veja-se as anotações de Guilherme Dray, em *Código do Trabalho Anotado*, Pedro Romano Martinez, Luís Miguel Monteiro, Joana Vasconcelos, Pedro Madeira de Brito, Guilherme Machado Dray e Luís Gonçalves da Silva, 13ª edição, cit., pp. 85 e ss.

imposição de limites à jornada do trabalho, da proscrição do trabalho infantil e da proteção das trabalhadoras grávidas; mais tarde, no sentido da proteção do emprego e das limitações ao despedimento, bem como no do reforço dos direitos de participação coletiva. No caso dos direitos de personalidade e das questões relativas à cidadania do trabalhador, o que está em causa é atender a novos problemas, mais sofisticados, próprios da sociedade tecnológica, em que o exercício dos poderes patronais lança mão da ciência, da tecnologia e da Inteligência Artificial para efeitos de controlo e gestão da unidade produtiva. A panóplia de meios suscetíveis de atingir a esfera privada e a dignidade das pessoas alargou-se. O desenvolvimento da informática, a utilização e manuseamento de tecnologias de informação e de comunicação, o incremento e utilização de técnicas de captação e armazenamento de imagens e de dados pessoais, a utilização da ciência médica para efeitos de realização de testes ou exames destinados a despistar doenças infetocontagiosas ou o consumo de drogas e de álcool por parte do trabalhador, bem como o uso de algoritmos e da Inteligência Artificial para efeitos de seleção dos trabalhadores, para efeitos de organização do trabalho ou mesmo para efeitos de seleção de trabalhadores a serem abrangidos no âmbito de um processo de despedimento coletivo, tornaram-se uma constante. O Direito do Trabalho não mais se podia alhear destas questões emergentes, razão pela qual o CT2003 consagrou expressamente direitos de personalidade especificamente aplicáveis à relação laboral, prescindindo-se por esta via de eventuais esquemas de transposição direta ou indireta de preceitos constitucionais e de regras ou princípios do Direito Civil. Não se tratou de afirmar um "Direito de personalidade laboral", à margem do Direito Civil. Mas as especificidades deste ramo do Direito justificam uma secção específica de direitos de personalidade, que de resto enriquecem o próprio Direito Civil. Tratou-se, pois, de um avanço, que importa registar e que não mais tende a retroceder[166].

[166] Relativamente à tutela pessoal do trabalhador, veja-se nomeadamente MENEZES CORDEIRO, Direito do Trabalho, I, *Direito europeu, Dogmática geral, Direito coletivo*, Almedina, Coimbra, 2019, pp. 466 e ss.; ROMANO MARTINEZ, *Direito do Trabalho*, Almedina, Coimbra, 9ª edição, 2019, pp. 373 e ss.; GUILHERME DRAY, "Comunicações Eletrónicas e Privacidade no Contexto Laboral", *Prontuário de Direito do Trabalho*, II, 2016, Centro de Estudos Judiciários, Almedina, Coimbra, 2017, pp. 103 e ss., e *O Princípio da Proteção do Trabalhador*, cit., pp. 163 e ss. e 361 e ss.; LUÍS MENEZES LEITÃO, *Direito do Trabalho*, 6ª edição, Almedina, Coimbra, 2019, pp. 149 e ss.; MARIA DO ROSÁRIO RAMALHO, *Tratado de Direito do Trabalho, Parte II – Situações Laborais*

4. De entre as situações jurídicas de vantagem que têm por escopo a tutela da situação pessoal do trabalhador e que constam do CT2009, destacam-se a liberdade de expressão e de opinião no local de trabalho (artigo 14.º); o direito à integridade física e moral (artigo 15.º); e o direito à reserva da intimidade da vida privada (artigo 16.º), que compreende o regime relativo à proteção de dados pessoais (17.º), o regime do tratamento de dados biométricos (artigo 18.º), o regime relativo à realização de testes e exames médicos (artigo 19.º) e o direito de reserva e confidencialidade de mensagens e de acesso a informação de caráter não profissional que o trabalhador envie, receba ou consulte, nomeadamente através do correio eletrónico (artigo 22.º). Para além deste articulado, importa igualmente ter em atenção o regime atinente à utilização de meios de vigilância a distância (artigos 20.º e 21.º).

5. O regime em causa apresenta um traço denominador comum: visa-se garantir um justo equilíbrio entre a manutenção na esfera jurídica do trabalhador dos direitos que lhe assistem enquanto cidadão, por um lado, e o princípio da liberdade de gestão empresarial, por outro[167].

Individuais, 6ª edição, Almedina, Coimbra, 2016, pp. 386 e ss., e "Contrato de trabalho e direitos fundamentais", *Estudos em Homenagem à Professora Doutora Isabel de Magalhães Collaço*, Volume II, Almedina, Coimbra, 2002, pp. 393-417; Leal Amado, *Contrato de Trabalho – Noções Básicas*, 3ª edição, Almedina, Coimbra, 2019, pp. 219 e ss.; Bernardo Lobo Xavier, *Manual de Direito do Trabalho*, cit., pp. pp. 466 e ss.; José João Abrantes, *Direitos Fundamentais da Pessoa Humana no Trabalho – Em especial, a reserva da intimidade da vida privada (algumas questões)*, Almedina, Coimbra, 2014, "Contrato de trabalho e direitos fundamentais", *II Congresso Nacional de Direito do Trabalho*, Almedina, Coimbra, 1999, pp. 105 e ss. e *Contrat de travail et droits fondamentaux – contibution à une dogmatique commune européenne, avec référence spéciale au droit allemand et au droit portugais*, Frankfurt am Main, 2000; Menezes Cordeiro, "O respeito pela esfera privada do trabalhador", *I Congresso Nacional de Direito do Trabalho*, Almedina, Coimbra, 1998, pp. 20 e ss., e "A liberdade de expressão do trabalhador", *II Congresso Nacional de Direito do Trabalho*, Almedina, Coimbra, 1999, pp. 24 e ss.

[167] A propósito do regime dos direitos de personalidade consagrado no Código do Trabalho, veja-se Menezes Cordeiro, *Direito do Trabalho, I*, cit., pp. 466 e ss.; Romano Martinez, *Direito do Trabalho*, cit., pp. 373 e ss.; Guilherme Dray, "Comunicações Eletrónicas e Privacidade no Contexto Laboral", *Prontuário de Direito do Trabalho, II*, 2016, Centro de Estudos Judiciários, Almedina, Coimbra, 2017, pp. 103 e ss., e *O Princípio da Proteção do Trabalhador*, cit., pp. 361 e ss. e 576 e ss. e 641 e ss.; *Direitos de Personalidade, Anotações ao Código Civil e ao Código do Trabalho*, Almedina, Coimbra, 2006; Amadeu Guerra, *A Privacidade no Local de Trabalho. As novas Tecnologias e o Controlo dos Trabalhadores através de Sistemas Automatizados. Uma Abordagem ao Código do Trabalho*, Almedina, Coimbra, 2004; José João Abrantes, "O novo Código do

6. Por outro lado, como já tivemos oportunidade de sublinhar[168], importa que fique claro que os preceitos sobre direitos de personalidade que constam de uma Subsecção específica do Código do Trabalho consagram um conjunto meramente indicativo de direitos de personalidade: à semelhança do que sucede nos artigos 71.º e seguintes do Código Civil, enunciam-se apenas os direitos de personalidade que à partida aparentam ter uma maior projeção na relação de trabalho. Nessa medida, sempre que tal se justifique, os preceitos em apreço devem ser conjugados (e complementados) a dois níveis: tendo em conta os direitos fundamentais positivados na Constituição (artigos 26.º e ss.), bem com o regime da tutela geral da personalidade e os direitos especiais de personalidade previstos no Código Civil (artigos 70.º e 71.º e ss.).

Por outras palavras: apesar do regime dos direitos de personalidade ser um regime especial, relativamente ao regime constitucional e civil, na exata medida em que procura adaptar-se às especificidades próprias do Direito do Trabalho, não se trata de um regime autónomo e independente da tutela constitucional e civil dos direitos de personalidade, por três razões basilares. Em primeiro lugar, porque estando em causa a tutela geral da personalidade, o diálogo entre os vários ramos do Direito é determinante, numa interdependência inafastável. Em segundo lugar, porque os preceitos que integram aquela referida Subsecção consagram um conjunto meramente indicativo de direitos de personalidade, à semelhança do que sucede nos (artigos 71.º e ss.) do Código Civil. Nessa medida, sempre que tal se justifique, os preceitos em apreço devem ser conjugados e complementados com os direitos de personalidade positivados na Constituição (artigos 26.º e ss.), com o regime da tutela geral da personalidade e os direitos especiais de personalidade previstos no Código Civil (artigos 70.º e 71.º e ss.)

Trabalho e os Direitos de Personalidade do Trabalhador", *A Reforma do Código do Trabalho*, cit., pp. 139 e ss.; Luís Menezes Leitão, "A Proteção dos dados Pessoais no Código do Trabalho", *A Reforma do Código do Trabalho*, Coimbra, 2004, pp. 123 e ss.; Maria Regina Redinha, "Os Direitos de Personalidade no Código do Trabalho: Actualidade e Oportunidade da sua Inclusão", *A Reforma do Código do Trabalho*, cit, pp. 161 e ss.; e Maria do Rosário Ramalho, *Direito do Trabalho*, II, Almedina, Coimbra, 3ª edição revista e atualizada ao Código do Trabalho de 2009, 2010, pp. 428-436.

[168] Veja-se, a este propósito, a anotação de Guilherme Dray ao artigo 14.º do Código do Trabalho, *Código do Trabalho Anotado*, 13.ª edição, Pedro Romano Martinez, Luís Miguel Monteiro, Joana Vasconcelos, Pedro Madeira de Brito, Guilherme Dray *e* Luís Gonçalves da Silva, cit., pp. 85 e ss.

e com o regime da limitação voluntária dos direitos de personalidade, consagrado no artigo 81.º do Código Civil[169]. Em terceiro e último lugar, por força da aplicação do disposto no artigo 18.º, n.º 2, da CRP[170], e do artigo 335.º do Código Civil, segundo o qual a compressão dos direitos de personalidade deve limitar-se ao necessário para salvaguardar outros direitos ou interesses constitucionalmente protegidos, segundo critérios de proporcionalidade e de adequação. Por outras palavras: os direitos de personalidade só podem ceder à luz de critérios de proporcionalidade e adequação.

2. A liberdade de expressão e opinião no local de trabalho

1. A liberdade de expressão e de opinião no âmbito da empresa constitui uma condição necessária à tutela da dignidade do trabalhador e ao exercício da sua cidadania. A circunstância de o trabalhador se obrigar a prestar uma atividade sob as ordens e direção de outrem em regime de subordinação jurídica não significa que lhe esteja vedada a possibilidade de expor e divulgar livremente no local de trabalho o seu pensamento e opinião acerca de múltiplos aspetos da vida social, como se de um normal cidadão se tratasse. Por essa razão, o artigo 14.º do Código do Trabalho admite expressamente a liberdade de expressão e de opinião, determinando que o trabalhador pode expor livremente as suas ideias e opiniões políticas ou sociais no local de trabalho, pode ostentar emblemas alusivos a um determinado candidato ou partido político e pode afirmar livremente as suas convicções ou preferências religiosas, sindicais, clubísticas ou culturais[171].

[169] Veja-se, a este propósito, a anotação de António Menezes Cordeiro ao artigo 81.º do Código Civil, em *Código Civil Comentado, I – Parte Geral*, António Menezes Cordeiro (coord.), CIDP – Faculdade de Direito da Universidade de Lisboa, Almedina, Coimbra, 2020, pp. 324 e ss.

[170] Veja-se, a este propósito, a anotação de Jorge Miranda e Rui Medeiros ao artigo 18.º da Constituição da República Portuguesa, Constituição Portuguesa Anotada, Tomo I – Introdução Geral. Preâmbulo. Artigos 1.º a 79.º, Coimbra Editora, 2005, pp. 146 e ss ; JJ. Gomes Canotilho e Vital Moreira, *Constituição da República Portuguesa Antada,* 3ª edição revista, Coimbra Editora, 1993, pp. 144 e ss.

[171] Veja-se, a este propósito, a anotação de Guilherme Dray ao artigo 17.º do Código do Trabalho, *Código do Trabalho Anotado,* 13.ª edição, Pedro Romano Martinez, Luís Miguel

2. A liberdade de expressão e de opinião no local de trabalho não é, todavia, absoluta e ilimitada[172]: a segunda parte do mencionado artigo 14.º do Código do Trabalho, determina que a referida situação de vantagem cessa na medida em que do seu exercício resulte a ofensa dos direitos de personalidade de outros sujeitos laborais ou quando o mesmo seja suscetível de afetar o normal funcionamento da empresa. Assim, não será lícito ao trabalhador, por exemplo, em nome da liberdade de expressão e de opinião, injuriar ou difamar um colega de trabalho, o empregador ou quem o represente. O mesmo se aplica ao empregador: este não deve exercer a sua liberdade de expressão e de divulgação do pensamento e opinião para apoucar ou humilhar trabalhadores da empresa. Noutro plano, não gozam de cobertura legal quaisquer manifestações coletivas ou individuais de trabalhadores no local e tempo de trabalho que perturbem o processo produtivo e o normal funcionamento da empresa. O trabalhador também não pode, em nome da sua liberdade de expressão, questionar determinada ordem ou instrução que seja lícita e que lhe seja transmitida com o intuito de pôr em causa a organização empresarial e de criar uma revolta interna no seio da empresa. No mesmo sentido, seguindo alguns exemplos doutrinários, a liberdade de expressão não pode permitir ao empregado de mesa de um hotel de cinco estrelas que ostente perante os clientes um emblema com os dizeres "abaixo os ricos"; que o caixa de um banco tenha na lapela um crachá de um banco concorrente; que o funcionário de um clube de futebol receba as quotas dos sócios ostentando a camisola de um clube rival; ou que o porteiro de um partido político ostente ao serviço um autocolante de outro partido. Noutro plano, o trabalhador que professe uma determinada religião que proíba o álcool não pode invocar a sua liberdade de religião para se recusar a trabalhar caso, porventura, aceite trabalhar como enólogo numa empresa produtora de vinhos; o médico católico não pode recusar-se a praticar um ato de interrupção voluntária da gravidez, por razões éticas, se tiver concorrido a uma clínica especificamente vocacionada para esse fim[173].

Monteiro, Joana Vasconcelos, Pedro Madeira de Brito, Guilherme Dray *e* Luís Gonçalves da Silva, cit., pp. 87-99, que seguimos de perto.

[172] Cf. Pedro Romano Martinez, *Direito do Trabalho*, cit., pp. 378.

[173] Cf. Maria do Rosário Ramalho, *Direito do Trabalho, II*, Almedina, Coimbra, 3ª edição revista e atualizada ao Código do Trabalho de 2009, 2010, pp. 434-435.

A invocação da liberdade de expressão e de opinião, nestes casos, como causa de exclusão da ilicitude, pode consubstanciar uma hipótese típica de abuso do direito artigo 334.º do Código Civil. O próprio artigo 37.º, n.º 3, da Constituição, de resto, admite a possibilidade de serem cometidas infrações no exercício do direito em causa.

3. A jurisprudência tem, no mesmo sentido, reconhecido limites ao exercício da liberdade de expressão. A título meramente exemplificativo, o Supremo Tribunal de Justiça, em acórdão de 1998, entendeu que constitui justa causa de despedimento o facto de um ajudante de farmácia fazer reiteradas afirmações criticando o empregador[174]. Noutro aresto, de 4 de julho de 2013, o Supremo Tribunal de Justiça considerou existir justa causa de despedimento no caso de um trabalhador que "*subscreveu uma carta contendo afirmações que ofenderam a honra e a vida privada e familiar de um superior hierárquico e de uma trabalhadora, e que eram desnecessárias para o exercício do direito de crítica contra a gestão da empresa, violando, assim, o trabalhador, culposamente, deveres de urbanidade para com as pessoas visadas na carta*"[175]. O mesmo Supremo Tribunal de Justiça, em acórdão de 28 de maio de 2014, a propósito de críticas dirigidas por uma famosa jornalista a propósito de um programa televisivo do operador que a empregava, em que a mesma expressou publicamente, numa entrevista a um jornal, «*Acho que a BB tem muito a melhorar em termos informativos. Piorar, acho que é impossível.*», considerou que "*I – O Código do Trabalho reconhece, no seu art. 14.º, a liberdade de expressão, de divulgação do pensamento e de opinião, no âmbito da empresa, com respeito dos direitos de personalidade do trabalhador e do empregador e do normal funcionamento da empresa. II – Não sendo um princípio absoluto, o seu exercício, quando excessivo, é suscetível de perseguição e censura disciplinares, maxime nas situações que constituam violação dos deveres de lealdade, urbanidade e probidade*"[176]. O Tribunal da Relação do Porto, em acórdão de 15 de fevereiro de 2016, concluiu que uma trabalhadora que, diante de trinta e tal colegas e de uma formadora externa, declara que não recomenda a empregadora a ninguém e que se a mesma fechasse tal

[174] Acórdão disponível na página www.dgsi.pt.
[175] Acórdão disponível na página www.dgsi.pt.
[176] Acórdão disponível na página www.dgsi.pt.

lhe era indiferente, viola o dever de lealdade, sem legitimação na liberdade de expressão[177].

4. O tema tem sido objeto de apreciação, também, por parte da jurisprudência estado-unidense.

Tendo por base a I Emenda Constitucional (1791) relativa à liberdade de expressão, segundo a qual, "*Congress shall make no law respecting an establishment of religion, or prohibiting the free exercise thereof; or abridging the freedom of speech, or of the press; or the right of the people peaceably to assemble, and to petition the Government for a redress of grievances*", os tribunais americanos têm afirmado a liberdade de expressão do trabalhador enquanto cidadão, relativamente a matérias de índole política ou social. No essencial, tem-se afirmado que a liberdade de expressão, que abarca a liberdade de opinião, de imprensa, de associação e de discurso, tem também uma aplicação concreta em sede laboral, protegendo o trabalhador enquanto cidadão, à luz da doutrina do *fair balance.*

5. No processo *Pickering v. Board of Education* (1968)[178], no âmbito do qual se discutiu sobre se o despedimento feito pela *Board of Education* do Estado de Illinois era lícito, o *Supreme Court* decidiu-se pela ilicitude do despedimento, em nome da liberdade de expressão do trabalhador despedido. No essencial, a *Board of Education* despediu um professor por este ter escrito e publicado num jornal uma carta criticando o uso de dinheiros públicos por parte da escola e os métodos por esta utilizados para solicitar receitas fiscais adicionais. O *Board of Education* entendeu que diversas declarações constantes daquela carta eram falsas e que a publicação da mesma era "*prejudicial para o funcionamento e a administração eficiente das escolas do distrito*". Em primeira e segunda instância, os tribunais do Ilinois defenderam a licitude do despedimento, rejeitando a alegação do Professor de que a carta estava protegida pela Primeira Emenda, sustentando que, enquanto professor, este deveria abster-se de prestar declarações sobre o funcionamento das escolas. O *Supreme Court,* todavia, considerou que a crítica pública feita pelo Professor estava protegida

177 Acórdãos disponíveis na página www.dgsi.pt.

178 O caso *Pickering v. Board of Education*, 391 U.S. 563 (1968) pode ser consultado em https://supreme.justia.com/cases/federal/us/391/563/

pela Primeira Emenda Constitucional, pois o mesmo limitou-se a emitir uma opinião enquanto cidadão sobre um assunto de interesse público. O *Supreme Court* aproveitou para afirmar a doutrina do *fair balance*, ou do justo equilíbrio, ao afirmar que o que importa (e que é difícil), em casos desta natureza, é encontrar "(...) *um equilíbrio entre os interesses do docente, enquanto cidadão, ao comentar questões de interesse público, e os interesses do Estado, enquanto entidade patronal, na promoção da eficiência dos serviços públicos que realiza através dos seus colaboradores*". Neste caso, segundo o Supremo Tribunal, "(...) *the teacher was speaking more as a citizen than as an employee when he wrote the letter to the editor. The statements in the letter did not target any school official that the teacher dealt with on a daily basis*". Em suma, ao comentar temas sociais e de interesse público, fazendo-o enquanto cidadão (e não enquanto professor de determinada escola), as afirmações em causa estavam protegidas pela liberdade constitucional de expressão.

6. No caso *Connick v. Myers* (1983)[179], pelo contrário, o *Supreme Court* defendeu que o despedimento do trabalhador foi lícito e que a sua atuação não estava coberta pela I Emenda Constitucional. No essencial, neste caso, o que se passou foi o seguinte: *Sheila Meyers* trabalhou como Procuradora-Adjunta durante 5 anos. Ao fim de 5 anos, o seu superior hierárquico decidiu transferi-la para outra secção da Procuradoria onde trabalhava. *Meyers* opôs-se veementemente a esta transferência e deu a conhecer a sua discordância a vários supervisores, incluindo o Promotor Público, *Connick*. Antes da data da transferência oficial, *Meyers* preparou um questionário pedindo aos seus colegas opiniões sobre a política de transferências do empregador, a moral do escritório e o nível de confiança dos trabalhadores nos seus supervisores. Quando *Connick* soube do questionário, despediu *Meyers*, acusando-a, não só de se querer recusar a acatar a ordem de transferência, mas também de praticar um ato de insubordinação, pondo em causa a autoridade do empregador. *Meyers* defendeu-se alegando que a sua demissão violava o direito à liberdade de expressão constante da Primeira Emenda. Em primeira instância, o *District Court* decidiu a favor de *Meyers* e ordenou a sua reintegração. O Supremo Tribunal, todavia, decidiu em sentido oposto, com o fundamento de que a

[179] O caso *Connick v. Myers*, 461 U.S. 138 (1983), pode ser consultado em https://supreme.justia.com/cases/federal/us/461/138/

opinião dos trabalhadores, nomeadamente dos funcionários públicos, só deve ser protegida quando os mesmos se pronunciem sobre assuntos de interesse público. No caso de *Meyers*, o que estava em causa eram assuntos pessoais e internos da organização onde a mesma trabalhava. *Meyers* não atuou como cidadã, mas sim como trabalhadora que tentou desacreditar e questionar os seus superiores hierárquicos, em nome de um interesse pessoal. Por essa razão, a liberdade de expressão não deveria ser invocada para justificar o comportamento de *Meyers*.

7. Em sentido diverso, defendendo que os trabalhadores podem expor livremente as suas convicções políticas e sociais no contexto laboral, o Supremo Tribunal, no caso *Rankin v. McPherson* (1987)[180], concluiu que a trabalhadora que proferiu um comentário ofensivo para com o Presidente dos Estados Unidos da América, em conversa com outra colega de trabalho, não poderia ser despedida, por estar a atuar ao abrigo da sua liberdade de expressão. No essencial, o caso resume-se ao seguinte: *Ardith McPherson* era uma agente policial que trabalhava no *Texas's Harris County Constable's office*. Certo dia, na sequência de uma tentativa de assassinato do Presidente norte-americano, *Ronald Reagan*, *Ardith* foi despedida por ter dito a uma colega de trabalho, numa conversa privada, realizada no interior das instalações e em horário de trabalho, *"se forem atrás dele outra vez, espero que o apanhem"*. Depois de ter sido despedida, *Ardith* alegou a ilicitude do despedimento, em nomea da liberdade de expressão. Mais uma vez, o Tribunal Distrital federal deu razão ao empregador, admitindo a licitude do despedimento. O *Supreme Court*, porém, concluiu que o comentário da trabalhadora envolvia uma questão de interesse público, e que o interesse governamental em manter a eficiência e a disciplina no local de trabalho não era superior ao interesse da Primeira Emenda em proteger a liberdade de expressão dos cidadãos, mesmo quando estes sejam trabalhadores ou funcionários públicos. O Supremo Tribunal decidiu que, embora as ameaças diretas à vida do Presidente não fossem protegidas, um comentário – mesmo um discurso impopular ou aparentemente extremo – feito sobre

[180] O caso *Rankin v. McPherson*, 483 U.S. 378 1987, pode ser consultado em https://supreme.justia.com/cases/federal/us/483/378/

uma questão de interesse público por um funcionário do governo no âmbito de uma conversa privada deveria ser protegido ao abrigo da Primeira Emenda.

8. As decisões em apreço afirmam a doutrina do *fair balance*, cuja aplicação se baseia no "*balancing test*", que manda pesar os interesses em confronto. Por um lado, os cidadãos não perdem a sua liberdade de expressão quando se tornam trabalhadores e passam a trabalhar em nome e por conta de um empregador. Por outro lado, no polo oposto, quer os organismos governamentais, quer os empregadores privados, precisam de funcionar de forma eficiente. Por essa razão, tendo em conta estes dois interesses concorrentes, o *Supreme Court* tem defendido a aplicação de um "*balancing test*" para determinar se as restrições à liberdade de expressão são (ou não) constitucionais. O teste funciona da seguinte forma: o Tribunal deve, em primeiro lugar, determinar sobre se o discurso e as expressões utilizadas dizem respeito a uma questão de interesse público ou de interesse privado. Se for de interesse público, relacionado com "*qualquer questão de ordem política, social ou relevante para a comunidade*", o mesmo estará, em princípio, constitucionalmente protegido. Pelo contrário, se o discurso se referir a uma questão de interesse puramente privado, o Tribunal deve abster-se de interferir na relação de trabalho e as afirmações proferidas não ficam protegidas pela Primeira Emenda Constitucional. Mesmo quando o discurso se refere a uma questão de interesse público, o Tribunal deve ainda assim pesar o interesse do indivíduo no exercício do seu direito à liberdade de expressão contra os interesses do órgão governamental ou do empregador privado na manutenção de operações produtivas eficientes. É do balanço entre estes dois interesses que se deverá concluir sobre a pertinência, ou não, do direito à liberdade de expressão, no âmbito do contexto laboral.

9. A jurisprudência portuguesa, tal como de resto tem sucedido noutros quadrantes[181], tem também sido particularmente atenta a violações dos

[181] Sobre a liberdade de expressão no âmbito das redes sociais, veja-se, nomeadamente, D. Álvarez Alonso, "Social media the employment relationship context: a typology of emerging conflicts, and notes for the debate", *Comparative Labor Law and Policy Journal*, University of Illinois College of Law and the International Society for Labor and Social Security Law, 2018, pp. 299 ss.; Ward Van Zoonen and R.E. Rice, "Paradoxical implications of personal social media use for work", *New technology work and employment*, Edited By: Debra Howcroft

direitos de personalidade e da liberdade de expressão no campo das redes sociais, confirmando a adequação do Direito vigente às necessidades modernas da comunidade. Assim, a título meramente exemplificativo, decidiu-se, em Acórdão da Relação do Porto, de 8 de setembro de 2014[182], que um trabalhador que proferiu considerações pouco abonatórias sobre o seu empregador, num grupo fechado do Facebook que continha cerca de 140 membros, de entre trabalhadores e ex-trabalhadores da empresa visada, violou os direitos de personalidade do empregador e excedeu a sua liberdade de expressão, não podendo invocá-la (nem o seu direito à intimidade da vida privada) para excluir a ilicitude do seu comportamento[183].

10. Recorda-se, por fim, que a liberdade religiosa também é tida em consideração no âmbito do contexto laboral.

Em Portugal, a Lei da Liberdade Religiosa, aprovada pela Lei n.º 16/2001, de 22 de Junho, estabelece que a liberdade de consciência, de religião e de culto é inviolável e garantida a todos em conformidade com a Constituição, a Declaração Universal dos Direitos do Homem, o direito internacional aplicável e a presente lei (artigo 1.º), e que ninguém pode ser privilegiado, beneficiado,

and Miguel Martinez Lucio, 2017, pp. 228 ss.; O. THALIA, "Public employees' first amendment speech rights the social media world: #fire or #fire-d?", *Hofstra Labor and Employment Law Journal*, Hofstra University, 2019, pp. 431 ss.; V. MANTOUVALOU, "I lost my job over a Facebook post: was that fair? discipline and dismissal for social media activity", *International Journal of Comparative Labor Law and Industrial Relations*, Wolters Kluwer, 2019, pp. 101 ss.; R. DEL PUNTA, "Social Media and Workers' Rights: What Is at Stake?", *International Journal of Comparative Labor Law and Industrial Relations*, Wolters Kluwer, 2019, pp. 79 ss.; L. THORNTHWAITE, "Social media and dismissal: Towards a reasonable expectation of privacy?", *Journal of Industrial Relations*, SAGE Publishing, 2018, 119 ss. ; ALESSANDRO RICCOBONO e SILVIO BOLOGNA, "What are you thinking about?". Freedom of expression and labour lawin times of social network", *Variazioni su Temi di Diritto del Lavoro*, Fascicolo 3/2020, Giappichelli, pp. 819 e ss ; CYNTHIA CAMPELLO RODRIGUES DE ALMEIDA e FERNANDO GUIZZARDI VAZ, "Redes Sociais e Relação de Emprego : os Limites do Poder Diretivo Patronal", *Novas Tecnologias, Processo e Relações de Trabalho, III*, DENISE PIRES FINCATO e LEILIANE PIOVESANI VIDALETTI (org.), cit., pp. 67-83 .

182 Veja-se TERESA COELHO MOREIRA, "Até que o facebook nos separe: análise dos acórdãos do Tribunal da Relação do Porto de 8 de setembro de 2014 e do Tribunal da Relação de Lisboa de 24 de setembro de 2014", *Direitos Fundamentais e de Personalidade do Trabalhador* (3ª edição), Coleção Formação Inicial, Centro de Estudos Judiciários, 2016, pp. 37-50.

183 Acórdão disponível na página www.dgsi.pt.

prejudicado, perseguido, privado de qualquer direito ou isento de qualquer dever por causa das suas convicções ou prática religiosa (artigo 2.º).

11. Sobre o contexto laboral, em particular, a lei em causa estabelece no artigo 14.º que os funcionários e agentes do Estado e demais entidades públicas, bem como os trabalhadores em regime de contrato de trabalho, têm o direito de, a seu pedido, suspender o trabalho no dia de descanso semanal, nos dias das festividades e nos períodos horários que lhes sejam prescritos pela confissão que professam, de acordo com as seguintes condições:

a) Trabalharem em regime de flexibilidade de horário;
b) Serem membros de igreja ou comunidade religiosa inscrita que enviou no ano anterior ao membro do Governo competente em razão da matéria a indicação dos referidos dias e períodos horários no ano em curso;
c) Haver compensação integral do respetivo período de trabalho.

A liberdade religiosa deve, portanto, ser tida em consideração em contexto laboral.

12. O mesmo se passa, de resto, nos Estados Unidos da América, onde a liberdade religiosa resulta do *Religious Freedom Restoration Act* (1993) e do *American Indian Religious Freedom Act* (1994). Curiosamente, estes diplomas foram aprovados após o *Supreme Court*, no caso *Employment Division v.s. Smith* (1990)[184], ter considerado que o Estado do Oregon não podia negar o subsídio de desemprego a uma pessoa indígena despedida por alegadamente violar uma proibição sobre o uso de *peyote*, um cacto que contém uma substância psicadélica e que era habitualmente usado no âmbito de um ritual religioso da Igreja Nativa Americana. Na sequência deste despedimento, o Estado do Oregon negou a atribuição de subsídio de desemprego ao trabalhador despedido, ao abrigo de uma lei estadual que desqualificava os trabalhadores dispensados por "má conduta relacionada com o trabalho". Sustentando que

[184] O caso *Employment Div. v. Smith.*, 494 U.S. 872 (1990), pode ser consultado em https://supreme.justia.com/cases/federal/us/494/872/

a recusa de atribuição do subsídio de desemprego, por esta razão, violava a liberdade religiosa da Primeira Emenda, o Supremo Tribunal considerou que a proibição do uso de *peyote* sacramental era inválida ao abrigo da liberdade religiosa.

13. Em suma: a liberdade de expressão é um direito de cidadania e como tal deve ser tratado, em sede laboral. As especificidades laborais e a necessidade de equilibrar a referida liberdade de expressão com o funcionamento normal da unidade produtiva justificam, contudo, a aplicação da referida teoria do *fair balance*.

3. O direito à integridade física e moral

1. O direito à integridade física e moral, que consta do atual artigo 15.º do Código do Trabalho de 2009, foi inicialmente consagrado no artigo 18.º do CT2003. Basicamente, resulta deste preceito que o trabalhador, não obstante exercer a sua atividade em regime de dependência jurídica, económica e pessoal, tem direito à respetiva integridade física e moral no contexto laboral. No que diz respeito à integridade física do trabalhador, importa relacionar este preceito com as disposições sobre a proibição do assédio (artigo 29.º) e sobre segurança e saúde no trabalho (artigos 281.º e ss.), bem como com os artigos 25.º e 26.º da Constituição, que tutelam, nomeadamente, o direito à integridade física e moral, ao bom nome e à reputação[185].

2. O direito à integridade física e moral, nomeadamente quando conjugado com o artigo 29.º do Código do Trabalho, que proíbe o assédio discriminatório, proscreve também a prática de atos vexatórios, hostis, humilhantes ou degradantes para o trabalhador, que afetem a sua dignidade enquanto cidadão e a respetiva honorabilidade, ainda que não tenham por base qualquer fator de discriminação a que se refere o artigo 24.º, nomeadamente o sexo,

[185] Veja-se, a este propósito, a anotação de Guilherme Dray ao artigo 15.º do Código do Trabalho, *Código do Trabalho Anotado*, 13.ª edição, Pedro Romano Martinez, Luís Miguel Monteiro, Joana Vasconcelos, Pedro Madeira de Brito, Guilherme Dray *e* Luís Gonçalves da Silva, cit., pp. 99-100, que seguimos de perto.

a orientação sexual, a raça, o território de origem, as convicções políticas ou ideológicas. Trata-se, no essencial, de afirmar a ideia de que, por muito essencial que seja à subsistência do trabalhador, o contrato de trabalho não deve implicar qualquer sacrifício para a sua integridade física e moral[186]. Está em causa, pois, mais uma vez, a afirmação de direitos pessoais de cidadania, enquanto concretização do princípio da proteção do trabalhador[187]. E, neste caso, o que está em causa é tão íntimo e diretamente conexo com a dignidade da pessoa e do cidadão, que não se justificam nem se podem legitimar quaisquer compressões deste direito em nome de um "justo equilíbrio" (*fair balance*), como sucede no caso da liberdade de expressão.

3. Nos termos do Código do Trabalho de 2003, o artigo 18.º, que regulava a proteção da integridade física e moral e que correspondia ao atual artigo 15.º, era o dispositivo legal que garantia a tutela das partes contra o assédio moral não discriminatório, habitualmente denominado por *mobbing* – prática persecutória reiterada, contra o trabalhador, levada a efeito, em regra, pelos respetivos superiores hierárquicos ou pelo empregador, sem ter por base qualquer fator de discriminação. Ou seja, ao passo que o assédio moral discriminatório, designadamente o assédio sexual, se encontrava regulado e tutelado no artigo 24.º do Código do Trabalho de 2003, que apenas tratava do assédio levado a efeito por um determinado fator de discriminação, o assédio moral não discriminatório (no sentido em que não era motivado por qualquer fator de discriminação) era protegido pelo regime do artigo 18.º do Código do Trabalho de 2003. Atualmente, na sequência da atual redação do Código do Trabalho de 2009, atendendo a que se determina, no artigo 29.º, que o assédio constitui *"(...) o comportamento indesejado, nomeadamente o baseado em fator de discriminação (...)"*, parece ser de admitir, face à utilização da locução "nomeadamente", que o assédio moral não discriminatório pode ser também subsumido no referido artigo 29.º, caso em que se dispensa o recurso ao artigo 15.º do atual Código. A sua utilidade, todavia, permanece – por um lado, porque o artigo 15.º abrange também ofensas à integridade física, circunstância

[186] Cf. Luís Menezes Leitão, *Direito do Trabalho*, 6ª edição, Almedina, Coimbra, 2019, p. 149.

[187] Importa recordar, em qualquer caso, que o direito à integridade física e moral não abrange apenas a defesa do trabalhador, mas também do empregador, incluindo as pessoas que o representam – cf. Pedro Romano Martinez, *Direito do Trabalho*, cit., p. 378.

que não ocorre no artigo 29.º; por outro lado, porque pode existir ofensa à integridade moral sem que haja uma hipótese de assédio, a qual, pelo menos tendencialmente, tem subjacente uma prática persecutória reiterada, com o objetivo ou o efeito de perturbar a pessoa ou de lhe criar um ambiente intimidativo, hostil, degradante ou desestabilizador; em terceiro lugar, porque as ofensas ao bom nome e à reputação parecem ser melhor subsumidas neste preceito (artigo 15.º) do que no artigo 29.º. Por outras palavras – podemos ter um comportamento que constitua uma ofensa ocasional e não premeditada à integridade moral de uma das partes (artigo 15.º), nomeadamente que afete o seu bom nome ou reputação, sem que exista, propriamente, uma prática de assédio artigo 29.º. Quando assim seja, aplicamos o artigo 15.º do Código do Trabalho e não o artigo 29.º do mesmo diploma.

4. O assédio moral, bem como o assédio discriminatório, tem sido objeto de ampla aplicação jurisprudencial, quem em Portugal (família da *civil law*), quer nos Estados Unidos da América (família da *common law*).

5. Em Portugal, a jurisprudência tem concretizado o conceito de assédio, através de diversos arestos que tratam do tema[188].

Mediante acórdão do Supremo Tribunal de Justiça, de 3 de dezembro de 2003, considerou-se que constitui assédio sexual a emissão de "*propostas de relações sexuais, atos esses acompanhados de coacção física tendentes à respetiva consumação". No caso vertente, um empregado da empresa, em momentos em que se encontra a sós com a sua colega de trabalho, em deslocações de serviço, intentou e insistiu, por palavras e gestos, em ter com ela relações sexuais e outros atos lúbricos, pondo em causa a dignidade da visada*".

No acórdão do Tribunal da Relação de Lisboa, de 9 de maio de 2007, considerou-se que a violação do dever de ocupação efetiva, à luz da qual o empregador coloca o trabalhador numa "(...) *situação prolongada de indefinição e de não ocupação efetiva – a que acresce o facto de o gerente da R. ter deixado progressivamente de falar com o A., limitando-se a cumprimentá-lo (...)*" constitui assédio moral ou *mobbing*. O Tribunal considerou que "*Aquilo que caracteriza o mobbing ou assédio moral são três facetas: a prática de determinados comportamentos hostis*

188 Os acórdãos que se passam a enunciar estão disponíveis na página www.dgsi.pt

– nomeadamente qualquer conduta abusiva manifestada por palavras (designadamente graçolas), gestos ou escritos – a sua duração – caráter repetitivo desses comportamentos – e as consequências destes, nomeadamente sobre a saúde física e psíquica da vítima sobre o seu emprego".

No acórdão do Tribunal da Relação do Porto, de 7 de julho de 2008, considerou-se que "*Preenche a previsão do assédio moral a atitude da entidade patronal que, perante uma trabalhadora que não apresentava níveis de produção considerados satisfatórios, a retirou da sua posição habitual na linha de produção e a colocou numa máquina de costura, colocada propositadamente para esse efeito para além do corredor de passagem e de frente para a sua linha de produção, em destaque perante todas as suas colegas de costura*". Tratou-se, claramente, de um comportamento que teve em vista vexar ou humilhar publicamente a trabalhadora, perante os seus colegas de trabalho, expondo-a e ridicularizando-a diretamente diante de todos.

O acórdão do Tribunal da Relação de Lisboa, de 14 de setembro de 2011, considerou que "*Existe assédio moral ou mobbing quando há aspectos na conduta do empregador para com o trabalhador (através do respectivo superior hierárquico), que, apesar de, quando analisados isoladamente, não poderem ser considerados ilícitos, quando globalmente considerados, no seu conjunto, dado o seu prolongamento no tempo (ao longo de vários anos), são aptos a criar no trabalhador um desconforto e mal-estar no trabalho que ferem a respectiva dignidade profissional, integridade moral e psíquica, a tal ponto que acabaram por ter reflexos não só na prestação laboral (com a desmotivação que causam) mas também na própria na saúde, levando-o a entrar numa situação de acompanhamento psiquiátrico, a conselho da própria médica do trabalho*".

No acórdão do Tribunal da Relação de Évora, de 6 de dezembro de 2017, considerou-se haver assédio na situação em que, perante a recusa do trabalhador (diretor-geral) em assinar um acordo de cessação do contrato, o empregador determina a substituição do veículo que lhe estava atribuído por um modelo inferior e lhe retira parte das funções;

O Tribunal da Relação de Lisboa , de 21 de dezembro de 2017, considerou assédio o facto de um superior se enfurecer com uma trabalhadora, por duas vezes num mês, declarando-lhe "*não te quero aqui, não prestas*" e entregando-lhe uma nota de culpa sem fundamento e sem dar subsequente seguimento ao processo disciplina;

Mediante acórdão do Supremo Tribunal de Justiça, de 1 de março de 2018, considerou-se que não é toda e qualquer violação dos deveres da entidade empregadora em relação ao trabalhador que pode ser considerada assédio; exige-se que exista um objetivo final ilícito ou, no mínimo, eticamente reprovável.

O acórdão do Tribunal da Relação do Porto, de 7 de maio de 2018, considerou que a distinção entre conflito e *mobbing* não se foca no que é feito ou como é feito, mas na frequência ou duração do que é feito; inserem-se no âmbito do *mobbing* a diminuição de funções, funções atribuídas a subordinados, comentários jocosos e apreciações pessoais descabidas na presença de terceiros, relatórios diários pormenorizados, promoção de subordinados sem conhecimento e colocar o trabalhador sentado contra a parede de costas para os subordinados.

Mediante acórdão do Supremo Tribunal de Justiça, de 9 de maio de 2018, considerou-se que mesmo que possa retirar-se do artigo 29º do Código do Trabalho que o legislador quis prescindir do elemento intencional, exige-se que ocorram comportamentos da empresa que intensa e inequivocamente infrinjam os valores protegidos pela norma: a integridade psíquica e moral do trabalhador.

6. Nos Estados Unidos da América, o *Supreme Court* tem sido chamado a pronunciar-se sobre múltiplos aspetos relacionados com o assédio no trabalho.

No caso *Meritor Saving Bank v. Vinson* (1986)[189], o Supreme Court reconheceu que o assédio sexual que resulta num ambiente de trabalho hostil – "*work hostile environment*" – constitui uma violação do *Title VII* do *Civil Rights Act of 1964*. O Tribunal reconheceu que existiam duas categorias de assédio sexual passível de ação ao abrigo do *Title VII*: o assédio que condiciona o emprego a favores sexuais (*quid pro quo*) e o assédio que, embora não o faça, cria um ambiente de trabalho hostil ou ofensivo (*non quid pro quo*). O caso diz respeito a *Mechelle Vinson*, funcionária do *Meritor Savings Bank*, o seu supervisor, *Sidney Taylor* (vice-presidente do banco) e o *Meritor Savings Bank*. Em 1978 *Vinson* perdeu o emprego e em seguida, apresentou queixa ao abrigo do *Title VII* do *Civil Rights Act of 1964*. *Vinson* alegou que tinha tido relações sexuais com *Taylor*, por medo de perder o seu emprego. Acrescentou que havia sido violada e que *Taylor* tinha atitudes semelhantes com outras trabalhadoras.

[189] Disponível em https://supreme.justia.com/cases/federal/us/477/57/

O *Federal District Court* considerou que *Vinson* não foi vítima de assédio sexual, porque a relação sexual, se é que existiu, era voluntária. O Tribunal também abordou a questão da responsabilidade do Banco, concluindo que o mesmo não era responsável, porque *Vinso*n não tinha informado e notificado os funcionários do banco sobre a alegada má conduta.

O *Court of Appeals* do *District of Columbia Circuit*, inverteu a decisão a favor de *Vinson*, decidindo que se *Taylor* fez da "*toleration of sexual harassment a condition of her employmen*t", a natureza voluntária da relação sexual era irrelevante. Além disso, o tribunal decidiu, criticando a política de não-discriminação do banco, que o banco era absolutamente responsável pelo assédio sexual resultante das ações de um supervisor, independentemente de os funcionários saberem ou deverem saber sobre o assédio. Em 25 de Março de 1986, o caso foi discutido perante o Supremo Tribunal. O *Supreme* decidiu que uma alegação de assédio sexual envolvendo um ambiente de trabalho hostil é passível de ação ao abrigo do *Title VII do Civil Rights Act of 1964*. O caso acabou por ser resolvido fora do tribunal, em termos que não foram revelados, mas a sua importância como *leading case* é significativa, face ao teor dos argumentos aduzidos.

7. No caso *Faragher v. City of Boca Raton*, (1998)[190], o Supremo Tribunal decidiu que, nos termos do *Title VII do Civil Rights Act of 1964*, um empregador pode ser responsável pelos supervisores cujo assédio sexual sobre subordinados resulte num ambiente de trabalho hostil que represente uma discriminação no emprego. O *Supreme* decidiu, contudo, que o empregador pode afastar a sua responsabilidade como comitente se provar que teve um cuidado razoável para prevenir e corrigir prontamente qualquer comportamento de assédio sexual praticado na sua empresa e quando os trabalhadores vitimados não tiraram partido razoável de quaisquer oportunidades preventivas ou corretivas oferecidas pelo empregador.

No caso, a trabalhadora *Beth Ann Faragher*, uma estudante universitária que, entre 1985 e 1990, trabalhou como salva-vidas para a Cidade de *Boca Raton*, alegou que dois supervisores masculinos fizeram comentários e gestos sexuais ofensivos a ela e a outras nadadoras-salvadoras. Genericamente, alegou que foi vítima de convites e toques ofensivos e não voluntários – "*uninvited*

[190] Disponível em https://supreme.justia.com/cases/federal/us/524/775/

and offensive touching" – de comentários obscenos – "*lewd remarks*" – e de discuros ofensivos para com as mulheres – "*speaking of women in offensive terms*". Em 1992, *Faragher* apresentou queixa ao abrigo do *Title VII* do *Civil Rights Act of 1964*, alegando que os dois supervisores criaram um ambiente de trabalho sexualmente hostil e que, como agentes de *Boca Raton*, este Município deveria ser responsabilizado por danos, custos e honorários de advogados.

O *Supreme* foi da opinião de que os empregadores podem ser sujeitos a responsabilidade solidária quando os supervisores criam um ambiente discriminatório, ao abrigo da responsabilidade do comitente "*vicarious liability*". Ao mesmo tempo, o tribunal assinalou que os empregadores podem defender-se, caso provem, por exemplo, que dispõem e implementam políticas contra a prática de assédio.

8. No caso *Burlington Industries, Inc. v. Ellerth*, (1998)[191], o Supremo Tribunal considerou, também, que os empregadores são responsáveis se os supervisores criarem um ambiente de trabalho hostil para os empregados, nomeadamente em caso de discriminação sexual, podendo contudo evitar tal responsabilidade se provarem que tiveram o cuidado razoável de prevenir e corrigir prontamente qualquer comportamento de assédio sexual e que o trabalhador não aproveitou de forma razoável quaisquer oportunidades preventivas oferecidas pelo empregador para evitar qualquer outro dano. O caso envolveu *Kimberly Ellerth*, uma trabalhadora da *Burlington Industrie*, que alegou que, de 1993 a 1994, um gerente fez repetidos comentários e gestos ofensivos, embora nunca tenha reportado as suas ações às autoridades. O Tribunal estabeleceu a responsabilidade estrita do empregador para todas as circunstâncias de assédio sexual do supervisor, mas deu ao empregador uma oportunidade, através de uma defesa afirmativa, de mostrar que não deve ser responsabilizado quando o empregado não sofreu qualquer impacto adverso tangível no emprego. O Tribunal considerou que o empregador era responsável ("*vicarious responsibility*") por qualquer ambiente de trabalho hostil e passível de ação criado por um supervisor da empresa, que tinha autoridade sobre o empregado, se soubesse ou devesse ter conhecimento da conduta e não a tivesse impedido.

[191] Caso disponível em https://scholar.google.com/scholar_case?case=2707173104214869053&hl=en&as_sdt=6&as_vis=1&oi=scholarr

9. O direito de personalidade à integridade física e moral é, enfim, um tema diretamente relacionado com a cidadania dos respetivo titular, que abrange ambas as partes da relação laboral – de um lado, o empregador, incluindo as pessoas singulares que o representam; do lado oposto, o trabalhador. Ou seja: não se trata apenas de um direito de personalidade exclusivamente inscrito na esfera jurídica do trabalhador, mas de um direito de personalidade que também protege o empregador ou quem o represente contra atos ofensivos da respetiva integridade física e moral perpetrados pelo trabalhador.

Como supra se afirmou, o regime dos direitos de personalidade visa garantir um justo equilíbrio entre a manutenção na esfera jurídica do trabalhador dos direitos que lhe assistem enquanto cidadão e o princípio da liberdade de gestão empresarial. Em qualquer caso, não obstante o direito em causa poder ser invocado por qualquer das partes em presença, não deixa igualmente de ser verdade – como se viu nos exemplos jurisprudenciais – que a sua consagração teve em vista, acima de tudo, a proteção do contraente mais débil – o trabalhador – contra potenciais investidas do empregador, tal como sucede, de resto, com a generalidade dos direitos de personalidade previstos no Código.

O regime dos direitos de personalidade é, reitera-se, uma concretização do princípio da proteção do trabalhador visto numa lógica moderna de proteção da *citizenship work*.

4. A reserva da intimidade da vida privada

1. O direito à reserva da intimidade da vida privada no contexto laboral está previsto no artigo 16.º do Código do Trabalho, que afirma como princípio geral a necessidade de os sujeitos laborais respeitarem reciprocamente os direitos de personalidade da contraparte[192], em especial o citado direito à reserva da intimidade da vida privada. O preceito em causa assume, consequentemente, uma dupla função: por um lado, afirma a tutela geral da personalidade dos sujeitos laborais, à semelhança do disposto no artigo 70.º, n.º 1, do Código

[192] Sobre a natureza bivinculante deste dever, PEDRO ROMANO MARTINEZ, *Direito do Trabalho*, cit., p. 378.

Civil[193]; por outro lado, eleva o direito à reserva da intimidade da vida privada daqueles sujeitos à categoria de direito de personalidade em especial, com contornos próprios. Ainda que se trate de um direito de ambas as partes, a maior preocupação do legislador é com a proteção do trabalhador, dado que este, estando integrado durante largas horas do seu dia numa organização que sobre ele exerce o poder de direção, fica sujeito a uma pressão sobre a sua vida privada que ultrapassa aquela a que as pessoas, em geral, estão submetidas[194].

2. A reserva da intimidade da vida privada marca e influencia o regime regime da proteção de dados pessoais (artigo 17.º) e dos testes e exames médicos (artigo 19.º), proscreve determinadas formas de controlo a distância da atividade do trabalhador na empresa (artigo 20.º) e marca o regime da confidencialidade de mensagens e de acesso a informação (artigo 22.º). A reserva da intimidade da vida privada, todavia, enquanto bem autónomo, é consagrada no referido artigo 16.º do Código do Trabalho, demarcando-se do alcance específico daquelas mencionadas concretizações. Assim, se alguém exige ao candidato a emprego ou ao trabalhador a realização ou apresentação de testes ou exames médicos para comprovação das respetivas condições físicas ou psíquicas, fora dos casos legalmente admitidos, é o regime do artigo 19.º que é posto em crise; no mesmo sentido, se o empregador publicita uma mensagem de natureza pessoal que o trabalhador receba no respetivo local de trabalho, nomeadamente através de correio eletrónico, é o direito à confidencialidade de mensagens que é posto em causa (artigo 22.º) e não propriamente o regime do direito à intimidade da vida privada (artigo 16.º). O artigo 16.º afirma o direito à reserva da intimidade da vida privada, marca o regime dos demais preceitos, serve como bitola de interpretação dos mesmos e aplica-se, subsidiariamente, quando se trate de casos não subsumíveis nos artigos 17.º, 19.º, 20.º ou 22.º do Código do Trabalho.

[193] Veja-se, a este propósito, a anotação de António Menezes Cordeiro ao artigo 70.º do Código Civil, em *Código Civil Comentado, I – Parte Geral,* António Menezes Cordeiro (coord.), cit., pp. 261 e ss.

[194] Veja-se, a este propósito, a anotação de Guilherme Dray ao artigo 16.º do Código do Trabalho, *Código do Trabalho Anotado,* 13.ª edição, Pedro Romano Martinez, Luís Miguel Monteiro, Joana Vasconcelos, Pedro Madeira de Brito, Guilherme Dray *e* Luís Gonçalves da Silva, cit., pp. 101-104, que seguimos de perto.

3. A propósito do direito à reserva da intimidade da vida privada, o disposto no artigo 16.º do Código do Trabalho afirma expressamente – contrariamente ao alcance aparentemente redutor do artigo 80.º do Código Civil[195] – que o direito à reserva da intimidade da vida privada abrange quer o acesso, quer a divulgação de aspetos atinentes à esfera íntima e pessoal das partes, o que significa que para além da intromissão, também a difusão de tais elementos não é permitida. Assim, mesmo nos casos em que haja consentimento por parte do trabalhador quanto à tomada de conhecimento pelo empregador de determinados aspetos da vida privada daquele, continua a incidir sobre o empregador o dever de os não revelar a terceiros, ou vice-versa.

4. O artigo 16.º do Código do Trabalho concretiza alguns aspetos que integram a esfera íntima e pessoal das partes – questões relacionadas com a vida familiar, afetiva e sexual, o estado de saúde e as convicções políticas e religiosas dos sujeitos envolvidos. Trata-se de um elenco não exaustivo, pelo que o direito em causa poderá envolver outros aspetos merecedores de idêntico grau de tutela, nomeadamente gostos pessoais e hábitos de vida do trabalhador ou informações relativas ao seu património pessoal, pois o que está em causa, reitera-se, é a proteção dos direitos de cidadania do trabalhador. Em todo o caso, a tutela conferida pelo citado artigo só parece justificar-se perante aspetos da vida privada que revistam particular significado ético, sendo de excluir outros factos que por não integrarem a esfera íntima do trabalhador não justificam o presente regime de proteção. Assim, por exemplo, serão de excluir do regime de proteção do presente artigo questões relacionadas com a experiência profissional do trabalhador ou as suas habilitações literárias. Trata-se de aspetos que ainda que digam pessoalmente respeito ao trabalhador, não integram a sua esfera íntima, além de que podem ser relevantes para a celebração ou execução do contrato de trabalho. De qualquer forma, mesmo nestas situações, importa atender aos princípios gerais da proporcionalidade

[195] Veja-se, a este propósito, a anotação de António Menezes Cordeiro ao artigo 80.º do Código Civil, em *Código Civil Comentado, I – Parte Geral*, António Menezes Cordeiro (coord.), cit. pp. 320 e ss. ; veja-se, também, Guilherme Dray, "O direito à reserva da intimidade da vida privada. O artigo 80.º do Código Civil de 1966", *Revista de Direito Civil*, Centro de Investigação de Direito Privado, Faculdade de Direito da Universidade de Lisboa, Ano II (2017), número 3, pp. 673-699.

e adequação: a reserva da vida privada deve ser a regra e não a exceção e a sua limitação só á admissível quando interesses superiores o exijam e dentro dos limites decorrentes do artigo 335.º do Código Civil[196].

5. Na esteira do artigo 80.º, n.º 2, do Código Civil, importa admitir que o círculo da reserva da intimidade da vida privada não é uniforme e não segue padrões absolutos[197]: a reserva deve ser definida consoante a natureza do caso, sendo legítima a adoção de diferentes concretizações em função do tipo de atividade laboral e do grau de subordinação do trabalhador. Basta atender, por exemplo, ao regime do contrato de trabalho do praticante desportivo, do qual resulta expressamente a obrigatoriedade de o trabalhador dentro e fora do local e tempo de trabalho pautar a sua vida privada de forma a preservar a sua condição física, obrigando-se ainda a submeter-se aos exames e tratamentos clínicos necessários à prática desportiva cf. alíneas c e d do artigo 13.º, da Lei n.º 54/2017, de 14 de julho: trata-se, nesse caso, de uma limitação ao direito à reserva da intimidade da vida privada que decorre da própria lei, atendendo à natureza da prestação laboral.

6. Em princípio, os factos e comportamentos que integram a esfera privada do trabalhador não relevam para efeitos de justa causa de despedimento: assim sucede, nomeadamente, com aspetos que se relacionam com a vida familiar, sexual ou o estado de saúde dos trabalhadores, com a gravidez e a maternidade, o alcoolismo e a toxicodependência. Em certos casos, porém, quando tais factos e circunstâncias sejam suscetíveis de pôr em causa o bom nome, a imagem ou a honorabilidade do empregador, quando a relação de confiança entre as partes seja irremediavelmente afetada ou quando tais comportamentos tornem praticamente inviável a subsistência da relação laboral pelos reflexos causados no serviço e ambiente de trabalho, o despedimento com justa causa pode excecionalmente justificar-se, reunidos que estejam os

[196] Veja-se, a este propósito, a anotação de António Menezes Cordeiro ao artigo 335.º do Código Civil, em *Código Civil Comentado, I – Parte Geral*, António Menezes Cordeiro (coord.), cit., pp. 942 e ss.

[197] Cf. Guilherme Dray, "O direito à reserva da intimidade da vida privada. O artigo 80.º do Código Civil de 1966", *Revista de Direito Civil*, Centro de Investigação de Direito Privado, Faculdade de Direito da Universidade de Lisboa, Ano II (2017), número 3, pp. 673-699.

pressupostos dos artigos 351.º e ss. do Código do Trabalho. Assim sucederá, nomeadamente, quando a atuação do trabalhador envolva a violação de deveres laborais acessórios, *maxime* de lealdade, urbanidade e probidade, ou quando tais comportamentos sejam suscetíveis de pôr em causa, de forma efetiva ou potencial, o zelo e diligência devidos na execução do contrato de trabalho – vg. por força do consumo de álcool ou de drogas[198].

5. A proteção de dados pessoais

1. A proteção de dados pessoais consta do artigo 17.º do Código do Trabalho[199], bem como, quanto à questão dos dados pessoais, da Lei n.º 58/2019, de 8 de agosto, que assegura a execução, na ordem jurídica nacional, do Regulamento (UE) 2016/679 do Parlamento e do Conselho, de 27 de abril de 2016,

[198] Veja-se a este propósito GUILHERME DRAY, "Justa causa e esfera privada", *Estudos do Instituto de Direito do Trabalho, II*, Almedina, 2001, pp. 35-91. Em sede jurisprudencial, recorda-se o Acórdão do Tribunal da Relação do Porto, de 8 de setembro de 2014, que considerou que, a publicação de ofensas contra o empregador, por parte do trabalhador, numa conta própria do seu Facebook, que continha um grupo alargado de potenciais utilizadores, constitui justa causa de despedimento (acórdão disponível na página www.dgsi.pt), apesar de tais comentários terem sido praticados fora do contexto laboral. Em sentido similar, recorda-se também o Acórdão do Tribunal da Relação de Lisboa, de 24 de setembro de 2014, que confirmou a existência de justa causa de despedimento no caso de um trabalhador que difamou e ofendeu o empregador e o seu Presidente do Conselho de Administração através da rede de Facebook (acórdão disponível na página www.dgsi.pt). Ainda sobre a justa causa por comportamentos externos, veja-se, a título meramente exemplificativo: Acórdão do Tribunal da Relação de Coimbra de 28 de janeiro de 1993, CJ, 1993, I, p. 85, que considerou justa causa de despedimento a agressão e as ameaças proferidas por um trabalhador contra um colega num restaurante, fora do local e tempo de trabalho; Acórdão do Tribunal da Relação de Lisboa, de 17 de junho de 1993, CJ 1993, III, p. 187, que admitiu como justa causa de despedimento a embriaguez e os desacatos cometidos fora do local e do tempo de trabalho pelo comandante de aeronave, por se considerar que os mesmos comprometiam a imagem da empresa e diminuíam o tempo de descanso necessário para o normal desempenho da função; Acórdão do Tribunal da Relação de Coimbra, de 01 de junho de 1995, CJ, 1995, III, p. 85, que considerou que um empréstimo particular contraído por uma funcionária bancária junto de clientes do banco não constituía justa causa de despedimento, por ser uma conduta de natureza privada.

[199] Veja-se, a este propósito, a anotação de GUILHERME DRAY ao artigo 16.º do Código do Trabalho, *Código do Trabalho Anotado*, 13.ª edição, PEDRO ROMANO MARTINEZ, LUÍS MIGUEL MONTEIRO, JOANA VASCONCELOS, PEDRO MADEIRA DE BRITO, GUILHERME DRAY *e* LUÍS GONÇALVES DA SILVA, cit., pp. 105-109, que seguimos de perto.

relativo à proteção das pessoas singulares no que diz respeito ao tratamento de dados pessoais e à livre circulação desses dados (RGPD). Ao passo que o artigo 16.º do Código consagra a regra geral do direito à reserva da intimidade da vida privada, proscrevendo o acesso não autorizado e a divulgação ilícita de aspetos relativos à esfera pessoal das partes (empregador e trabalhador), o artigo 17.º disciplina, apenas, as situações em que o empregador solicita ao trabalhador ou ao candidato a emprego informações relativas à respetiva vida privada, regulando por outro lado o regime da proteção dos dados pessoais que hajam sido fornecidos ao empregador. O âmbito de aplicação pessoal é mais vasto do que o do artigo 16.º: para além de abranger as partes do contrato de trabalho – trabalhador e empregador – o preceito em apreço abrange também o candidato a emprego, ou seja, aquele que se relaciona com o empregador nos preliminares da formação contratual, tendo em vista aceder ao emprego. Ficam sob a alçada do preceito, consequentemente, todos os atos e negócios jurídicos que integram os preliminares da formação do contrato de trabalho, nomeadamente provas de seleção prestadas no âmbito de concursos públicos e contratos-promessa de trabalho. No mesmo sentido, ficam também abrangidas práticas de *pre-employment background check*, utilizadas por certas empresas especializadas em avaliar a aptidão do trabalhador para ser contratado por determinada empresa, práticas essas feitas nalguns casos com recurso a algoritmos, que atendem nomeadamente ao tipo de consumo feito pelo candidato a emprego, ao seu grau de cumprimento de obrigações fiscais, a eventuais situações de incumprimento bancário, ao seu domicílio e eventual cadastro criminal.

O artigo 17.º consagra, portanto, como sublinha alguma doutrina, "*um fenómeno de pré-eficácia da situação laboral: antes mesmo de esta se consubstanciar, (o futuro) empregador já incorre em deveres de conduta*"[200].

2. Na esteira do direito à reserva da intimidade da vida privada, o artigo 17.º afirma como princípio geral o de que o empregador não pode exigir ao candidato a emprego ou ao trabalhador que preste informações relativas à sua vida privada, ao seu estado de saúde ou estado de gravidez. Trata-se de

[200] Cf. Menezes Cordeiro, *Direito do Trabalho, I, Direito europeu, Dogmática geral, Direito coletivo*, Almedina, Coimbra, 2019, p. 554.

um princípio que não é absoluto, no sentido em que admite ser limitado[201]. Para o efeito, todavia, exige-se o preenchimento cumulativo de alguns requisitos, respetivamente de natureza substantiva, formal e procedimental. Tratando-se de questões da vida privada, o empregador apenas pode exigir ao trabalhador as informações relativas à sua vida privada quando estas sejam estritamente necessárias para avaliar da respetiva aptidão no que respeita à execução do contrato de trabalho, impondo-se-lhe, por outro lado, um ónus de natureza formal – a necessidade de fornecer ao trabalhador, por escrito, o fundamento invocado para tal exigência[202].

3. Quando se trate de questões relativas à saúde ou estado de gravidez, vai-se mais longe quanto aos requisitos a respeitar: na medida em que estão em causa duas matérias que integram a esfera íntima e tendencialmente secreta do trabalhador, exige-se, em sede de fundamentação para tal pedido de informação, que particulares exigências inerentes à atividade profissional o justifiquem. Neste contexto, apenas em casos muito excecionais, relacionados com o tipo de atividade e o posto de trabalho, poderão ser exigidas ao trabalhador as informações relativas ao seu estado de saúde ou gravidez. Admite-se que tal possa suceder, por exemplo, a propósito da saúde do trabalhador, relativamente a pilotos de aviação, controladores do tráfego aéreo, maquinistas de transportes ferroviários, condutores de transportes rodoviários, desportistas profissionais, enfermeiros, médicos e trabalhadores de serviços hospitalares; ou, relativamente ao estado de gravidez, quando esteja em causa o exercício de funções que possam afetar a função genética ou a saúde do nascituro, nomeadamente em serviços de radiologia. Por outro lado, nestes casos, exige-se a intermediação de um médico: para além de o empregador apenas poder exigir ao trabalhador informações quando particulares exigências inerentes à natureza da atividade profissional o justifiquem e de ser exigível o mesmo ónus

[201] Veja-se, a propósito das situações em que o empregador pode pedir informações ao trabalhador, ainda que relativas à sua vida privada, Pedro Romano Martinez, *Direito do Trabalho*, cit., p. 378.

[202] Veja-se, a este propósito, a anotação de Guilherme Dray ao artigo 17.º do Código do Trabalho, *Código do Trabalho Anotado*, 13.ª edição, Pedro Romano Martinez, Luís Miguel Monteiro, Joana Vasconcelos, Pedro Madeira de Brito, Guilherme Dray *e* Luís Gonçalves da Silva, cit., pp. 104-109, que se segue de perto.

de natureza formal da alínea antecedente – a necessidade de fornecer ao trabalhador, por escrito, o fundamento invocado para tal exigência – impõe-se ainda um ónus de natureza procedimental: o acesso às informações não pode ser levado a efeito diretamente pelo empregador, exigindo-se a intermediação de um médico. A este propósito, o Código do Trabalho suprimiu a possibilidade de o trabalhador autorizar o médico a comunicar ao empregador outras informações para além das que decorrem da aptidão ou não aptidão do trabalhador para o exercício da atividade contratada, possibilidade esta que constava do artigo 17.º, n.º 3, do Código do Trabalho de 2003[203]. Sem o preenchimento cumulativo de tais requisitos, o candidato a emprego ou o trabalhador pode recusar-se legitimamente a prestar tais informações, tratando-se, no último caso, de uma hipótese típica de desobediência lícita, subsumível na parte final da alínea e do n.º 1 do artigo 128.º do presente diploma.

4. A diferença de regime entre as alíneas a) e b) do n.º 1 do artigo 17.º foi inspirada na habitualmente denominada teoria das três esferas, segundo a qual, em sede de direito à intimidade da vida privada, importa distinguir: a *esfera íntima ou secreta*, que compreende todos os factos que devem, objetivamente, ser inacessíveis a terceiros e absolutamente protegidos da curiosidade alheia, designadamente os que digam respeito a aspetos da vida familiar, a comportamentos sexuais, a práticas e convicções religiosas e ao estado de saúde das pessoas; a *esfera privada*, que compreende todos os factos cujo conhecimento o respetivo titular tem, subjetivamente, o interesse em guardar para si, designadamente factos atinentes à sua vida profissional, ao seu domicílio e hábitos de vida, cuja proteção é relativa, podendo ceder em caso de conflito com direitos ou interesses superiores; e a esfera pública, que compreende todos os factos e situações do conhecimento público, que se verificam e se desenvolvem perante toda a comunidade e que por esta podem ser genericamente conhecidos e

[203] Recorda-se que aquando do processo de aprovação do Código do Trabalho de 2003, o Tribunal Constitucional (TC), no Acórdão n.º 306/93, de 25/6/2003, se pronunciou pela inconstitucionalidade da norma na parte em que nela se admitia o acesso direto por parte do empregador a tais informações. Neste contexto, o preceito sob anotação foi alterado, relativamente à versão inicial da referida Proposta de Lei, tendo o Código do Trabalho de 2003 consagrado a regra segundo a qual as informações exigidas ao trabalhador ou ao candidato a emprego são prestadas a médico, que só pode comunicar ao empregador se o trabalhador está ou não apto para desempenhar a atividade.

divulgados[204]. A alínea a) do n.º 1 do preceito em questão compreende aspetos atinentes à esfera privada do trabalhador ou candidato a emprego, cuja proteção pode ceder caso tais elementos sejam estritamente necessários e relevantes para avaliar da respetiva aptidão no que respeita à execução do contrato de trabalho; a alínea b) do número 1 citado artigo 17.º abrange questões relativas à esfera íntima, as quais pressupõem, consequentemente, uma tutela acrescida: a sua compressão só se justifica quando particulares exigências inerentes à atividade profissional o justifiquem, nos termos supra enunciados.

5. Também nesta matéria, estando em causa a dignidade do trabalhador e a proteção da *citizenship at work*, a exceção ao princípio geral deve obedecer a princípios de proporcionalidade, necessidade e adequação, nos termos conjugados dos artigos 18.º, n.º 2, da Constituição, e 335.º do Código Civil. Recorda-se, aliás, a este propósito, a elaboração pela Comissão Nacional de Proteção de Dados (CNPD), em 29 de Outubro de 2002, de um conjunto de recomendações dirigidas às empresas sobre o uso das novas tecnologias, o tratamento de dados em centrais telefónicas, o controlo do e-mail e do acesso à Internet, recomendações essas publicitadas no site daquela Comissão sob o título, "Princípios sobre a Privacidade no Local de Trabalho"[205-206].

6. Recorda-se, também, que aquando do processo de aprovação do Código do Trabalho de 2003, o Tribunal Constitucional (TC), no Acórdão n.º 306/93 de 25/6/2003, se pronunciou pela não inconstitucionalidade do presente preceito, na versão da Proposta de Lei n.º 29/IX, na parte em que nele se admite que o empregador pode, excecionalmente e nos termos acima enunciados, exigir ao candidato a emprego ou ao trabalhador, informações relativas à sua saúde ou estado de gravidez. Todavia, o Tribunal Constitucional pronunciou-se pela inconstitucionalidade da norma na parte em que nela se admitia o acesso direto por parte do empregador a tais informações. Neste contexto,

[204] A este propósito, veja-se MENEZES LEITÃO, Código do Trabalho Anotado, Almedina, Coimbra, 2003, anotação ao artigo 17.º, p. 38.

[205] As recomendações em causa que podem ser consultadas em que podem ser consultados em http://www.cnpd.pt/bin/orientacoes/principiostrabalho.htm

[206] A nível internacional, veja-se LEE A. BYGRAVE, *Data Privacy Law. An international perspective*, Oxford Scholarship Online, 2014, pp. 147-157.

o preceito sob anotação foi alterado, relativamente à versão inicial da referida Proposta de Lei, tendo o Código do Trabalho de 2003 consagrado a regra segundo a qual as informações exigidas ao trabalhador ou ao candidato a emprego são prestadas a médico, que só pode comunicar ao empregador se o trabalhador está ou não apto para desempenhar a atividade, salvo autorização escrita deste[207]. A intermediação do médico manteve-se, consequentemente, no Código do Trabalho de 2009.

7. O artigo 17.º consagra também, nos seus números 3 e 4, o direito à proteção de dados pessoais, garantindo-se ao trabalhador o direito ao controlo dos respetivos dados pessoais; a tomar conhecimento do teor dos dados que estão na posse do empregador e dos fins a que os mesmos se destinam. A propósito da utilização de ficheiros e acessos informáticos utilizados pelo empregador para efeitos de tratamento de dados pessoais, remete-se para a legislação em vigor relativa à proteção de dados pessoais – atualmente a Lei n.º 58/2019, de 8 de agosto, que assegura a execução, na ordem jurídica nacional, do Regulamento (UE) 2016/679 do Parlamento e do Conselho, de 27 de abril de 2016, relativo à proteção das pessoas singulares no que diz respeito ao tratamento de dados pessoais e à livre circulação desses dados (RGPD).

8. O RGPD, que se tornou obrigatório em todos os seus elementos e diretamente aplicável em todos os Estados-Membros da União Europeia a partir de 25 de maio de 2018, contém as regras relativas à proteção das pessoas singulares no que diz respeito ao tratamento de dados pessoais e à livre circulação desses dados, com o objetivo de defender os direitos e as liberdades fundamentais das pessoas singulares, nomeadamente o direito à proteção dos dados pessoais. Recorda-se, a título meramente exemplificativo, que com o objetivo de proteção dos direitos dos titulares dos dados (artigos 12.º a 23.º), o RGPD impõe às empresas com mais de 250 trabalhadores a obrigação de registo de todas as atividades de tratamento de dados (artigo 30.º). Nalguns casos, o RGPD impõe ainda a criação de um "encarregado da proteção de

[207] Veja-se, a este propósito, o Parecer n.º 8/03 da Comissão Nacional de Proteção de Dados (CNPD)], sendo certo que o CT2009 suprimiu a possibilidade de o trabalhador autorizar o médico a comunicar ao empregador outras informações para além da aptidão do trabalhador para o exercício da atividade profissional.

dados" (*data protection officer*), nomeadamente quando o tratamento dos dados for efetuado por uma autoridade pública (com exceção dos tribunais ou de autoridades judiciais independentes no exercício da sua função jurisdicional) e sempre que, no setor privado, estejam em causa operações de tratamento que exijam o controlo regular e sistemático do titular dos dados em grande escala, ou operações de tratamento em grande escala de categorias especiais de dados pessoais e de dados relacionados com condenações penais e infrações (artigo 37.º)[208].

9. A propósito, em particular, do contexto laboral, o artigo 88.º do RGPD estabelece que os Estados-Membros podem estabelecer, no seu ordenamento jurídico ou em convenções coletivas, normas mais específicas para garantir a defesa dos direitos e liberdades no que respeita ao tratamento de dados pessoais dos trabalhadores no contexto laboral, nomeadamente para efeitos de recrutamento, execução do contrato de trabalho, incluindo o cumprimento das obrigações previstas no ordenamento jurídico ou em convenções coletivas, de gestão, planeamento e organização do trabalho, de igualdade e diversidade no local de trabalho, de saúde e segurança no trabalho, de proteção dos bens do empregador ou do cliente e para efeitos do exercício e gozo, individual ou coletivo, dos direitos e benefícios relacionados com o emprego, bem como para efeitos de cessação da relação de trabalho. O RGPD dispõe ainda que tais normas devem incluir medidas adequadas e específicas para salvaguardar a dignidade, os interesses legítimos e os direitos fundamentais do titular dos dados, com especial relevo para a transparência do tratamento de dados, a transferência de dados pessoais num grupo empresarial ou num grupo de empresas envolvidas numa atividade económica conjunta e os sistemas de controlo no local de trabalho[209].

[208] Veja-se, sobre o tema, MÁRCIA DE MAGALHÃES, *O Regulamento Geral sobre a Proteção de Dados. Versão Prática e Legislação Complementar (Adaptado com a Lei n.º 58/2019 de 8 de agosto)*, Librum Editora, 2019; MARIA LEITÃO PEREIRA e FILIPA MATIAS MAGALHÃES, Regulamento Geral de Proteção de Dados – Manual Prático (3ª Edição revista e ampliada), Vida Económica, 2018.

[209] Sobre o tema, veja-se LURDES DIAS ALVES, *Proteção de Dados Pessoais no Contexto Laboral – O direito à privacidade do trabalhador*, Almedina Coimbra, 2020.

10. A Lei n.º 58/2019, de 8 de agosto, que assegura a execução na ordem jurídica nacional do RGPD, contém também uma referência específica a propósito das relações laborais. A este propósito e tendo em vista a proteção da cidadania no trabalho, o artigo 28.º da referida lei contém algumas especificidades de regime face ao Código do Trabalho, dispondo que o empregador pode tratar os dados pessoais dos seus trabalhadores para as finalidades e com os limites definidos no Código do Trabalho e respetiva legislação complementar ou noutros regimes setoriais, com as especificidades estabelecidas nesse mesmo artigo 28.º (n.º 1). O preceito em causa esclarece que fica também sob a sua alçada o tratamento efetuado por subcontratante ou contabilista certificado em nome do empregador, para fins de gestão das relações laborais, desde que realizado ao abrigo de um contrato de prestação de serviços e sujeito a iguais garantias de sigilo (n.º 2). Afirma-se, também, que salvo norma legal em contrário, o consentimento do trabalhador não constitui requisito de legitimidade do tratamento dos seus dados pessoais: (a) se do tratamento resultar uma vantagem jurídica ou económica para o trabalhador; ou (b) se esse tratamento estiver abrangido pelo disposto na alínea b) do n.º 1 do artigo 6.º do RGPD (n.º 3). Sobre as imagens gravadas e outros dados pessoais registados através da utilização de sistemas de vídeo ou outros meios tecnológicos de vigilância à distância, nos termos previstos no artigo 20.º do Código do Trabalho[210], o artigo 28.º da Lei n.º 58/2019 afirma que estes podem ser utilizados no âmbito do processo penal (n.º 4) e que, nos casos em que tal suceda, as imagens gravadas e outros dados pessoais podem também ser utilizados para efeitos de apuramento de responsabilidade disciplinar, na medida em que o sejam no âmbito do processo penal (n.º 5). Por fim, o preceito determina, também, que o tratamento de dados biométricos dos trabalhadores só é considerado legítimo para controlo de assiduidade e para controlo de acessos às instalações do empregador, devendo assegurar-se que apenas se utilizem representações dos dados biométricos e que o respetivo processo de recolha não permite a reversibilidade dos referidos dados (n.º 6).

Todas estas preocupações estão centradas no "trabalhador-cidadão".

[210] Veja-se, a este propósito, a anotação de Guilherme Dray ao artigo 20.º do Código do Trabalho, *Código do Trabalho Anotado*, 13.ª edição, Pedro Romano Martinez, Luís Miguel Monteiro, Joana Vasconcelos, Pedro Madeira de Brito, Guilherme Dray *e* Luís Gonçalves da Silva, cit., pp. 114-118, que se segue de perto.

11. Por outro lado, importa recordar que a obrigação de notificação prévia para o tratamento de dados pessoais à Comissão Nacional de Proteção de Dados (CNPD) foi menorizada, por força da aplicação do RGPD e da Lei n.º 58/2019, de 8 de agosto, que assegura a execução, na ordem jurídica nacional, do citado Regulamento, relativo à proteção das pessoas singulars no que diz respeito ao tratamento de dados pessoais e à livre circulação desses dados. À luz do RGPD e da citada Lei n.º 58/2019, a CNPD, enquanto autoridade nacional (entidade administrativa independente) responsável por controlar e fiscalizar o cumprimento do RGPD e da Lei n.º 58/2019, bem como das demais disposições legais e regulamentares em matéria de proteção de dados pessoais, a fim de defender os direitos, liberdades e garantias das pessoas singulares no âmbito dos tratamentos dos seus dados pessoais, passou a ter essencialmente poderes de fiscalização, ao invés de se pronunciar antecipadamente sobre determinado processo de tratamento de dados. Todavia, nos termos do artigo 35.º, n.º 1, do RGPD, o tratamento de dados pessoais suscetível de implicar um elevado risco para os direitos e liberdades tem de ser precedido de uma avaliação de impacto sobre a proteção de dados[211].

[211] O artigo 35.º do RGPD determina que, quando um certo tipo de tratamento, em particular que utilize novas tecnologias e tendo em conta a sua natureza, âmbito, contexto e finalidades, for suscetível de implicar um elevado risco para os direitos e liberdades das pessoas singulares, o responsável pelo tratamento procede, antes de iniciar o tratamento, a uma avaliação de impacto das operações de tratamento previstas sobre a proteção de dados pessoais (n.º 1). Para o efeito, o responsável pelo tratamento deverá solicitar o parecer do encarregado da proteção de dados, nos casos em que este tenha sido designado (n.º 2). A realização de uma avaliação de impacto sobre a proteção de dados é obrigatória, nomeadamente, em caso de: a)Avaliação sistemática e completa dos aspetos pessoais relacionados com pessoas singulares, baseada no tratamento automatizado, incluindo a definição de perfis, sendo com base nela adotadas decisões que produzem efeitos jurídicos relativamente à pessoa singular ou que a afetem significativamente de forma similar; b) Operações de tratamento em grande escala de categorias especiais de dados a que se refere o artigo 9.º, n.º 1, ou de dados pessoais relacionados com condenações penais e infrações a que se refere o artigo 10.º; ou c) Controlo sistemático de zonas acessíveis ao público em grande escala (n.º 3).
Veja-se, a este propósito, Filipa Matias Magalhães e Maria Leitão Pereira, "Regulamento Geral de Proteção de Dados", Manual Prático, 2.ª edição revista e ampliada, Vida Económica, 2018, p. 40, segundo as quais, "*Quando o tratamento de dados pessoais for suscetível de resultar num alto risco para os direitos e liberdades das pessoas em causa, o responsável pelo tratamento, antes de iniciar o tratamento, deverá efetuar uma avaliação de impacto das operações de tratamento sobre a proteção de dados. A referência aos "direitos e liberdades" dos titulares dos dados respeita essencialmente os direitos de proteção dos dados e privacidade, envolvendo ainda outros direitos fundamentais (liberdade*

6. O regime dos dados biométricos

1. O artigo 18.º do Código do Trabalho garante, também, a proteção dos dados biométricos, estabelecendo que o tratamento de dados biométricos só é permitido se os dados a utilizar forem necessários, adequados e proporcionais aos objetivos a atingir. Recorda-se, a este propósito, que nos termos do artigo 4.º, alínea (4), do RGPD, consideram-se dados biométricos os "(...) *dados pessoais resultantes de um tratamento técnico específico relativo às características físicas, fisiológicas ou comportamentais de uma pessoa singular que permitam ou confirmem a identificação única dessa pessoa singular, nomeadamente imagens faciais ou dados dactiloscópicos*". A título exemplificativo, constituem dados biométricos a impressão digital, a íris, a retina, o ADN e a voz, que podem ser usados, por exemplo, para permitir o acesso à empresa ou a certas zonas da empresa, ou para efeitos de controlo da assiduidade, nos termos a que se refere o artigo 28.º, n.º 6, da citada Lei n.º 58/2019, de 8 de agosto[212].

2. O uso de dados biométricos, garantindo segurança às empresas e sendo um importante instrumento de gestão empresarial, acarreta, todavia, riscos acrescidos para a intimidade da vida privada, razão pela qual o legislador criou regras cautelares quanto à sua utilização. À luz do artigo 18.º do Código do Trabalho, e do ponto de vista substantivo, o tratamento de dados biométricos, por força da aplicação do disposto no artigo 18.º, n.º 2, da CRP e do artigo 335.º do Código Civil, deve limitar-se ao necessário para salvaguardar outros direitos ou interesses constitucionalmente protegidos, segundo critérios de proporcionalidade e de adequação. Nesse sentido, só é permitido o tratamento de dados biométricos se os dados a utilizar forem necessários, adequados e proporcionais aos objetivos a atingir. O artigo 28.º, n.º 6, da citada Lei n.º 58/2019, vai mais longe, determinando que "*O tratamento de dados biométricos dos trabalhadores só é considerado legítimo para controlo de assiduidade e para controlo*

de expressão, liberdade de pensamento, liberdade de circulação, proibição de discriminação, direito à liberdade, consciência e religião)".

[212] Veja-se, a este propósito, a anotação de Guilherme Dray ao artigo 18.º do Código do Trabalho, *Código do Trabalho Anotado*, 13.ª edição, Pedro Romano Martinez, Luís Miguel Monteiro, Joana Vasconcelos, Pedro Madeira de Brito, Guilherme Dray *e* Luís Gonçalves da Silva, cit., pp. 110-111.

de acessos às instalações do empregador, devendo assegurar-se que apenas se utilizem representações dos dados biométricos e que o respetivo processo de recolha não permita a reversibilidade dos referidos dados".

3. O artigo 18.º do Código do Trabalho estabelece, também, que os dados biométricos são conservados durante o período necessário para a prossecução das finalidades do tratamento a que se destinam, devendo ser destruídos no momento da transferência do trabalhador para outro local de trabalho ou da cessação do contrato de trabalho.

4. A Comissão Nacional de Proteção de Dados Pessoais tem também tomado posição sobre esta matéria. Mediante Parecer de 26 de fevereiro de 2004 (ainda ao abrigo da revogada Lei n.º 67/98), defendeu que relativamente à apreciação de tratamentos biométricos para controlo de acessos e assiduidade, deveriam ser tidos em conta: (a) a reserva da vida privada; (b) a adequação, pertinência e não-excessividade dos dados; (c) a legitimidade do responsável; (d) a notificação à CNPD; (e) a informação relativamente a esse tratamento; (f) a não-utilização dos dados biométricos para finalidade diversa da que determinara a recolha; (g) o acesso aos titulares dos dados, a retificação e a oposição [213]. Mais tarde, através da Deliberação n.º 1638/2013, de 16 de julho, a mesma CNPD fixou as condições gerais para o tratamento de dados pessoais decorrentes do controlo da utilização para fins privados das tecnologias de informação e comunicação no contexto laboral[214].

5. Por fim, importa referir que por força da citada Lei n.º 58/2019, que assegura a execução, na ordem jurídica nacional, do RGPD, o regime de notificação prévia previsto nos números 1 e 4 do artigo 18.º do Código do Trabalho deve considerar-se tacitamente revogado. Com efeito, tendo por base o referido RGPD e a Lei n.º 58/2019, a Lei de Organização e Funcionamento da Comissão Nacional de Proteção de Dados CNPD, aprovada pela Lei n.º 43/2004, de 18 de agosto, foi também ela alterada pela Lei n.º 58/2019, que

[213] Disponível em https://www.cnpd.pt/media/uqunywgn/principios-biom-assiduidade--acesso.pdf

[214] Disponível em https://www.cnpd.pt/media/kuqbxfdv/delib_controlo_tics.pdf

modificou as respetivas competências. A partir de agora, como já se afirmou, a CNPD passa a ter sobretudo poderes de fiscalização da conformidade do tratamento de dados pessoais, podendo para tal aceder às instalações do responsável e do subcontratante, aos equipamentos, aos meios de tratamento de dados, bem como a toda a documentação que se revele necessária, realizando para o efeito inspeções e auditorias sobre o cumprimento da lei através da nova "Unidade de Inspeção", criada pelo artigo 24.º-A da Lei 43/2004, com a alteração da citada Lei n.º 58/2019[215].

6. Mais uma vez: está em causa a cidadania no trabalho e a proteção de direitos de cidadania. Está em causa a proteção de um reduto de privacidade e, bem assim, de uma esfera de liberdade do trabalhador-cidadão.

7. O regime dos testes e exames médicos

1. O artigo 19.º do Código do Trabalho[216] cuida, também, da proteção do trabalhador no que diz respeito à realização de testes e exames médicos. Estabelece-se, no essencial, que para além das situações previstas em legislação relativa a segurança e saúde no trabalho, o empregador não pode, para efeitos de admissão ou permanência no emprego, exigir a candidato a emprego ou a trabalhador a realização ou apresentação de testes ou exames médicos, de qualquer natureza, para comprovação das condições físicas ou psíquicas, salvo quando estes tenham por finalidade a proteção e segurança do trabalhador ou de terceiros, ou quando particulares exigências inerentes à atividade o justifiquem[217], devendo em qualquer caso ser fornecida por escrito

[215] Veja-se, a este propósito, a anotação de Guilherme Dray ao artigo 18.º do Código do Trabalho, *Código do Trabalho Anotado*, 13.ª edição, Pedro Romano Martinez, Luís Miguel Monteiro, Joana Vasconcelos, Pedro Madeira de Brito, Guilherme Dray *e* Luís Gonçalves da Silva, cit., p. 111.

[216] Veja-se, a este propósito, a anotação de Guilherme Dray ao artigo 19.º do Código do Trabalho, *Código do Trabalho Anotado*, 13.ª edição, Pedro Romano Martinez, Luís Miguel Monteiro, Joana Vasconcelos, Pedro Madeira de Brito, Guilherme Dray *e* Luís Gonçalves da Silva, cit., pp. 112-114, que se segue de perto.

[217] Sobre as situações em que o empregador pode requerer informações de índole médica, veja-se Pedro Romano Martinez, *Direito do Trabalho*, cit., p. 379.

ao candidato a emprego ou trabalhador a respetiva fundamentação (n.º 1)[218]. Estabelece-se, também, que o empregador não pode, em circunstância alguma, exigir a candidata a emprego ou a trabalhadora a realização ou apresentação de testes ou exames de gravidez (n.º 2) e que o médico responsável pelos testes e exames médicos só pode comunicar ao empregador se o trabalhador está ou não apto para desempenhar a atividade (n.º 3). Ou seja: sendo a saúde um aspeto crítico quanto à reserva da privacidade do trabalhador, fica claro, por esta via, que o acesso a informações relacionadas com a saúde do trabalhador que nada têm que ver com a execução do contrato está protegido. A lei visa, pois, proteger o trabalhador, não apenas enquanto trabalhador, mas acima de tudo enquanto cidadão.

2. A I parte do número 1 do artigo 19.º do CT2009 afirma como princípio geral o de que o empregador não pode, para efeitos de admissão ou permanência no emprego e ressalvadas as situações previstas na legislação relativa a segurança, higiene e saúde no trabalho, exigir ao candidato a emprego ou ao trabalhador a realização ou apresentação de testes ou exames médicos, de qualquer natureza, para comprovação das condições físicas ou psíquicas do trabalhador. Também neste caso, à semelhança do artigo 17.º do Código do Trabalho, acima referido, se tem em vista não apenas o trabalhador, mas também aquele que se candidata ao emprego[219], ficando abrangidos os atos e negócios praticados nos preliminares da formação contratual, num fenómeno de pré-eficácia da situação laboral[220]. Está em causa, mais uma vez, a proteção da esfera íntima do trabalhador ou candidato a emprego, bem como a respetiva integridade moral ou física. Está em causa, em suma, a proteção do cidadão, quer este já seja trabalhador, quer no caso de se estar a candidatar para o ser.

3. A II parte do n.º 1 do citado artigo 19.º admite limitações ao referido princípio geral, mediante o preenchimento cumulativo de três requisitos: em termos substantivos, o empregador poderá exigir a realização ou a apresentação

[218] Veja-se, sobre o tema, em particular sobre a doença VIH/SIDA e os seus reflexos no trabalho, João Leal Amado, *Contrato de Trabalho*, cit., pp. 229 e ss.

[219] Sobre o "estatuto" do candidato a emprego, veja-se Bernardo Lobo Xavier, *Manual de Direito do Trabalho*, cit., pp. 628 e ss.

[220] Cf. Menezes Cordeiro, *Direito do Trabalho I*, Almedina, Coimbra, p. 566.

de exames médicos quando a finalidade de tal exigência se prenda com a proteção e segurança do trabalhador ou de terceiros, ou quando particulares exigências inerentes à atividade o justifiquem; do ponto de vista formal, exige-se que o empregador forneça por escrito ao candidato a emprego ou ao trabalhador a fundamentação que preside à referida exigência e que as informações sejam prestadas a médico; em termos procedimentais, exige-se a intermediação de um médico. Assim, se estiver em causa uma atividade de manuseamento de produtos tóxicos, justifica-se que o empregador possa exigir ao trabalhador a apresentação de exames médicos destinados a comprovar a inexistência de doenças de natureza respiratória (proteção do trabalhador); tratando-se do exercício de funções de enfermagem na unidade de cuidados intensivos de um serviço hospitalar, justifica-se que o empregador possa exigir ao trabalhador testes comprovativos de que o mesmo não padece de qualquer doença infecto-contagiosa (proteção de terceiros); se estiver em causa a contratação de um piloto de aviação ou a de um praticante desportivo, é a própria natureza da atividade que parece justificar tal exigência[221].

4. A jurisprudência tem-se pronunciado sobre o tema, nomeadamente sobre a realização de testes de alcoolémia.

A este propósito, o Tribunal da Relação de Lisboa, mediante acórdão de 6 de outubro de 2010, considerou que "*o consumo de álcool insere-se no domínio da esfera privada de cada indivíduo, todavia, quando esse consumo possa representar uma fonte potencial de perigo para o próprio trabalhador, seus colegas e terceiros, podendo perturbar a execução do contrato de trabalho, ele deverá ser limitado em nome da defesa dos direitos fundamentais destes últimos*".

O Tribunal defendeu que "*os testes de alcoolemia, podendo brigar com a reserva da intimidade da vida privada do trabalhador, devem ser efectuados com a devida cautela, tanto na realização, em si mesma considerada, como no tratamento dos resultados. Portanto, devem ser realizados apenas por ordem do empregador, ou por médico, enfermeiro ou técnico especializado, por ordem do primeiro, em local separado, na presença de um*

[221] Cf. Guilherme Dray, anotação ao artigo 19.º do Código do Trabalho, *Código do Trabalho Anotado*, 13.ª edição, Pedro Romano Martinez, Luís Miguel Monteiro, Joana Vasconcelos, Pedro Madeira de Brito, Guilherme Dray *e* Luís Gonçalves da Silva, cit., pp. 112-114.

representante dos trabalhadores ou de um colega, se este o desejar, e devem ser precedidos de consentimento informado"[222].

5. O número 2 do referido artigo 19.º é mais rigoroso quando se trata de questões relativas à gravidez, por questões de dignidade. A este propósito, afirma-se que o empregador não pode, em circunstância alguma, exigir à candidata a emprego ou à trabalhadora a apresentação de testes ou exames de gravidez. Trata-se de um preceito absolutamente imperativo, que não admite derrogação em contrário, em nome do personalismo ético, da dignidade humana, da ideia de *citizenship at work* e da proteção da natalidade. Não obstante o preceito não o afirmar expressamente, advoga-se que o respetivo regime também não legitima em qualquer circunstância e por idênticas razões a exigência de realização de testes genéticos[223].

6. O número 3 do artigo 19.º garante ainda ao trabalhador a confidencialidade dos testes ou exames médicos a que se haja submetido: o médico responsável pela sua realização só pode comunicar ao empregador se o trabalhador está ou não apto para desempenhar a atividade. Trata-se de um corolário do direito à reserva da intimidade da vida privada, a que se refere o artigo 16.º[224].

[222] Sobre a realização de testes de alcoolemia no local de trabalho, recordam-se os acórdãos do (acórdãos disponíveis na página www.dgsi.pt).

[223] Recorda-se que a Lei n.º 12/2005, de 26 de janeiro, sobre a *Informação genética pessoal e informação de saúde*, estabelece que ninguém pode ser prejudicado, sob qualquer forma, em função da presença de doença genética ou em função do seu património genétic (artigo 11.º) e que a contratação de novos trabalhadores, em caso algum, dependerá da realização ou do resultado prévio de testes genéticos (artigo13.º, n.º 1), não sendo permitido às empresas e outras entidades patronais exigir aos seus trabalhadores, mesmo que com o seu consentimento, a realização de testes genéticos ou a divulgação de resultados previamente obtidos (artigo 13.º, n.º 2).

[224] Recorda-se, a este propósito, que o Tribunal Constitucional, no Acórdão n.º 306/93 de 25/6/2003, a propósito do atual artigo 17.º do Código do Trabalho, se pronunciou pela não inconstitucionalidade do preceito na parte em que nele se admite que o empregador pode, excecionalmente e mediante o preenchimento de determinados requisitos, exigir ao candidato a emprego ou ao trabalhador informações relativas à sua saúde ou estado de gravidez. Todavia, o Tribunal pronunciou-se pela inconstitucionalidade da norma na parte em que nela se admitia o acesso direto por parte do empregador a informações relativas à saúde ou estado de gravidez do candidato ao emprego ou do trabalhador, por violação do princípio da proibição do excesso nas restrições ao direito fundamental à reserva da intimidade da vida

8. Meios de vigilância à distância

1. Também na lógica de proteção da cidadania no trabalho, o artigo 20.º do Código do Trabalho estabelece que o empregador não pode utilizar meios de vigilância a distância no local de trabalho, mediante o emprego de equipamento tecnológico, com a finalidade de controlar o desempenho profissional do trabalhador (n.º 1) A utilização de equipamento referido no número anterior é lícita sempre que tenha por finalidade a proteção e segurança de pessoas e bens ou quando particulares exigências inerentes à natureza da atividade o justifiquem (n.º 2)[225], sendo certo que, neste caso, o empregador deve informar o trabalhador sobre a existência e finalidade dos meios de vigilância utilizados, devendo nomeadamente afixar nos locais sujeitos os seguintes dizeres, consoante os casos: «*Este local encontra-se sob vigilância de um circuito fechado de televisão*» ou «*Este local encontra-se sob vigilância de um circuito fechado de televisão, procedendo-se à gravação de imagem e som*», seguido de símbolo identificativo (n.º 3)[226].

2. O artigo 20.º, com vista a proteger a dignidade do trabalhador, estabelece como princípio geral o de que o empregador não pode utilizar meios de vigilância a distância, nomeadamente câmaras de vídeo, equipamento audiovisual, microfones dissimulados ou mecanismos de escuta e registo telefónico com o propósito de controlar o exercício da atividade profissional do trabalhador de forma impessoal e tendencialmente ininterrupta. Tal utilização seria contrária aos mais elementares direitos de personalidade do trabalhador e à ideia de

privada, decorrente das disposições conjugadas dos artigos 26.º, n.º 1, e 18.º, n.º 2, da CRP. Neste contexto, tanto o artigo 17.º, n.º 2, como o artigo 19.º, n.º 3, do Código do Trabalho foram alterados, relativamente à versão inicial da Proposta de Lei do CT2003, tendo consagrado a regra segundo a qual as informações exigidas ao trabalhador ou ao candidato a emprego são prestadas a médico, que só pode comunicar ao empregador se o trabalhador está ou não apto para desempenhar a atividade, sendo certo que o CT2009 suprimiu a possibilidade de o trabalhador autorizar o médico a comunicar ao empregador outras informações para além da aptidão do trabalhador para o exercício da atividade profissional.

[225] Sobre as situações em que a utilização dos meios de vigilância a distância é lícita, veja-se Pedro Romano Martinez, *Direito do Trabalho*, cit., p. 379.

[226] Veja-se, a este propósito, a anotação de Guilherme Dray ao artigo 20.º do Código do Trabalho, *Código do Trabalho Anotado*, 13.ª edição, Pedro Romano Martinez, Luís Miguel Monteiro, Joana Vasconcelos, Pedro Madeira de Brito, Guilherme Dray *e* Luís Gonçalves da Silva, cit., pp. 114-118, que se segue de perto.

cidadania no trabalho. Nesse sentido, o princípio geral estabelecido neste preceito é claro: os meios tecnológicos não devem, em regra, ser utilizados para efeitos de controlo da atividade profissional dos trabalhadores[227].

3. Nos termos do n.º 2 do citado artigo 20.º, o princípio em causa pode sofrer limitações quando esteja em causa a proteção e segurança de pessoas e bens ou quando particulares exigências inerentes à atividade profissional o justifiquem. Incluir-se-á no primeiro caso, por exemplo, a instalação de câmaras de vídeo em estabelecimentos de venda ao público, dependências bancárias, aeroportos ou postos de gasolina; no segundo caso, a escuta e registo de todas as comunicações estabelecidas entre um piloto de aviação e os controladores aéreos no decurso de uma viagem. Em qualquer caso, importa atender aos já enunciados princípios da proporcionalidade, necessidade e adequação: qualquer decisão sobre a realização de controlo a distância da atividade laboral deve ser criteriosa, evitando-se que os benefícios que o empregador pretende obter sejam desproporcionados em relação ao grau de lesão que vai ser causado à privacidade dos trabalhadores. À luz destes princípios conclui-se sem necessidade de ulteriores glosas que a utilização de equipamentos tecnológicos destinados a controlar a utilização pelos trabalhadores das instalações sanitárias é claramente abusiva e ilícita.

4. A licitude da utilização de meios de vigilância a distância, nos casos em que o admite o n.º 2 do artigo 20.º, depende ainda do cumprimento de um dever de informação e de comunicação por parte do empregador relativamente à existência e finalidade dos meios utilizados, sendo os titulares do direito à informação os trabalhadores afetados.

5. Em termos jurisprudenciais, mediante Acórdão de 8 de fevereiro de 2006[228], o Supremo Tribunal de Justiça, a propósito da colocação por parte do

[227] Veja-se, a este propósito, as recomendações da Comissão Nacional de Proteção de Dados (CNPD), dirigidas às empresas, sobre o uso das novas tecnologias, o tratamento de dados em centrais telefónicas, o controlo do e-mail e do acesso à Internet, recomendações essas, de 29 de outubro de 2002, publicitadas no site daquela Comissão sob o título, "Princípios sobre a Privacidade no Local de Trabalho".

[228] Acórdão disponível na página www.dgsi.pt.

empregador de câmaras de videovigilância dirigidas para os postos de trabalho, câmaras essas que registavam de forma permanente as tarefas executadas pelos trabalhadores, sem o respetivo consentimento e contra a sua vontade, considerou que *"a colocação de câmaras de vídeo em todo o espaço em que os trabalhadores desempenham as suas tarefas, de forma a que estes se encontrem no exercício da sua atividade sob permanente vigilância e observação, constitui, nestes termos, uma intolerável intromissão na reserva da vida privada, na sua vertente de direito à imagem, e que não se mostra de nenhum modo justificada pelo simples interesse económico do empregador de evitar o desvios de produtos que ali são manuseados. (...). Em qualquer caso, a instalação de câmaras de vídeo, incidindo diretamente sobre os trabalhadores durante o seu desempenho profissional, não é uma medida adequada e necessária ao efeito pretendido pela entidade patronal, além de que gera um sacrifício dos direitos de personalidade que é inteiramente desproporcionado relativamente às vantagens de mero cariz económico que se visava obter. Assim, independentemente da autorização concedida pela Comissão Nacional de Proteção de Dados (...) a efetiva utilização de câmaras de vídeo nos termos descritos nos autos é ilícita (...)"*[229].

6. Acerca da utilização dos registos provenientes da utilização de tais meios para efeitos disciplinares, a regra é a de que os mesmos não podem ser utilizados como meio de prova em sede de procedimento disciplinar. Foi nesse sentido, aliás, que se pronunciou uma primeira vaga de jurisprudência sobre a matéria.

[229] Veja-se, também, o Acórdão do Supremo Tribunal de Justiça de 22 de maio de 2007, no qual este Supremo Tribunal, a propósito da instalação de um sistema de *Global Positioning System* (GPS) no carro de um trabalhador, teve oportunidade de concretizar de forma que não é isenta de críticas, refira-se o conceito de meios de vigilância a distancia, considerando que este, *"(...) por considerações sistemáticas e teleológicas, remete para formas de captação à distância de imagem, som ou imagem e som que permitam identificar pessoas e detectar o que fazem, quando e durante quanto tempo, de forma tendencialmente ininterrupta, que podem afectar direitos fundamentais pessoais, tais como o direito à reserva da vida privada e o direito à imagem.( )... Não se pode qualificar o dispositivo de GPS instalado no veículo automóvel atribuído a um técnico de vendas como meio de vigilância a distância no local de trabalho, já que esse sistema não permite captar as circunstâncias, a duração e os resultados das visitas efectuadas aos seus clientes, nem identificar os respectivos intervenientes (...). Assim, deve concluir-se que carece de justa causa a resolução do contrato de trabalho efectivada por aquele trabalhador com fundamento em alegada violação do disposto no artigo 20.º do Código do Trabalho"* (acórdãos disponíveis na página www.dgsi.pt).

Mediante acórdão de 5 de julho de 2007 [230], o Supremo Tribunal de Justiça considerou que a utilização pelo empregador de uma mensagem de correio eletrónico de cariz pessoal de uma trabalhadora, para fundamentar o respetivo despedimento com justa causa, era ilícita, "*acarretando a ilicitude do despedimento nos termos do artigo 429.º, n.º 3 do CT*". No mesmo sentido, em acórdão de 3 de maio de 2006, o Tribunal da Relação de Lisboa considerou que "*A videovigilância não só não pode ser utilizada como forma de controlar o exercício da actividade profissional do trabalhador, como não pode, por maioria de razão, ser utilizada como meio de prova em sede de procedimento disciplinar*"; mais tarde, em acórdão de 7 de março de 2012, o mesmo Tribunal da Relação de Lisboa considerou ilícita a utilização, pelo empregador, do "*conteúdo de conversas de teor estritamente pessoal*" de uma trabalhadora, constantes de mensagens de correio eletrónico, apesar de as mesmas se encontrarem guardadas no servidor central do empregador.

7. A jurisprudência mais recente, todavia, tem vindo a admitir a videovigilância como meio de prova em processo disciplinar.

A título meramente exemplificativo, recorda-se o acórdão do Supremo Tribunal de Justiça, de 9 de novembro de 1994, segundo o qual, "*São válidas e a sua utilização em julgamento não viola o disposto nos artigos 179.º e 180.º, gravações de vídeo feitas por dona de Casino, na sua propriedade em que explora a indústria de jogo de fortuna ou de azar, com a finalidade de detecção de eventuais anomalias de acesso a máquinas de jogo ou fichas de jogo. Nestes casos, como meios de prova contra a atuação de seus trabalhadores, não se pode falar em intromissão ou devassamento da vida privada de outrem*".

No mesmo sentido, veja-se o acórdão do Tribunal da Relação do Porto, de 20 de setembro de 1999, que considerou lícito o despedimento de um bartender de um casino que não registava parte das vendas efetuadas, tendo esta conduta sido detetada através das câmaras de vigilância do casino, cuja finalidade era a proteção e segurança de pessoas e bens.

Mais recentemente, o Tribunal da Relação de Évora, em acórdão de 9 de novembro de 2010, admitiu como meio de prova em ação de despedimento, elementos obtidos com videovigilância, determinando que "*iii) As imagens*

[230] Acórdão disponível na página www.dgsi.pt.

captadas pelo sistema de videovigilância, nos termos da autorização concedida pela CNPD, são proibidas se tiverem por finalidade controlar o trabalhador e a sua prestação, mas são admitidas se tiverem por fim proteger os bens e as pessoas dentro do estabelecimento. iv) Estas imagens são meio de prova lícito relativamente ao apuramento da origem das discrepâncias entre as existências da loja e o valor das vendas, donde resultou a identificação da trabalhadora, uma vez que não se destinavam a controlar esta e a sua prestação, mas a proteger os bens da empresa, e o visionamento da trabalhadora foi meramente incidental e fortuito. v) Neste contexto, as imagens obtidas são um meio de prova legítimo, não proibido, e podem ser utilizadas em processo disciplinar e judicial para provar factos ilícitos praticados pela trabalhadora com vista à aplicação de sanção disciplinar de despedimento".

O mesmo Tribunal da Relação de Évora esta tendência em acórdão de 7 de dezembro de 2012.

O mesmo sucedeu nos acórdãos do Tribunal da Relação do Porto, de 4 de fevereiro de 2013; do Supremo Tribunal de Justiça, de 13 de novembro de 2013; e do Tribunal da Relação de Coimbra, de 6 de fevereiro de 2015, que expressou que, estando os meios de vigilância, nos termos do artigo 20.º, n.º 2, ao serviço da proteção de pessoas e bens, é lícita a sua utilização como meio de prova em processo disciplinar.

No mesmo sentido, em acórdão de 26 de junho de 2017, o Tribunal da Relação do Porto voltou a admitir que num caso de pancadaria entre trabalhadoras a videogravação como meio de prova em processo disciplinar era lícita, determinando que: "*Acompanhamos a linha jurisprudencial que, em jeito de síntese, entende que é de aceitar as imagens captadas por sistema de videovigilância como meio de prova em processo disciplinar e na subsequente acção judicial em que se discuta a aplicação de sanção disciplinar, mormente o despedimento, desde que sejam observados os pressupostos que decorrem da legislação sobre a protecção de dados e concomitantemente se conclua que a finalidade da sua colocação não foi exclusivamente a de controlar o desempenho profissional do trabalhador. Num quadro circunstancial assim apurado, o trabalhador não merece – nem a lei lhe confere – maior protecção do que aquela que é conferida aos demais cidadãos e, logo, o meio de prova é lícito e admissível*".

E, no acórdão de 23 de abril de 2018, o Tribunal da Relação de Lisboa concluiu também ser de "*aceitar as imagens captadas por sistema de videovigilância como meio de prova em processo disciplinar e na subsequente acção judicial em que se discuta a aplicação de sanção disciplinar, mormente o despedimento, desde que sejam observados os pressupostos que decorrem da legislação sobre a protecção de dados e concomitantemente se conclua que a finalidade da sua colocação não foi exclusivamente a de controlar o desempenho profissional do trabalhador. Num quadro circunstancial assim apurado, o trabalhador não merece – nem a lei lhe confere – maior protecção do que aquela que é conferida aos demais cidadãos e, logo, o meio de prova é lícito e admissível*"[231].

8. O artigo 28.º, números 4 e 5, da já referida Lei n.º 58/2019, de 8 de agosto, que assegura a execução, na ordem jurídica nacional, RGPD, relativo à proteção das pessoas singulares no que diz respeito ao tratamento de dados pessoais e à livre circulação desses dados, parece ter tomado posição sobre o tema, ao afirmar que as imagens gravadas e outros dados pessoais registados através da utilização de sistemas de vídeo ou outros meios tecnológicos de vigilância à distância, nos termos previstos no artigo 20.º do Código do Trabalho, "*só podem ser utilizados no âmbito do processo penal*". Nestes casos – e só nestes casos – as imagens gravadas e outros dados pessoais podem também ser utilizados para efeitos de apuramento de responsabilidade disciplinar, na medida em que o sejam no âmbito do processo penal. Ou seja, parece resultar desta disposição legislativa que os registos provenientes de meios de vigilância a distância só podem ser utilizados em sede de processo disciplinar se os factos tiverem relevância criminal e se tais registos forem também utilizados em sede de processo penal. Assim sucederá, por exemplo, em casos de furtos, desvios de mercadorias, roubos ou agressões. A ideia é um pouco esta: se o meio de videovigilância visa proteger pessoas e bens e tendo os trabalhadores conhecimento da sua utilização, os respetivos registos podem ser usados como meio de prova se essas mesmas pessoas ou bens que se visa proteger foram afetados e se tal prática tiver relevância criminal.

9. A utilização de meios de vigilância a distância no local de trabalho, atenta a sua importância e os bens sobre os quais incide, esteve sujeita a autorização da Comissão Nacional de Proteção de Dados, nos termos do artigo 21.º do Código do Trabalho de 2009[232]. À luz desse preceito, a autorização só

[231] Acórdãos disponíveis na página www.dgsi.pt

[232] Veja-se, sobre o tema, Lurdes Dias Alves, *Proteção de Dados Pessoais no Contexto Laboral – O direito à privacidade do trabalhador*, cit..

poderia ser concedida se a utilização dos meios fosse necessária, adequada e proporcional aos objetivos a atingir. Julga-se, todavia, que este pedido de autorização prévia foi tacitamente revogado na sequência da aprovação da citada Lei n.º 58/2019, de 8 de agosto. Na sequência do RGPD e da citada Lei n.º 58/2019, que também procedeu à alteração da Lei de Organização e Funcionamento da Comissão Nacional de Proteção de Dados (CNPD), aprovada pela Lei n.º 43/2004, de 18 de agosto, o regime de notificação prévia previsto nos números 1, 2 e 4 do presente preceito deve considerar-se revogado. Com efeito, como já se referiu, tendo por base o referido RGPD e a Lei n.º 58/2019, a CNPD passa a ter sobretudo poderes de fiscalização da conformidade do tratamento de dados pessoais, podendo para tal aceder às instalações do responsável e do subcontratante, aos equipamentos, aos meios de tratamento de dados, bem como a toda a documentação que se revele necessária, realizando para o efeito inspeções e auditorias sobre o cumprimento da lei através da nova "Unidade de Inspeção", criada pelo artigo 24.º-A da Lei n.º 43/2004, na sequência da alteração da citada Lei n.º 58/2019. A única situação em que se continua a exigir a autorização prévia da CNPD é a que se retira do artigo 19.º, n.º 4, da citada lei, segundo a qual "*Nos casos em que é admitida a videovigilância, é proibida a captação de som, exceto no período em que as instalações vigiadas estejam encerradas ou mediante autorização prévia da CNPD*". Quer dizer: se o sistema de videovigilância também captar som, a autorização prévia é necessária. Se não captar som, deixa de ser necessária tal autorização prévia[233].

10. Seja como for, o preceito em apreço pode continuar a ser útil em termos interpretativos, designadamente na parte em que dele se retira que a autorização só poderia ser concedida se a utilização dos meios fosse necessária, adequada e proporcional aos objetivos a atingir. Ou seja, fica claro que a utilização destes meios deve seguir aqueles mesmos requisitos, mesmo sem que seja necessária uma autorização prévia da CNPD. Por essa razão, continua a fazer sentido o recurso à Deliberação n.º 61/2004 da referida CNPD[234],

[233] Veja-se, a este propósito, a anotação de Guilherme Dray ao artigo 21.º do Código do Trabalho, *Código do Trabalho Anotado*, 13.ª edição, Pedro Romano Martinez, Luís Miguel Monteiro, Joana Vasconcelos, Pedro Madeira de Brito, Guilherme Dray *e* Luís Gonçalves da Silva, cit., p. 119.

[234] Disponível em : del61-2004-videovigilancia.pdf (cnpd.pt)

na qual foram enunciados os critérios gerais a adotar na autorização de instalação de sistemas de videovigilância, assentes nos princípios da idoneidade, necessidade e proporcionalidade, nos seguintes termos: "*O tratamento a realizar e os meios utilizados devem ser considerados os necessários, adequados e proporcionados com as finalidades estabelecidas: a proteção de pessoas e bens. Ou seja, para se poder verificar se uma medida restritiva de um direito fundamental supera o juízo de proporcionalidade imporá verificar se foram cumpridas três condições: se a medida adoptada é idónea para conseguir o objectivo proposto (princípio da idoneidade); se é necessária, no sentido de que não existia outra medida capaz de assegurar o objectivo com igual grau de eficácia (princípio da necessidade); se a medida adoptada foi ponderada e é equilibrada ao ponto de através dela, serem atingidos substanciais e superiores benefícios ou vantagens para o interesse geral quando confrontados com outros bens ou valores em conflito (juízo de proporcionalidade em sentido estrito)*".

11. Por outro lado, o artigo 21.º do Código do Trabalho mantém plena atualidade quanto a outro segmento. Do número 3 deste preceito resulta que os dados pessoais recolhidos através dos meios de vigilância a distância devem ser conservados durante o período necessário para a prossecução das finalidades da utilização a que se destinam, devendo ser destruídos no momento da transferência do trabalhador para outro local de trabalho ou da cessação do contrato de trabalho. A este propósito, importa consultar também o citado RGPD[235].

Mais uma vez: o Direito do Trabalho preocupa-se com a proteção do "trabalhador-cidadão".

9. A confidencialidade de mensagens e de acesso a informação

1. Por fim, ainda a propósito dos direitos de personalidade laborais, o artigo 22.º do Código do Trabalho determina que o trabalhador goza do direito de reserva e confidencialidade relativamente ao conteúdo das mensagens de

[235] Veja-se, sobre o tema, MARIA LEITÃO PEREIRA e FILIPA MATIAS MAGALHÃES, Regulamento Geral de Proteção de Dados – Manual Prático (3ª Edição revista e ampliada), Vida Económica, 2018

natureza pessoal e acesso a informação de caráter não profissional que envie, receba ou consulte, nomeadamente através do correio eletrónico, sem prejuízo da faculdade atribuída ao empregador de estabelecer regras de utilização dos meios de comunicação na empresa, designadamente do correio eletrónico[236]. A ideia é simples: na sequência dos artigos 26.º e 34.º da Constituição e dos artigos 70.º e seguintes do Código Civil, em especial dos artigos 75.º a 78.º e 80.º deste último diploma, procura-se garantir que a confidencialidade das mensagens e da informação de natureza não profissional a que o trabalhador tem acesso e que lhe digam respeito devem ser preservadas, não obstante o mesmo a elas ter acedido enquanto executava o seu contrato de trabalho[237].

2. Na sequência na ideia de cidadania no trabalho, afirma-se como princípio geral o de que são proscritas ao empregador intrusões ao conteúdo das mensagens de natureza não profissional que o trabalhador envie, receba ou consulte a partir ou no local de trabalho, independentemente da forma que as mesmas revistam. Assim, tanto é protegida a confidencialidade das tradicionais cartas missivas, como a das informações enviadas ou recebidas através da utilização de tecnologias de informação e de comunicação, nomeadamente por *sms* ou correio eletrónico. No mesmo sentido, os sítios da internet que hajam sido consultados pelo trabalhador e as informações por ele recolhidas gozam da proteção do presente artigo, bem como as comunicações telefónicas que haja realizado a partir do local de trabalho.

3. Neste contexto, retira-se do citado artigo 22.º do Código do Trabalho que o empregador ou quem o represente não pode aceder a mensagens de natureza pessoal que constem da caixa de correio eletrónico do trabalhador[238].

[236] Veja-se, sobre o tema, "Direito ao respeito pela vida privada no âmbito das relações laborais II", em Paulo Pinto de Albuquerque (Org.), *Comentário da Convenção Europeia dos Direitos Humanos e dos Protocolos Adicionais,* Volume II., Universidade Católica Editora, Lisboa. 2019, pp. 1493-1510.

[237] Veja-se, a este propósito, a anotação de Guilherme Dray ao artigo 22.º do Código do Trabalho, *Código do Trabalho Anotado*, 13.ª edição, Pedro Romano Martinez, Luís Miguel Monteiro, Joana Vasconcelos, Pedro Madeira de Brito, Guilherme Dray *e* Luís Gonçalves da Silva, cit., pp. 120-122, que se segue de perto.

[238] Veja-se, sobre o tema, Joana Vasconcelos, *O Contrato de Trabalho – 100 Questões,* 6ª edição Revista e Atualizada, Universidade Católica Editora, 2020, pergunta 44, pp. 85 e ss.

A visualização de tais mensagens, que apenas se justifica em casos esporádicos, deve ser feita na presença do trabalhador ou de quem o represente e deve limitar-se à visualização do endereço do destinatário ou remetente da mensagem, do assunto, data e hora do envio. O controlo do correio eletrónico da empresa deve realizar-se de forma aleatória e não persecutória e ter como finalidade a promoção da segurança do sistema e a sua performance. No mesmo sentido, o empregador não deve controlar os sítios da internet que hajam sido consultados pelos trabalhadores. Em regra, o controlo dos acessos à internet não deve ser feito de forma individualizada, mas sim global e não persecutória. Na mesma linha argumentativa, conclui-se que é vedado ao empregador, com recurso às centrais telefónicas, aceder a comunicações ou promover a utilização de dispositivos de escuta, armazenamento, interceção e vigilância das mesmas.

4. O n.º 2 do artigo 22.º do Código do Trabalho visa repor um justo equilíbrio entre a tutela do direito à confidencialidade de que goza o trabalhador, por um lado, e a liberdade de gestão empresarial, por outro lado. A reserva da intimidade da vida privada do trabalhador não prejudica a possibilidade de o empregador estabelecer regras de utilização dos meios de comunicação e das tecnologias de informação e de comunicação manuseados na empresa, nomeadamente através da imposição de limites, tempos de utilização, acessos ou sítios vedados aos trabalhadores[239].

5. O incumprimento por parte do trabalhador das regras de utilização fixadas pelo empregador consubstancia uma infração disciplinar, mas não legitima a violação, pelo empregador, do direito à confidencialidade a que se refere o n.º 1 do artigo 22.º. Admite-se, por outro lado, que a invocação pelo trabalhador do direito à confidencialidade previsto no n.º 1 como forma de justificar o cumprimento defeituoso do contrato ou a inobservância das regras de utilização fixadas nos termos do n.º 2 possa constituir uma hipótese típica de abuso de direito (artigo 334.º do Código Civil)[240].

[239] Sobre a possibilidade de o empregador poder estabelecer regras de utilização dos meios de comunicação na empresa, veja-se Pedro Romano Martinez, *Direito do Trabalho*, cit., p. 380.

[240] Sobre o tema, Guilherme Dray, "Direito ao respeito pela vida privada no âmbito das relações laborais II", cit., 1493-1510. No mesmo sentido, Joana Vasconcelos, *O Contrato de*

6. Em termos jurisprudenciais, o Supremo Tribunal de Justiça, em acórdão de 5 de julho de 2007, considerou ilícita a utilização pelo empregador de uma mensagem de correio eletrónico de cariz pessoal de uma trabalhadora trocada com outra colega, para fundamentar um despedimento com justa causa. Nesse mesmo aresto, o STJ determinou que "*Não são apenas as comunicações relativas à vida familiar, afectiva, sexual, saúde, convicções políticas e religiosas do trabalhador mencionadas no artigo 16.º, n.º 2 do CT que revestem a natureza de comunicações de índole pessoal*", e que "*A tutela legal e constitucional da confidencialidade da mensagem pessoal (arts. 34.º, n.º 1, 32.º, n.º 8 e 18.º da CRP, 194.º, n.ºs 2 e 3 do CP e 21.º do CT) e a consequente nulidade da prova obtida com base na mesma, impede que o envio da mensagem com aquele conteúdo possa constituir o objecto de processo disciplinar instaurado com vista ao despedimento da trabalhadora, acarretando a ilicitude do despedimento nos termos do artigo 429.º, n.º 3 do CT*".

No mesmo sentido, em acórdão de 7 de março de 2012, o Tribunal da Relação de Lisboa considerou que "*Face à inexistência de qualquer regulamentação prévia para a utilização pessoal e profissional da Internet por parte dos trabalhadores da Ré verifica-se o acesso e conhecimento indevidos e ilícitos por parte da empresa ao conteúdo de conversas de teor estritamente pessoal da Apelada com três amigas e o marido/namorado, numa situação que se pode equiparar, de alguma maneira, à audição de vários telefonemas particulares (no fundo, uma espécie de "escutas" ilegais) ou à leitura de cartas dessa mesma índole, sem que, quer o remetente, como o destinatário, tenham dado o seu consentimento prévio a tal "visionamento" escrito das ditas conversas artigos 15.º e 21.º e 16.º e 22.º dos Código do Trabalho de 2003 e 2009. (...) O facto das referidas conversas/mensagens electrónicas se acharem guardadas no servidor central da Ré, a ela pertencente, não lhes retira, por um lado, a sua natureza pessoal e confidencial*"[241].

7. Recorda-se, também, pela sua importância, o caso *Bărbulescu v. Romania*, de 12 de janeiro de 2016, do Tribunal Europeu dos Direitos do Homem (TEDH), por ser um dos casos mais emblemáticos pela sua novidade e proximidade com o novo mundo tecnológico[242].

Trabalho – 100 Questões, cit.

241 Acórdãos disponíveis na página www.dgsi.pt

242 Veja-se, a este propósito, GUILHERME DRAY, "Direito ao respeito pela vida privada no âmbito das relações laborais II", cit., pp. 1505-1507. Nessa obra, o autor enuncia outros acórdãos proferidos pelo Tribunal Europeu dos Direitos do Homem a propósito do direito à resewrva

8. No essencial, estava em causa a utilização por parte do empregador, para efeitos disciplinares, de um conjunto de mensagens de cariz pessoal enviadas por um trabalhador através do sistema de Messenger da empresa, em violação do regulamento interno corporativo, que proibia a utilização daquele sistema para uso pessoal e não profissional. Mediante decisão de 5 de setembro de 2017, a *Grand Chamber* do TEDH sublinhou que o envio de comunicações, a partir das instalações da empresa, está coberto pelo conceito de "*vida privada*" e de "*correspondência*", e recordou que a existência de uma expectativa de privacidade é determinante para se apurar se houve, ou não, violação do direito à reserva da privacidade aquando da utilização de mensagens do trabalhador usadas com recurso à internet a partir das instalações da empresa. Neste caso, o TEDH concluiu que o direito à privacidade da correspondência do trabalhador não foi assegurado e que, consequentemente, o artigo 8.º da Convenção Europeia dos Direitos do Homem, que garante a reserva da intimidade da vida privada, foi violado.

9. Já nos Estados Unidos da América, recorda-se o caso *City of Ontario v. Quon* (2009)[243]. No essencial, o *Supreme Court* analisou a possibilidade de a *Fourth Amendment*, que proíbe buscas e apreensões irrazoáveis e não autorizadas ("*unreasonable searches and seizures*") também se aplicar às inspeções conduzidas pelo governo na sua qualidade de empregador. O Tribunal disse que, embora os funcionários públicos também fossem protegidos pela *Fourth Amendment*, a inspeção era razoável e constitucional e que outras inspeções no espaço de trabalho dos funcionários públicos, quando aplicável, eram igualmente permitidas, desde que estivessem razoavelmente relacionadas com o âmbito do trabalho. O caso estava relacionado com a utilização de "*pagers*" (equipamentos que permitem o contacto por mensagens pelos utilizadores) adquiridos pela cidade de Ontário e distribuídos aos agentes do Departamento de Polícia de Ontário, incluindo *Jeff Quon*. Os agentes foram informados de que os seus textos podiam ser alvo de inspeção em qualquer "*pager*" que excedesse um número de caracteres por mês. Quando *Quon* excedeu

da intimidade da vida privada previsto no artigo 8.º da Convenção Europeia dos Direitos do Homem.

243 Disponível em https://www.supremecourt.gov/opinions/09pdf/08-1332.pdf

o limite pela primeira vez, um superior disse que *Quon* devia reembolsar a cidade pela taxa para evitar uma auditoria. Como *Quon* não o fez, o chefe do Departamento de Polícia decidiu rever os seus textos para determinar se o limite mensal era demasiado baixo ou se os excedentes resultavam do uso daquele equipamento para fins pessoais. Como resultado desta decisão, as mensagens de *Quon* e de outros oficiais foram revistas durante um período de 2 meses. A transcrição revelou que a grande maioria dos textos do *Quon* eram pessoais e alguns de teor sexual. *Quon* foi disciplinarmente sancionado por violar as regras policiais. *Quon* apresentou subsequentemente um processo contra o Município e contra o Departamento de Polícia, alegando que a revisão dos seus textos constituía uma inspeção não razoável, em violação *da Fourth Amendment.*O Tribunal Distrital decidiu contra *Quon*, afirmando que a inspeção era razoável. O *Ninth Circuit* inverteu a decisão e o *Supreme Court* decidiu a favor do Município.

10. No caso *Stengart v. Loving Care Agency, Inc.* (2010), o Supremo Tribunal de *New Jersey* decidiu no sentido do direito à privacidade e confidencialidade relativamente a mensagens de conteúdo pessoal enviadas através do e-mail corporativo da empresa, com uso dos computadores da empresa e beneficiando da internet paga pela mesma.

O caso *Stengart v. Loving Care Agency*, Inc. surge na sequência de uma ação judicial apresentada por *Marina Stengart* contra o seu empregador, *Loving Care*, o qual acedeu aos emails trocados entre *Stengart* e o seu advogado, acesso esse que foi feito através de um programa instalado no computador fornecido pela empresa, que gravava as palavras-passes dos seus trabalhadores. Basicamente, a empresa acedeu ao *laptop* da sua trabalhadora para aceder à *password* do respetivo email pessoal numa conta da *Yahoo*, através da qual a trabalhadora comunicava com o seu advogado sobre a sua situação na empresa. Os emails acedidos continham, todas eles, uma legenda informando os leitores sobre a sua confidencialidade, dizendo que tal informação era "*intended only for the personal and confidential use of the designated recipient" of the e-mail, which may be a "privileged and confidential" attorney-client communication*". O empregador, ainda assim, acedeu e utilizou tais mensagens, dizendo que o trabalhador não podia ter uma "*expectativa de privacidade, quer porque foram utilizadas através do computador da empresa, quer porque a possibilidade de acesso ao conteúdo destas mensagens constava da política de comunicações da empresa* (*"in light of the company's policy on electronic communications"*). O tribunal de circuito decidiu que, à luz da política de comunicações electrónicas do empregador, *Stengart* tinha renunciado ao privilégio advogado-cliente ao enviar e-mails num computador da empresa, não podendo ter uma expectativa quanto à sua confidencialidade.

A *Appellate Division* anulou o tribunal de primeira instância e o *Supreme Court* afirmou unanimemente a decisão da *Appellate Division*, determinando que, apesar das mensagens terem sido enviadas através de um computador da empresa, o trabalhador continuava a ter uma expectativa de privacidade quanto ao respetivo conteúdo – *"Under the circumstances, Stengart could reasonably expect that e-mail communications with her lawyer through her personal, password-protected, web-based e-mail account would remain private, and that sending and receiving them using a company laptop did not eliminate the attorney-client privilege that protected them"*.

11. Em suma: em nome do personalismo ético que vivifica o Direito do Trabalho e tendo em vista a preservação dos direitos de cidadania do trabalhador, em ambos os sistemas jurídicos – em Portugal e nos Estados Unidos da América – encontramos um conjunto muito significativo de direitos de personalidade laborais. Este grupo de direitos, a par do regime da igualdade e não discriminação, forma um conjunto articulado de direitos de cidadania e um núcleo de direitos irredutíveis, que visam garantir que o trabalhador continua a ser um cidadão, cujos direitos de cidadania importa acautelar, não obstante o mesmo prestar a sua atividade em regime de subordinação jurídica e económica e em situação de dependência pessoal.

12. O regime dos direitos de personalidade laboral tem, pois, esta dupla virtude: permite proteger o trabalhador enquanto tal, ou seja, enquanto trabalhador, mas também o cidadão que precede e que sucede o trabalhador, antes e depois da execução do contrato de trabalho; antes e depois do início da jornada de trabalho.

13. Vejamos, agora, o regime da igualdade e não discriminação, que complementa o regime dos direitos de personalidade quanto à tutela da cidadania do trabalhador.

Parte III – Igualdade e não discriminação

1. Enquadramento geral

1. É um dado adquirido, atualmente, que a igualdade e não discriminação faz parte do ideal democrático e, em termos internacionais, está acolhida em diversos textos juridicamente relevantes[244]: na *Declaração Universal dos Direitos do Homem*, de 1948[245], na *Convenção sobre a Eliminação de Todas as Formas de Discriminação Racial*, de 1965[246], no *Pacto Internacional de Direitos Civis e Políticos*, de 1966[247], no *Pacto Internacional de Direitos Económicos, Sociais e Culturais*, tam-

[244] Veja-se, a este propósito, Guilherme Dray, *A influência dos Estados Unidos da América na Afirmação do Princípio da Igualdade no Emprego nos Países da Lusofonia*, Almedina, Coimbra, 2016, pp. 5 e ss; e *The Influence of the United States of America on Reaffirming the Principle of Equality Portuguese Speaking Countries*, cit., pp. 5-6, cujos textos se seguem.

[245] O artigo 1.º da *Declaração Universal dos Direitos do Homem*, aprovada em 10 de dezembro de 1948 pela Assembleia Geral das Nações Unidas, determina que "*todos os seres humanos nascem livres e iguais em dignidade e em direitos*", afirmando-se no artigo 2.° que "*todos os seres humanos podem invocar os direitos e as liberdades proclamados na presente Declaração, sem distinção alguma, nomeadamente de raça, de cor, de sexo, de língua, de religião, de opinião política ou outra, de origem nacional ou social, da fortuna, de nascimento ou de qualquer outra situação*".

[246] O artigo 5.º da *Convenção sobre a Eliminação de Todas as Formas de Discriminação Racial*, aprovada em 21 de dezembro de 1965 pela Assembleia Geral das Nações Unidas, determina que os Estados se obrigam a "*proibir e a eliminar a discriminação racial, sob todas as formas, e a garantir o direito de cada um à igualdade perante a lei sem distinção de raça, de cor ou de origem nacional ou étnica*", nomeadamente no exercício do "*direito ao trabalho*" e à "*livre escolha do trabalho*".

[247] O artigo 2.° *do Pacto Internacional de Direitos Civis e Políticos*, aprovado em 16 de dezembro de 1966 pela Assembleia Geral das Nações Unidas, determina que os Estados se comprometem a "*respeitar e garantir a todos os indivíduos que se encontrem nos seus territórios e estejam sujeitos à sua*

bém de 1966[248], na *Convenção sobre a Eliminação de Todas as Formas de Discriminação Contra as Mulheres*, de 1979[249], em diversas convenções da Organização Internacional do Trabalho[250] e em tratados ou declarações de direitos de certos blocos regionais, nomeadamente no *Tratado da União Europeia*[251], na *Carta dos Direitos Fundamentais da União Europeia*[252] e na *Carta Africana dos Direitos do Homem e dos Povos*[253].

jurisdição os direitos reconhecidos (...) sem qualquer distinção, derivada, nomeadamente, de raça, de cor, de sexo, de língua, de religião, de opinião política, ou de qualquer outra opinião, de origem nacional ou social, de propriedade ou de nascimento, ou de qualquer outra situação". Ademais, estabelece-se no artigo 26.° a proibição das discriminações e a proteção de todas as pessoas contra toda a espécie de discriminação, nomeadamente *"por motivos de raça, de cor, de sexo, de língua, de religião, de opinião política ou de qualquer outra opinião, de origem nacional ou social, de propriedade, de nascimento ou qualquer outra situação"*.

[248] O artigo 2.º, n.º 2, do *Pacto Internacional de Direitos Económicos, Sociais e Culturais*, aprovado em 16 de dezembro de 1966, pela Assembleia Geral das Nações Unidas, determina que *"os Estados Parte no presente Pacto comprometem-se a garantir que os direitos nele enunciados serão exercidos sem discriminação alguma baseada em motivos de raça, cor, sexo, língua, religião, opinião política ou qualquer outra opinião, origem social, fortuna, nascimento, qualquer outra situação"*.

[249] O artigo 2.º da *Convenção sobre a Eliminação de Todas as Formas de Discriminação Contra as Mulheres*, aprovada em 17 de dezembro de 1979, pela Assembleia Geral das Nações Unidas, estabelece que os *"Estados Partes condenam a discriminação contra as mulheres sob todas as suas formas"* e *"acordam em prosseguir, por todos os meios apropriados e sem demora, uma política tendente a eliminar a discriminação contra as mulheres"*.

[250] No domínio específico do acesso ao emprego, destacam-se a Convenção da OIT n.º 111, de 1958, referente à Discriminação no Emprego e Profissão, e a Convenção da OIT n.º 156, de 1981, relativa à Igualdade de Oportunidades e Tratamento para os Trabalhadores de Ambos os Sexos. A matéria da igualdade e não discriminação integra o eixo criado por esta Organização e por esta apelidado de *"Decent Work"*, cujo objetivo essencial é o seguinte: *"ensure that people can find work, which is essential to moving out of poverty; and that the work they find is "decent" – terms of providing a living for the worker and for his or her family, to being carried out under reasonable conditions and above all to ensuring that worker's fundamental rights are respected"* – veja-se, a este propósito, Lee Swepston, "ILO Standards and Globalization", *Bulletin of Comparative Labour Relations*, Wolters Kluwer Law & Business, Netherlands, n.º 55, 2005, pp. 11 e ss. (p. 12).

[251] Recorda-se que o artigo 2.º do Tratado da União Europeia, com a redação que lhe foi dada pelo artigo 1.º-A do Tratado de Lisboa, de 1 de dezembro de 2009, determina que *"A União funda-se nos valores do respeito pela dignidade humana, da liberdade, da democracia, da igualdade, do Estado de Direito e do respeito pelos direitos do Homem, incluindo os direitos das pessoas pertencentes a minorias. Estes valores são comuns aos Estados membros, numa sociedade caracterizada pelo pluralismo, a não discriminação, a tolerância, a justiça, a solidariedade e a igualdade entre homens e mulheres"*.

[252] O artigo 21.º da *Carta dos Direitos Fundamentais da União Europeia*, adotada em 7 de dezembro de 2000 pelo Parlamento Europeu, pelo Conselho Europeu e pela Comissão Europeia, com as adaptações que lhe foram introduzidas em 12 de dezembro de 2007, em Estrasburgo,

2. A igualdade e não discriminação é, igualmente, determinante no domínio do trabalho e emprego[254]. Nos países ocidentais, seja nos que pertencem à família jurídica romano-germânica, seja nos que pertencem à da *common law*, a igualdade no acesso ao emprego faz parte daquilo a que alguns autores chamam de *princípios de cidadania* (*"principles of citizenship")*: o princípio da "*full citizenship*", ou seja, a ideia segundo a qual todos os membros da comunidade devem poder exercer de forma livre as suas liberdades básicas, em consonância com a liberdade e a igualdade dos demais, e o princípio da "*equal citizenship*", segundo o qual todos os membros da comunidade beneficiam de idêntica posição (*"enjoy equal standing")* perante o Governo [255]. Como sublinham George A. Rutherglen e John J. Donohue III, as leis sobre "*employment discrimination*" fazem parte de um todo mais abrangente que envolve as leis sobre os direitos civis (*"civil rights law")* e, tal como estes, a sua origem pode ser reconduzida aos "*constitutional amendments*" aprovados nos Estados Unidos da América no rescaldo da "*Civil War*"[256]. A disciplina que ora se propõe assenta nesta convicção: a de que estamos a falar de um tema de cidadania que é atual e essencial para a afirmação da liberdade dos cidadãos.

estabelece que "É proibida a discriminação em razão, designadamente, do sexo, raça, cor ou origem étnica ou social, características genéticas, língua, religião ou convicções, opiniões políticas ou outras, pertença a uma minoria nacional, riqueza, nascimento, deficiência, idade ou orientação sexual".

[253] O artigo 2.º da *Carta Africana dos Direitos do Homem e dos Povos*, aprovada pela Conferência dos Chefes de Estado e de Governo membros da União Africana, a 26 de julho de 1981, determina que *"Toda a pessoa tem direito ao gozo dos direitos e liberdades reconhecidos e garantidos na presente Carta, sem nenhuma distinção, nomeadamente de raça, de etnia, de cor, de sexo, de língua, de religião, de opinião política ou de qualquer outra opinião, de origem nacional ou social, de fortuna, de nascimento ou de qualquer outra situação"*. Por outro lado, o artigo 15.º reconhece o direito ao trabalho em condições equitativas e satisfatórias e o direito a receber um salário igual para trabalho igual.

[254] Cf. Bernardo Lobo Xavier, *Manual de Direito do Trabalho*, pp. 597 e ss.

[255] Cf. Nelson Tebbe, "Religion and Marriage Equality Statutes", *Harvard Law & Policy Review*, Volume 9, Number 1, Winter 2015, Cambridge, Massachusetts, 2015, pp. 25 e ss. (35-36).

[256] Cf. George A. Rutherglen / John J. Donohue III, *Employment Discrimination*, cit., p. 1. Os autores recordam que os referidos "*Reconstruction amendments broadly prohibited racial discrimination several different forms: the Thirteenth Amendment abolished slavery; the Fourteenth Amendment required the states to observe the requirements of due process end equal protection; and the Fifteenth Amendment prohibited racial discrimination voting. The meaning of these amendments, and particularly the Fourteenth Amendment, has had a long and contentious history, eventually resulting the constitutional prohibitions against racial discrimination by government which are familiar to us today*".

E a igualdade e não discriminação, desde a sua afirmação, na sequência das revoluções liberais, é absolutamente determinante para esse efeito.

3. Na sequência das revoluções liberais que ocorreram no final do século XVIII, a afirmação do princípio da igualdade surge, desde logo, na *Declaration of Independence* dos Estados Unidos da América, de 1776, onde se declara que "*all men are created equal, that they are endowed by their Creator with certain unalienable rights, that among these are life, liberty and the pursuit of happiness*". Por outro lado, sobre o mesmo tema, são igualmente emblemáticos, o *Bill of Rights* do Estado da *Virginia*, aprovado separadamente da Constituição, de 12 de junho de 1776, bem como a Constituição do Estado do *Massachusetts*, de 1780. O *Bill of Rights* da *Virginia*, ou *The Virginia Declaration of Rights*, da autoria de George Mason, por ser o primeiro diploma do género, tornou-se num modelo nacional – a propósito do princípio da igualdade, afirmava que "*all men are by nature equally free and independent and have certain inherent rights*"[257]; a Constituição do Estado do Massachusetts, por sua vez, adotou uma fórmula mais clara e universal, determinando que "*All men are born free and equal, and have certain natural, essential, and unalienable rights*" [258]. Esta é, de resto, a fórmula que viria a ser acolhida na *Déclaration des Droits de L'Homme et du Citoyen* francesa, de 1789 – "*les hommes naissent et demeurent libres et égaux en droits*". A partir de então, o princípio da igualdade passa a constar da generalidade das constituições dos Estados modernos, sem mais recuar.

4. A afirmação do princípio da igualdade não mais deixou de vingar. Como afirma Stefan Gosepath, "*pelo menos desde a Revolução francesa, a igualdade*

[257] O texto completo dispunha que: "*Section 1. That all men are by nature equally free and independent and have certain inherent rights, of which, when they enter into a state of society, they cannot, by any compact, deprive or divest their posterity; namely, the enjoyment of life and liberty, with the means of acquiring and possessing property, and pursuing and obtaining happiness and safety*", disponível em http://www.archives.gov/exhibits/charters/virginia_declaration_of_rights.html, acesso em agosto de 2015.

[258] O texto completo dispunha que: "*Article I.* All men are born free and equal, and have certain natural, essential, and unalienable rights; among which may be reckoned the right of enjoying and defending their lives and liberties; that of acquiring, possessing, and protecting property; fine, that of seeking and obtaining their safety and happiness". Disponível em https://malegislature.gov/Laws/Constitution, acesso em agosto de 2015.

sempre serviu como um dos principais ideais da ação política", em termos tais que "*O princípio da igual dignidade e respeito é hoje aceite como um 'minimum standard' em toda a cultura ocidental*"[259].

Trata-se, pois, de um elemento absolutamente determinante no que tange à afirmação da cidadania no trabalho.

5. A ideia de igualdade resulta, também, como assinala Amartya Sem, da ideia de Justiça – um dos princípios de justiça *rawlsiano* assenta precisamente na ideia de que as oportunidades devem estar abertas a todos, "*sem que alguém fique excluído ou tolhido, por exemplo, por motivos de raça, etnia, casta ou religião*"[260]. E, como recorda Richard Arneson, a igualdade, nesta perspetiva *rawlsiana*, é vista de forma substantiva (*substantive equality of opportunity*), como a faculdade atribuída a todos os cidadãos de terem acesso às mesmas oportunidades, com base nos respetivos méritos e talentos[261].

6. É neste contexto que se devem compreender os textos constitucionais dos Estados Modernos, que afirmam, todos eles, o princípio da igualdade e a proibição de discriminação, nomeadamente no acesso ao emprego.

7. A Constituição portuguesa de 1976 acolhe a ideia de igualdade perante a lei enquanto princípio material unitário, que abrange, quer a *interdição de privilégios e discriminações*, quer a *obrigação de diferenciação*, como forma de compensação das desigualdades sociais. O princípio da igualdade está previsto, enquanto princípio geral, no artigo 13.º da Constituição portuguesa, segundo a qual todos os cidadãos têm a mesma dignidade social e são iguais perante a lei e ninguém pode ser privilegiado, beneficiado, prejudicado, privado de qualquer direito ou isento de qualquer dever em razão de ascendência, sexo,

259 Cf. Stefan Gosepath, "Equality", *The Stanford Encyclopedia of Philosophy* Spring 2011 Edition, Edward N. Zalta ed., disponível em: http://plato.stanford.edu/archives/spr2011/entries/equality/ acesso em 20 de setembro de 2013, p. 1 e p. 8.

260 Cf. Amartya Sen, *A ideia de justiça*, Coimbra, Almedina, 2012, p. 106.

261 Cf. Richard Arneson, "Equality of Opportunity", *The Stanford Encyclopedia of Philosophy* Fall 2008 Edition, Edward N. Zalta ed., disponível em: http://plato.stanford.edu/archives/fall2008/entries/equal-opportunity/ acesso em 27 de setembro de 2013, p. 8.

raça, língua, território de origem, religião, convicções políticas ou ideológicas, instrução, situação económica, condição social ou orientação sexual[262].

8. Para além de conter uma proibição genérica de discriminação, o princípio da igualdade assume também, na Constituição portuguesa, nomeadamente nos artigos 9.º e 81.º, uma *função social*, que pressupõe o dever de eliminação ou atenuação das desigualdades sociais, económicas e culturais, tendo em vista a prossecução de uma igualdade jurídico-material ou de uma igualdade real[263]. Nesse sentido, o artigo 9.º determina que incumbe ao Estado "*promover o bem-estar e a qualidade de vida do povo e a igualdade real dos portugueses (...)*" (artigo 9.º, alínea *d)*), ao passo que o artigo 81.º determina que incumbe prioritariamente ao Estado "*Promover a justiça social, assegurar a igualdade de oportunidades e operar as necessárias correções das desigualdades na distribuição da riqueza e do rendimento, nomeadamente através da política fiscal*".[264]. A Constituição portuguesa consagra assim, no seu sistema de valores, o Estado Social de Direito[265], e é nesse contexto que se compreende também a consagração de diversos *direitos sociais*[266], por natureza diferenciadoras, que surgem como verdadeiras "*discriminações positivas*"[267].

9. Por fim: é neste enquadramento que se compreende, também, no seio da própria Constituição, a consagração de normas que se aplicam a determinados tipos ou categorias de pessoas tendencialmente mais vulneráveis,

262 Veja-se, a este propósito, a anotação de Jorge Miranda e Rui Medeiros, ao artigo 1.º da Constituição, em *Constituição da República Portugusa Anotada, Tomo I*, cit., pp. 113 e ss.

263 Veja-se, a este propósito, João Filipe Moreira Sabino, "Os Direitos Fundamentais nas Relações de Trabalho", *Direitos Humanos e Direito do Trabalho*, Flávia Piovesan / Luciana Paula Vaz de Carvalho (coord.), Editora Atlas, São Paulo, 2010, pp. 64 e ss.

264 Veja-se, a este propósito, Guilherme Dray, "Igualdade e não discriminação.", *Separata de Código do Trabalho, a Revisão de 2009*, Coimbra Editora, Coimbra, 2009, pp.123-138; "O Sentido Jurídico do Princípio da Igualdade: Perspectiva Luso-Brasileira", *Revista Brasileira de Direito Constitucional, n.º 2*, Jul./Dez. de 2003: pp.113-137; e *O Princípio da Igualdade no Direito do Trabalho – sua aplicabilidade no domínio específico da formação de contratos individuais de trabalho*, cit..

265 Veja-se, a este propósito, Guilherme Dray, *Welfare, Equality & Democracy*, Almedina, Coimbra, 2018, pp. 37-41, p. 40.

266 Sobre os direitos sociais, veja-se Jorge Reis Novais, *Direitos Sociais. Teoria Jurídica dos Direitos Sociais enquanto Direitos Fundamentais*, Coimbra Editora, Coimbra, 2010.

267 Cf. Jorge Miranda, *Manual de Direito Constitucional*, Tomo IV, *Direitos Fundamentais*, pp. 237 ss., que exemplifica alguns fenómenos de "discriminações positivas" previstos na Constituição.

como sejam as crianças, as mulheres grávidas, os jovens, os deficientes ou, enquanto categoria unitária e transversal, os trabalhadores. Foi, pois, com base neste entendimento e no âmbito da indicada meta político-constitucional de prossecução de uma igualdade real[268] que a revisão constitucional de 1982 autonomizou um capítulo (Capítulo III do Título II – artigos 53.° a 57.°) especificamente dedicado aos direitos, liberdades e garantias dos trabalhadores, dando corpo à habitualmente denominada "Constituição Laboral", garantindo em simultâneo, a par daqueles direitos de caráter precetivo, "direitos de crédito" previstos no Capítulo I do Título III, na parte atinente aos direitos económicos, sociais e culturais (artigos 58.° e 59.°)[269].

10. A ideia é, pois, a de promover uma igualdade real entre os cidadãos, através da concessão de especiais direitos de tutela, neste caso aos trabalhadores, tidos como uma categoria de cidadãos que, pelo menos tendencialmente, se encontra numa situação de inferioridade suscetível de pôr em causa a sua liberdade individual, designadamente a sua liberdade negocial. E é por essa razão, como acima se enunciou, que do artigo 13.°, n.° 1, decorre não apenas a possibilidade de o legislador operar discriminações e diferenciações tendentes à promoção de uma igualdade substancial e real entre os cidadãos mas, mais do que isso, uma verdadeira imposição nesse sentido.

11. É nesse contexto que se podem extrair dois sentidos do princípio da igualdade previsto na Constituição: um *sentido negativo*, que consiste na proibição de privilégios e de distinções, na proibição do arbítrio e da discriminação; e um *sentido positivo*, do qual resulta a obrigatoriedade de tratamento desigual de situações desiguais como forma de compensar a desigualdade de oportunidades[270], em nome da *justiça social*.

[268] Veja-se, a este propósito, João Filipe Moreira Sabino, "Os Direitos Fundamentais nas Relações de Trabalho", Direitos Humanos e Direito do Trabalho, Flávia Piovesan / Luciana Paula Vaz de Carvalho (coord.), Editora Atlas, São Paulo, 2010, pp. 64 e ss.

[269] Sobre a distinção entre "direitos, liberdades e garantias" e "direitos económicos, sociais e culturais", v. Jorge Miranda, "O regime dos direitos, liberdades e garantias", *Estudos Sobre a Constituição*, III, pp. 41 ss.

[270] Guilherme Dray, *O Princípio da Igualdade no Direito do Trabalho*, cit., p. 107, e "O Sentido Jurídico do Princípio da Igualdade: Perspectiva Luso-Brasileira", *Revista Brasileira de Direito Constitucional*, cit., p.117.

12. Em suma: a Constituição de 1976 afirma, quer a *igualdade perante a lei*, quer a *igualdade real* dos portugueses; quer um *sentido negativo de igualdade*, enquanto vedação de privilégios e de discriminações e proibição do arbítrio, quer um *sentido positivo*, que assenta na prossecução da aludida *igualdade real*, através da imposição de discriminações positivas, designadamente em matéria de emprego.

Para além da invocação geral do princípio constitucional da igualdade, previsto no artigo 13.º da Constituição, o princípio da igualdade no acesso ao emprego e no trabalho encontra-se previsto no Código do Trabalho português. E encontra-se previsto, mais uma vez, numa lógica de proteção dos direitos de cidadania do trabalhador e do candidato a emprego.

2. A igualdade no Código do Trabalho

1. O Código do Trabalho trata do tema da igualdade no acesso ao emprego e no trabalho de forma abrangente e unitária, ampliando, de resto, o elenco constitucional de fatores suscetíveis de fundamentar uma prática discriminatória – à luz do Código do Trabalho, a *orientação* sexual, o *património genético*, a *capacidade de trabalho reduzida*, a *doença crónica* e a *filiação sindical* são, também, elementos distintivos que não podem constituir motivo de discriminação, apesar de os mesmos não constarem do referido artigo 13.º da Constituição[271].

2. No essencial, o Código português proíbe a discriminação *direta* e a discriminação *indireta* (artigos 23.º e 25.º); garante o direito à igualdade no acesso ao emprego e no trabalho (artigo 24.º); consagra a regra da inversão do ónus da prova em caso de invocação de prática discriminatória (artigo 25.º); proíbe a existência de regras de convenções coletivas de trabalho ou de regulamentos internos da empresa contrários ao princípio da igualdade e não discriminação (artigo 26.º); admite a adoção de medidas de ação positiva que

[271] Veja-se, nomeadamente, a propósito da igualdade retributiva, da igualdade em função do género e da igualdade em função da idade, Bernardo Lobo Xavier, *Manual de Direito do Trabalho*, pp. 597 e ss., 897 e ss. e 901 e ss., respetivamente. Sobre o princípio da igualdade e da não discriminação no trabalho e emprego, em geral, veja-se Menezes Cordeiro, *Direito do Trabalho*, cit., pp. 47 e ss. e 226 e ss.

beneficiem certo grupo tradicionalmente desfavorecido (artigo 27.º); consagra o ressarcimento de danos patrimoniais e não patrimoniais em caso de prática discriminatória (artigo 28.º); proíbe o assédio, nomeadamente o assédio sexual (artigo 29.º); e contém, ainda, uma série de disposições relativas à igualdade e não discriminação em função do sexo (artigos 30.º a 32.º)[272].

3. O artigo 23.º do Código do Trabalho, que inicia a Secção sobre a igualdade e não discriminação, contém os principais conceitos em matéria de igualdade e não discriminação, que devem ser manuseados no âmbito da presente disciplina. As alíneas a) e b), do n.º 1 daquele preceito contêm os conceitos de *discriminação direta* e *indireta*, que se filiam nos conceitos de *disparate treatment* e de *disparate impact* resultantes do *Civil Rights Act of 1964* estado-unidense[273], devendo ser articulados com os artigos 24.º e 25.º, que contêm os fatores de discriminação a que se refere o presente preceito: haverá *discriminação direta* sempre que, em razão de um dos fatores de discriminação indicados no artigo 24.º e 25.º, uma pessoa seja sujeita a tratamento menos favorável do que aquele que é, tenha sido ou venha a ser dado a outra pessoa em situação comparável; e *discriminação indireta* sempre que uma disposição, critério ou prática aparentemente neutro seja suscetível de colocar pessoas que se incluam num dos fatores característicos indicados nos referidos preceitos legais numa posição de desvantagem comparativamente com outras, a não ser que essa disposição, critério ou prática seja objetivamente justificado por um fim legítimo e que os meios para o alcançar sejam adequados e necessários[274].

[272] Sobre o Código do Trabalho português e os preceitos legais relativos à igualdade e não discriminação, veja-se as anotações de Guilherme Dray, *Código do Trabalho Anotado*, 13.ª edição, Pedro Romano Martinez, Luís Miguel Monteiro, Joana Vasconcelos, Pedro Madeira de Brito, Guilherme Dray *e* Luís Gonçalves da Silva, cit., pp. 122 e ss., que se seguem de perto.

[273] Sobre o conceito de igualdade inserido no Title VII do *Civil Rights Act*, veja-se, nomeadamente, Patrick J. Cihon e James Ottavio Castagnera, *Employment and Labor Law*, cit., pp. 119 e ss.

[274] Veja-se a anotação de Guilherme Dray ao artigo 23.º do Código do Trabalho, em *Código do Trabalho Anotado*, 13.ª edição, Pedro Romano Martinez, Luís Miguel Monteiro, Joana Vasconcelos, Pedro Madeira de Brito, Guilherme Dray e Luís Gonçalves da Silva, cit., pp. 122-124.

4. Trata-se, de resto, de conceitos sedimentados em termos doutrinários e jurisprudenciais e acolhidos em diversas diretivas da União Europeia, nomeadamente, nas diretivas n.º 2000/43/CE (diferença de raça ou de origem étnica), n.º 2000/78/CE (igualdade no emprego), n.º 2002/73/CE (igualdade de tratamento entre homens e mulheres no que se refere ao acesso ao emprego, à formação e promoção profissionais e às condições de trabalho), n.º 2004/113 (acesso a bens e serviços) e n.º 2006/54 (igualdade de tratamento). No mesmo sentido, o Pilar Europeu dos Direitos Sociais estabelece a igualdade de oportunidades e acesso ao mercado de trabalho, estabelecendo que independentemente do género, origem racial ou étnica, religião ou crença, deficiência, idade ou orientação sexual, todos têm direito a tratamento igualitário e iguais oportunidades relativas ao emprego, proteção social, educação e acesso a bens e serviços disponíveis ao público. A igualdade de oportunidades de grupos sub-representados deve ser fomentada (Capítulo I, Princípio 3).

5. Os conceitos referidos nas alíneas *c) (trabalho igual)* e *d) (trabalho de valor igual)* do citado artigo 23.º, n.º 1, estão igualmente sedimentados, em termos doutrinários e jurisprudenciais. A sua importância é significativa, nomeadamente, para efeitos de apuramento de práticas discriminatórias em sede retributiva e ao nível da concretização do princípio a trabalho igual, salário igual. A este propósito, importa relacionar este preceito com dois outros artigos do Código do Trabalho: o artigo 31.º[275], a propósito da igualdade de condições de trabalho, e o artigo 270.º[276], que fixa o seguinte critério de determinação da retribuição: na determinação do valor da retribuição deve ter-se em conta a quantidade, natureza e qualidade do trabalho, segundo o princípio de que, para trabalho igual ou de valor igual, salário igual.

[275] Veja-se a anotação de Guilherme Dray ao artigo 31.º do Código do Trabalho, em *Código do Trabalho Anotado*, 13.ª edição, Pedro Romano Martinez, Luís Miguel Monteiro, Joana Vasconcelos, Pedro Madeira de Brito, Guilherme Dray e Luís Gonçalves da Silva, cit., pp. 149-151, que se segue de perto.

[276] Veja-se a anotação de Joana Vasconcelos ao artigo 270.º do Código do Trabalho, em *Código do Trabalho Anotado*, 13.ª edição, Pedro Romano Martinez, Luís Miguel Monteiro, Joana Vasconcelos, Pedro Madeira de Brito, Guilherme Dray e Luís Gonçalves da Silva, cit., pp. 666-667, que se segue de perto.

6. A nível jurisprudencial, a propósito da igualdade retributiva, recordam-se os acórdãos do Supremo Tribunal de Justiça, respetivamente de 6 de dezembro de 2004, de 13 de abril de 2005, de 7 de novembro de 2007 e de 14 de maio de 2008[277]. Sobre a possibilidade de serem promovidas diferenças salariais que não sejam discriminatórias, nomeadamente em função da produtividade, recorda-se o acórdão do Supremo Tribunal de Justiça de 3 de maio de 2004, de onde se retira que o princípio constitucional da igualdade retributiva (artigo 59.º, n.º 1, alínea *a)*) implica a inadmissibilidade de um tratamento salarial diferenciado pelo sexo ou por outros fatores discriminatórios, mas já comporta a individualização de salários com base no mérito ou no rendimento, desde que sejam apurados mediante critérios e métodos objetivos e explícitos[278].

3. Igualdade no acesso ao emprego e no trabalho

1. O artigo 24.º do Código do Trabalho, sob a epígrafe "*direito à igualdade no acesso a emprego e no trabalho*", afirma que o trabalhador ou candidato a emprego tem direito a igualdade de oportunidades e de tratamento no que se refere ao acesso ao emprego, à formação e promoção ou carreira profissionais e às condições de trabalho, não podendo ser privilegiado, beneficiado, prejudicado, privado de qualquer direito ou isento de qualquer dever em razão, nomeadamente, de ascendência, idade, sexo, orientação sexual, identidade de género[279], estado civil, situação familiar, situação económica, instrução, origem ou condição social, património genético, capacidade de trabalho reduzida, deficiência,

[277] Acórdãos disponíveis na página www.dgsi.pt.

[278] Acórdãos disponíveis na página www.dgsi.pt

[279] Sobre a igualdade de género, veja-se diversos artigos publicados na obra, *A Igualdade nas Relações de Trabalho*, Estudos APODIT, AAFDL, Lisboa, 2019, nomeadamente, *"Igualdade e Desigualdade entre mulheres e homnes no trabalho e no emprego: da teoria à prática"*, pp. 11 e ss. (Maria do Rosário Ramalho); "Igualdade de Género de Trabalho: entre a Consagração Legal e a Inefetividade Prática – O Papel da CITE na Igualdade e Não Discriminação", pp. 21 e ss. ; (Joana Gíria); "Cambio Tecnológico e impacto sobre el trabaljo de las mujeres" (Ana de la Puebla Pinilla), pp. 27 e ss.; "Igualdade de Género no Trabalho, 4.0", (Teresa Coelho Moreira), pp. 45 e ss.;"Género y Cuotas : su ordenación jurídica en los âmbitos económico y político" (Amparo Merino Segovia), pp. 69 e ss.

doença crónica, nacionalidade, origem étnica ou raça, território de origem[280], língua, religião, convicções políticas ou ideológicas e filiação sindical, devendo o Estado promover a igualdade de acesso a tais direitos[281].

2. Ou seja, o citado artigo 24.º afirma, pela positiva, o princípio da igualdade na relação de trabalho, acolhendo, quer um ideal de igualdade formal, assente na asserção, clássica, segundo a qual "*todos os cidadãos têm a mesma dignidade social e são iguais perante a lei*" (cf. artigo 13.º da CRP), quer a igualdade em sentido material, emergente do Estado Social de Direito e conducente ao conceito de igualdade de oportunidades, enquanto projeto de igualdade real, que admite a adoção de medidas de ação positiva e que convoca a atuação do Estado[282]. O que está em causa, em última instância, é a afirmação da ideia de Justiça Social e de um dos mais elementares, "*labor minimum standards*" – as oportunidades devem estar abertas a todos, sem que alguém seja excluído, nomeadamente, por motivos de etnia, sexo ou religião. A igualdade, nesta perspetiva, é vista de forma substantiva (*substantive equality of opportunity*), como a faculdade atribuída a todos os cidadãos de terem acesso às mesmas oportunidades, com base nos respetivos méritos e talentos, em nome da já nossa conhecida ideia de cidadania no trabalho.

3. Quanto ao âmbito de aplicação pessoal da norma, o número 1 do preceito em causa esclarece sem reservas que o princípio da igualdade abrange não apenas os trabalhadores propriamente ditos, mas também os candidatos a emprego, quando se trate da aplicação do princípio da igualdade no acesso ao emprego. Trata-se, à semelhança do que sucede no regime dos direitos de personalidade (vg. artigos 17.º e 19.º) de um caso de *pré-eficácia da situação laboral*[283], em nome da ideia de cidadania no trabalho. Assim, a aplicação do princípio

[280] Sobre a igualdade dos trabalhadores migrantes, veja-se Antonio Álvarez del Cuvillo, " La igualdad y no discriminación de los trabajadores migrantes : una perspectiva jurídico--constitucional", *A Igualdade nas Relações de Trabalho*, Estudos APODIT, cit., pp197 e ss.

[281] Veja-se a anotação de Guilherme Dray ao artigo 24.º do Código do Trabalho, em *Código do Trabalho Anotado*, 13.ª edição, Pedro Romano Martinez, Luís Miguel Monteiro, Joana Vasconcelos, Pedro Madeira de Brito, Guilherme Dray e Luís Gonçalves da Silva, cit., pp. 125-130.

[282] Sobre o tema, veja-se Guilherme Dray, *Equality, Welfare State & Democracy*, cit., pp. 41 e ss.

[283] Cf. Menezes Cordeiro, *Direito do Trabalho I*, cit., p. 566.

da igualdade abrange também os atos e negócios jurídicos praticados nos preliminares da formação do contrato de trabalho, nomeadamente no âmbito de concursos públicos, anúncios para contratação e contratos-promessa de trabalho. E abrange, também, os recentemente denominados *employment background checks*, pelo qual empresas especializadas são subcontratadas para avaliar o perfil de candidatos a emprego, fazendo-o por vezes com base em algoritmos[284] e na visualização do perfil do candidato através das redes sociais. O que está em causa, mais uma vez, é a proteção do cidadão, independentemente de este já ser, ou não ser ainda, trabalhador subordinado.

4. Complementarmente, o n.º 2 do referido artigo 24.º procura concretizar o direito à igualdade, dispondo que o mesmo se aplica em várias fases e a vários níveis: no processo de formação do contrato de trabalho, nomeadamente quanto aos critérios de seleção e às condições de contratação; no domínio da formação profissional e reconversão profissional; em sede de execução do contrato, designadamente ao nível da igualdade retributiva e progressão na carreira; e, quanto às estruturas representativas dos trabalhadores, relativamente ao princípio da filiação sindical.

5. O princípio da igualdade, todavia, como sempre se afirmou, não é um princípio rígido e absoluto e não pode realizar-se segundo métodos axiológico-dedutivos: ele varia de intensidade em função dos elementos materiais fornecidos pelo caso concreto, podendo ser mais exigente e restritivo quanto à sua aplicação, quando esteja em causa a proteção de contraentes mais débeis, ou menos intenso, quando o equilíbrio contratual seja maior. No mesmo sentido, o que se retira do princípio da igualdade não é um imperativo de tratamento uniforme de todos os trabalhadores ou candidatos a emprego,

[284] Sobre a utilização de algoritmos no exercício do poder de direção e a necessidade de se garantir o respetivo controlo humano, bem como de se garantir o cumprimento de particulares deveres de informação quanto à sua utilização, vejam-se proposta de Diretiva do Conselho e do Parlamento Europeu sobre a melhoria das condições de trabalho no âmbito das plataformas digitais, de 9 de dezembro de 2021, por um lado, e a Proposta de Lei do Governo português, de 28 de outubro de 2021, que procede à alteração da legislação laboral no âmbito da «Agenda do Trabalho Digno», constante do BTE n 33 de 29 de outubro de 2021 (art 12.º-A).

mas sim o tratamento igual de situações semelhantes[285]. Por essa razão, o n.º 3 do preceito em causa admite expressamente a aplicação de disposições legais especificamente dirigidas ao exercício de uma atividade por estrangeiros ou apátridas alínea *a)* ou relativas à especial proteção de património genético, gravidez, parentalidade, adoção ou outras situações respeitantes à conciliação entre a vida profissional e a vida familiar (alínea *b)*)[286].

4. Proibição de discriminação e *Bona Fide Occupational Qualification*

1. A proibição expressa de práticas discriminatórias resulta do artigo 25.º do Código do Trabalho[287], que determina que o empregador não pode praticar qualquer discriminação, *direta* ou *indireta*, em razão, nomeadamente, dos fatores referidos no artigo 24.º. O preceito em causa torna claro que o conceito de discriminação envolve um juízo de desvalor e de censura relativamente a determinadas práticas que se traduzem no tratamento desvantajoso conferido a trabalhadores ou candidatos a emprego em função de certos elementos categoriais. O que está em causa, na proscrição da discriminação, não é a diferenciação em si mesma, mas sim a ausência de razoabilidade da sua motivação e a ausência de motivos que a justifiquem. As diferenciações motivadas por razões que se prendem com as convicções religiosas ou partidárias, o sexo, a raça ou a ascendência, entre outros, não são aceitáveis, porque são atentatórias da dignidade humana e põem em causa a referida ideia de cidadania no trabalho. Em todo o caso, admite-se que o princípio da igualdade, na aludida vertente de proscrição de comportamentos discriminatórios, deve operar de forma aberta e dinâmica, obedecendo aos elementos materiais fornecidos pelo caso concreto e variando de intensidade em função do maior ou menor grau de desequilíbrio negocial entre as partes envolvidas. Deve ser-se particularmente

[285] Cf. Guilherme Dray, *O Princípio da Igualdade no Direito do Trabalho*, Almedina, Coimbra, 1999, pp.270 e ss..

[286] Cf. Guilherme Dray, *O Princípio da Igualdade no Direito do Trabal*ho, cit., pp. 283 e ss.

[287] Veja-se a anotação de Guilherme Dray ao artigo 25.º do Código do Trabalho, em *Código do Trabalho Anotado*, 13.ª edição, Pedro Romano Martinez, Luís Miguel Monteiro, Joana Vasconcelos, Pedro Madeira de Brito, Guilherme Dray e Luís Gonçalves da Silva, cit., pp. 130-135, que se segue de perto.

exigente quanto à atuação de grandes empresas e menos exigente em relação a microempresas ou, por hipótese, numa relação de trabalho doméstico. O apuramento da prática discriminatória deve realizar-se casuisticamente, segundo juízos de razoabilidade, atendendo à finalidade e aos motivos que determinaram a atuação do empregador e segundo critérios de adequação e de proporcionalidade[288].

2. Por outro lado, o artigo 25.º reconhece que o princípio da igualdade não é absoluto, determinando que não constitui discriminação o comportamento baseado em fator de discriminação que constitua um requisito justificável e determinante para o exercício da atividade profissional, em virtude da natureza da atividade em causa ou do contexto da sua execução, devendo o objetivo ser legítimo e o requisito proporcional (n.º 2) e que são nomeadamente permitidas diferenças de tratamento baseadas na idade que sejam necessárias e apropriadas à realização de um objetivo legítimo, designadamente de política de emprego, mercado de trabalho ou formação profissional (n.º 3).

3. Atendendo à natureza dinâmica do princípio da igualdade, o número 2 do preceito em causa admite que algumas práticas distintivas, ainda que realizadas com base nos elementos categoriais referidos no n.º 1 do artigo 24.º, podem ser lícitas e como tal aceitáveis. Trata-se, também neste caso, de uma ideia aflorada nas diretivas da União Europeia relativas a esta matéria (n.º 6 do artigo 2.º da Diretiva n.º 76/207/CEE, na redação da Diretiva n.º 2002/73/CE; n.º 1 do artigo 4.º da Diretiva n.º 2000/78/CE e artigo 4.º da Diretiva n.º 2000/43/CE). O essencial reside no seguinte: não devem ser qualificados como atos discriminatórios ilícitos os comportamentos distintivos que se justifiquem à luz da relação laboral que se visa constituir e das exigências da sua execução, sempre que o fator distintivo se revele justificável e determinante para a execução do contrato de trabalho. Em todo o caso, importa que o objetivo seja lícito e o requisito proporcional. Por outras palavras: a finalidade subjacente à distinção deve relacionar-se com a necessidade de

[288] Veja-se, a este propósito, GUILHERME DRAY, *O Princípio da Proteção do Trabalhador*, cit., pp. 571 e ss.; *O Princípio da Igualdade no Direito do Trabalho*, cit., pp. 270 e ss.; e "Autonomia privada e igualdade na formação e execução de contratos individuais de trabalho", *Estudos do Instituto de Direito do Trabalho*, Volume I, Almedina, Coimbra, 2001, pp. 21 e ss.

adequar o trabalhador ou o candidato a emprego ao posto de trabalho e à natureza das atividades profissionais em causa, sendo ainda necessário atender aos princípios da proporcionalidade e da adequação: a distinção apenas será lícita quando necessária e adequada à prossecução do objetivo proposto.

4. Trata-se, no fundo, da *bona fide occupational qualification* (*BFOQ*) a que se refere a doutrina e jurisprudência estado-unidense – em certos casos, excecionais, admitem-se distinções efetuadas tendo por base determinados fatores categoriais, quando o tipo de atividade assim o justifica, em contextos muito específicos e quando o elemento categorial seja determinante e necessário para um determinado tipo de atividade[289]. Por exemplo: no campo da arte, da moda e do espetáculo, pode não ser discriminatória a contratação de mulheres em detrimento de homens ou vice-versa quando esteja em causa a organização de uma passagem de modelos para promover roupa feminina ou masculina, no exemplo inverso, assim como não é discriminatória a contratação de um ator de determinada etnia tendo em vista representação de uma personagem da mesma origem étnica. No mesmo sentido, parecem ser de admitir distinções baseadas no domicílio, na idade, na língua ou na instrução, quando as exigências da atividade profissional o justifiquem, podendo estas mesmas exigências justificar também que uma congregação religiosa limite a admissão a candidatos que pratiquem a religião que a mesma professa ou que um partido político tenha em vista a contratação de trabalhadores que perfilhem a mesma orientação ideológica. Ainda assim, importa aplicar a doutrina na *BFOQ* com cautela: se é lícito que um Colégio Católico limite a admissão de membros do seu corpo docente a pessoas que professem a mesma religião, em especial quando se trate de lecionar uma cadeira de catecismo, a mesma limitação já não fará sentido quando se trate de admitir trabalhadores para o exercício de funções meramente administrativas ou de secretariado. Por outro lado, tem-se entendido que, mesmo nos casos em que uma *BFOQ* pode funcionar, a mera conveniência do empregador ou a simples preferência do cliente por pessoas de determinado grupo empresarial não suporta, por si só, o estabelecimento de uma *BFOQ*, competindo ao empregador provar que

[289] Veja-se, Guilherme Dray, *A Influência dos Estados Unidos da América na Afirmação do Princípio da Igualdade no Emprego nos Países da Lusofonia*, cit., pp. 61 e ss.

existe um motivo válido e necessário que justifique a diferenciação levada a efeito[290]. A *BFOQ* pode ser invocada quando *"the protected characteristic is reasonably necessary for the normal operation of the business. It is employer's burden to prove that a BFOQ is present"*[291].

5. A jurisprudência estado-unidense tem sido muito restritiva na aplicação da *bona fide occupational qualification.*

Nesse sentido, no caso *Diaz v. Pan American World Airways Inc.* (1971), na sequência de uma queixa intentada pelo candidato a um emprego de comissário de bordo, *Celio Diaz,* cuja contratação para o cargo de *flight cabin attendant* foi recusada pelo facto de ser homem, o Tribunal decidiu que a política de admissões da companhia aérea *Pan Am,* que restringia a contratação de trabalhadores de serviço de bordo apenas a mulheres por entender que estas desempenhavam melhor esta função do que os homens, era ilícita à luz do *Title VII do Civil Rights Act of 1964,* não constituindo uma *BFOQ.* No essencial, o Tribunal considerou que a função primária de uma companhia aérea é o transporte seguro de passageiros de um local para o outro, sendo certo que a admissão de comissários de bordo masculinos não é suscetível de afetar a operação desta companhia. Por outro lado, mesmo admitindo que as mulheres desenvolvem melhor a função de serviço de bordo do que a maioria dos homens, o Tribunal entendeu que a companhia não podia, com base nesse argumento, excluir dessa função todos os homens[292].

6. Na mesma linha, no caso *Wilson v. Southwest Airlines Co.* (1989)[293], o Tribunal não aceitou a *BFOQ* invocada pela companhia aérea, que havia excluído a contratação de homens para postos de venda de bilhetes e de atendimento ao público, postos estes onde a companhia apenas havia admitido mulheres

[290] Veja-se, Guilherme Dray, *A Influência dos Estados Unidos da América na Afirmação do Princípio da Igualdade no Emprego nos Países da Lusofonia, cit.,* p. 63.

[291] Cf. Alvin L. Goldman e Roberto L. Corrada, *Labor Law the USA,* cit., p. 194.

[292] O caso *Diaz v. Pan American Worl Airways Inc.,* do *United States District Court,* de 10 de Agosto de 1972, encontra-se disponível em http://openjurist.org/442/f2d/385, acesso em agosto de 2015.

[293] O caso *Wilson v. Southwest Airlines Co.,* do *U.S. Court of Appeals for the Fifth Circuit – 880 F.2d 807 5th Cir. 1989* 1989 está disponível em http://law.justia.com/cases/federal/appellate-courts/F2/880/807/241754/, acesso em agosto de 2015.

bonitas e atraentes. Perante uma queixa intentada pelo candidato a emprego *Gregory Wilson* e mais de cem outros candidatos masculinos, o Tribunal reiterou que a *BFOQ* apenas permite a discriminação em função do sexo nas situações em que o empregador prove que o sexo é absolutamente necessário e determinante para o desempenho da função em causa e para a operação normal da empresa ou do negócio. Ora, no caso vertente, considerou-se que ser-se mulher não é uma qualificação ou característica necessária para o desempenho da função de venda de bilhetes de avião, além de que a essência do negócio da *Southwest* consiste (tal como no caso da *Pan American Airways)* em transportar de forma segura os seus passageiros, circunstância que não parece justificar a contratação exclusiva de mulheres. O Tribunal considerou, também neste caso, que a companhia aérea violou o *Title VII do Civil Rights Act* de 1964.

7. No mesmo sentido, no caso *International Union, UAW v. Johnson Controls,* (1991)[294], o tribunal considerou que a preocupação do empregador com a maternidade e a paternidade e com a integridade das gerações futuras (*unborn children)* era desproporcionada e não lhe conferia o direito de recusar a contratação de mulheres em idade fértil (e não de homens férteis) com o argumento de que a contratação das mulheres para uma fábrica de baterias poderia pôr em causa, no futuro, a maternidade das mesmas. O tribunal considerou que a *fetal-protection policy* da empresa era inadequada e que "*the essence of the employer's business was making batteries. Because fertile women were as capable of assembling batteries as other workers, the employer could not exclude them from its battery making operations without violating Title VII*". Também aqui se considerou que a prática do empregador violava o *Title VII*[295]. Também neste caso se teve em vista, acima de tudo, a proteção do cidadão.

8. Na mesma linha de raciocínio, e agora à luz do n.º 3 do citado artigo 25.º, admite-se a diferença de tratamento baseada na idade, desde que justificada em função da realização de um objetivo legítimo, como seja em matéria de

[294] O caso *International Union, UAW v. Johnson Controls,* 449, U.S. 187 1991, pode ser consultado em https://www.law.cornell.edu/supct/html/89-1215.ZS.html, acesso em agosto de 2015.

[295] Exemplos retirados de Guilherme Dray, *A Influência dos Estados Unidos da América na Afirmação do Princípio da Igualdade no Emprego nos Países da Lusofonia, cit.*, pp. 63-65.

política de emprego, mercado de trabalho ou formação profissional. Neste caso, a diferença de tratamento poderá ser vista como uma medida de ação positiva, relacionando-se, consequentemente, com o regime do artigo 27.º, que trata das medidas de ação positiva[296]. Em qualquer caso, o n.º 4 deste preceito prescreve que as disposições legais ou constantes de instrumentos de regulamentação coletiva de trabalho que justificam estas diferenças de tratamento devem ser avaliadas periodicamente e revistas, na medida em que deixem de se justificar.

9. Importa, em suma, compatibilizar as exigências decorrentes do princípio da igualdade e da defesa da dignidade humana, por um lado, com a autonomia privada, a liberdade negocial e a liberdade de gestão empresarial, por outro lado. O que está em causa é a proscrição de discriminações irrazoáveis, arbitrárias e injustificadas, contrárias à dignidade humana. O que está em causa, é a proteção da cidadania e do livre desenvolvimento da personalidade. O que está em causa, em sede juslaboral, é a proteção da cidadania no trabalho. Para além deste reduto intransponível, rege a autonomia privada, no seguinte sentido: no domínio privado não se deve exigir uma fundamentação racional na escolha do parceiro contratual; aquilo que o princípio da igualdade impõe é a inexistência de práticas discriminatórias lesivas da dignidade humana e que atentem contra os direitos de cidadania.

10. À luz destes preceitos, a doutrina portuguesa[297] tem admitido a licitude de práticas diferenciadoras quando: (i) a distinção assente na natureza da relação laboral que se visa constituir e no tipo de funções exigíveis; e (ii) da relação laboral a constituir resulte a exigência de uma especial comunhão ideológica entre a entidade empregadora e os respetivos trabalhadores.

Nestes casos, quando não esteja em causa uma distinção atentatória da dignidade do trabalhador ou do candidato a emprego, prevalece a liberdade de contratação do empregador.

Vejamos, de forma sumária, os dois referidos grupos de casos.

[296] Sobre a discriminação em função da idade, veja-se Teresa Coelho Moreira, "A discriminação em razão da idade no contexto de uma população envelhecida na UE", *Igualdade e Não Discriminação, Estudos de Direito do Trabalho*, Almedina, Coimbra, 2013, pp. 9-78.

[297] Cf. Guilherme Dray, *O Princípio da Igualdade no Direito do Trabalho*, cit., pp. 270-285.

11. No primeiro grupo de casos, tem-se admitido que não deverão constituir práticas discriminatórias as que tenham por base a natureza da relação laboral que se visa constituir e o tipo de atividade laboral que ela venha a exigir, independentemente de qualquer estereótipo social[298-299]. Para além das profissões legalmente vedadas ou condicionadas a determinadas categorias de trabalhadores em especial, mulheres e menores, pela especial dureza das respetivas condições de trabalho, pelo esforço físico que envolvem, pelo grau de perigosidade que lhes é inerente ou pelos riscos que envolvem para a função genética[300], designadamente as atividades laborais exercidas em paióis, caldeiras, minas, carvoarias, siderurgia, indústria de extração de carvão, do ferro ou do aço, ou as atividades de pesca a bordo de longo curso, de transportes de longa duração, em forças policiais especializadas no combate ao terrorismo e outros trabalhos que exijam a utilização e manipulação frequente e regular de substâncias tóxicas[301], pode ser excecionalmente admissível condicionar

[298] Cf. Luís Menezes Leitão, *Direito do Trabalho*, 3.ª ed., cit., pp. 154-155.

[299] Cf. Montoya Melgar, *Derecho del Trabajo*, 30.ª ed., cit., p. 312.

[300] A aplicação de disposições relativas à proteção da gravidez não pode, todavia, servir de fundamento ou ter como consequência um tratamento desfavorável no que respeita ao acesso ao emprego de mulheres grávidas. Assim tem afirmado o TJUE, segundo o qual "*O artigo 2.º n.os 1 e 3 da Diretiva 76/207/CEE do Conselho, de 9 de fevereiro de 1976, relativa à concretização do princípio da igualdade de tratamento entre homens e mulheres (...) opõe-se à recusa de contratação de uma mulher grávida para um lugar a que corresponde um contrato por tempo indeterminado pelo facto de uma proibição legal de prestação de trabalho associada a este estado impedir, durante a gravidez, que ela ocupe de imediato o referido lugar*" (cf. Acórdão TJUE de 3 de fevereiro de 2000, Processo n.º C-207/98, *Silke-Karin Mahlburg*). O TJUE entendeu, no essencial, que as disposições da Lei de Proteção de Maternidade (*Mutterschutzgesetz*) alemã, de 24 de janeiro de 1952, que proíbem a atribuição às trabalhadoras grávidas de "*trabalhos físicos pesados ou que as exponham aos efeitos nocivos de substâncias ou de radiações nocivas para a saúde, poeiras, gases ou vapores, calor, frio ou humidade, vibrações e ruído*" (§ 4 da *Mutterschutzgesetz*), não justificam que o empregador recuse a admissão de uma candidata a um posto de trabalho livre, para que tem a necessária habilitação, por se encontrar grávida e não poder ocupar, de imediato, o referido lugar por, nos termos da *Mutterschutzgesetz*, lhe ser vedado o exercício da atividade laboral durante a gravidez. No mesmo sentido, o TJUE já havia afirmado, noutro aresto, que "*a recusa de contratação com base em gravidez não pode ser justificada por motivos assentes no prejuízo financeiro sofrido pela entidade patronal em caso de contratação de uma mulher grávida durante a sua licença de maternidade*" (cf. Acórdão TJUE, de 08 de novembro de 1990, Processo n.º C-177/88, *Dekker*).

[301] Nesse sentido, por exemplo, ao nível da OIT, temos a Convenção n.º 4, referente ao trabalho noturno das mulheres na indústria, aprovado para ratificação pelo Decreto n.º 20988, de 25 de novembro de 1931; a Convenção n.º 6, referente ao trabalho nocturno de menores na indústria, aprovado pelo Decreto n.º 20992, de 25 de novembro de 1931; a Recomendação n.º 13, referente

o exercício de determinadas profissões a certas características físicas dos trabalhadores candidatos, atenta a *"natureza da tarefa a desempenhar"*[302]. Assim, ao nível da discriminação em função do sexo, nos termos do artigo 25.º, n.º 2, do Código do Trabalho, não é discriminatória a contratação de homens em detrimento de mulheres quando se trate de contratar desportistas profissionais para participar num campeonato federativo masculino, ou vice-versa.

12. Sendo claro, nestes casos, que a natureza da tarefa a desempenhar permite às entidades empregadoras distinguir e diferenciar em função do sexo, o mesmo se deve concluir relativamente a outros elementos diferenciadores, mas apenas quando tais qualidades sejam decisivas importantes para o exercício da tarefa a desempenhar. Assim, será lícito excluir um trabalhador que não domine na perfeição a língua inglesa quando o cargo a desempenhar seja o de intérprete desta língua; será lícito excluir a contratação de um deficiente motor que não pode conduzir quando se trate de admitir um motorista de condução de veículos automóveis, assim como será lícito excluir um homem em benefício de uma mulher quando esteja em causa a contratação de um modelo feminino para apresentar roupa feminina. Em todas estas situações,

ao trabalho nocturno das mulheres na agricultura; a Convenção n.º 15, referente à idade mínima de admissão em paióis e caldeiras (substituída pela Convenção n.º 138); a Convenção n.º 41, referente ao trabalho noturno das mulheres (revista pela Convenção n.º 89); a Convenção n.º 45, referente ao emprego das mulheres em trabalhos subterrâneos, aprovada pelo Decreto-Lei n.º 27891, de 26 de julho de 1937; a Recomendação n.º 80, referente ao trabalho nocturno das crianças e adolescentes em trabalhos não industriais; a Recomendação n.º 96, referente à idade mínima de admissão para as minas de carvão; a Convenção n.º 123, referente à idade mínima de admissão em trabalhos subterrâneos nas minas (substituída pela Convenção n.º 138). Ao nível da União Europeia, temos a Resolução n.º 84/428, referente à investigação social nas carvoarias e na siderurgia; a Resolução n.º 86/1014, referente à investigação nas indústrias de extração de carvão e do ferro e do aço. Entre nós, o artigo 8.º do Decreto-Lei 392/79, de 20 de setembro, dispunha que *"são proibidos ou condicionados os trabalhos que, por diploma legal, sejam considerados como implicando riscos efetivos ou potenciais para a função genética"*, cabendo a definição dos aludidos trabalhos, naquela altura, à Portaria n.º 186/73, de 13 de março. Atualmente, a matéria encontra-se prevista na Lei n.º 102/2009, de 10 de setembro, que estabelece o regime jurídico da promoção da segurança e saúde no trabalho, respetivamente nos artigos 41.º e ss. (*proteção do património genético*), 48.º e ss. (*atividades proibidas ou condicionadas em geral*), 61.º e ss. (*atividades, agentes, processos e condições de trabalho proibidos a menor*).

[302] Veja-se, a este propósito, Guilherme Dray, *O Princípio da Igualdade no Direito do Trabalho*, cit., pp. 279-282, que se segue de perto.

o que está em causa é a adaptação do trabalhador à natureza da tarefa a desempenhar. A motivação para a exclusão não é arbitrária e não existe uma intenção discriminatória.

13. Em todo o caso, importa sempre que o objetivo seja lícito e o requisito proporcional, assim como importa proscrever quaisquer distinções baseadas em estereótipos sociais. Por outras palavras: a finalidade subjacente à distinção deve relacionar-se com a necessidade de adequar o trabalhador ou o candidato a emprego ao posto de trabalho e à natureza das atividades profissionais em causa, sendo ainda necessário atender aos princípios da proporcionalidade e da adequação. Estamos, no fundo, perante um cenário similar ao da invocação da *Bona Fide Occupational Qualification* estado-unidense, que como vimos também é aplicada com muito parcimónia pelos tribunais americanos.

14. No mesmo sentido, e agora num segundo grupo de casos, não deverão ser consideradas discriminatórias as distinções feitas com base em convicções políticas ou religiosas quando se trate de profissões que exigem uma particular comunhão ideológica entre o empregador e os respetivos trabalhadores, designadamente ao nível de partidos políticos, sindicatos, congregações religiosas ou jornais que perfilhem uma certa linha partidária bem definida[303] – nestes casos, a prestação de trabalho deixa de assumir um caráter neutro, estando subordinada a fins religiosos ou políticos[304]. A vinculação do trabalhador aos fins prosseguidos pela organização em que se insere torna-se, nestas situações, muito mais evidente. Assim, será perfeitamente legítimo, por exemplo, que um partido político recuse a contratação de um trabalhador que não perfilhe a sua ideologia, *maxime* quando este esteja filiado noutro partido político.

[303] Trata-se, nestes casos, de relações laborais que se desenvolvem no seio das denominadas "empresas ideológicas" (*"tendenzbetriebe"*, de acordo com a doutrina alemã; *"Le organizzazioni di tendenza"*, de acordo com a doutrina italiana, ou *"enterprises ideologiques"*, de acordo com a doutrina francesa). As especificidades destas relações, designadamente em sede de cessação do contrato de trabalho, justificam, por si só, um tratamento autónomo da matéria, o qual, porém, não cabe no âmbito limitado do presente estudo. Sobre o tema, veja-se, por todos, F. Santoni, *Le organizzazioni di tendenza e i rapporti di lavoro*, Giuffrè, Milano,1993.

[304] Trata-se das denominadas *empresas de tendência*, que decorrem do conceito germânico de *Tendenzbetriebe* – veja-se a este propósito Löwisch, Caspers e Klumpp, *Arbeitsrecht*, 12.ª edição, Vahlen, München, 2019, p. 419.

Recorda-se, aliás, que o artigo 38.º da Lei dos Partidos Políticos considera "*justa causa de despedimento o facto de um funcionário se desfiliar ou fazer propaganda contra o partido que o emprega ou a favor de uma candidatura sua concorrente*".[305] Será igualmente legítimo, no mesmo sentido, que uma congregação religiosa apenas admita a contratação de docentes que comunguem da mesma religião para lecionarem uma cadeira de Teologia. Assim como será legítimo, por fim, que um jornal oficial de um partido político não aceite como redatores jornalistas que estejam filiados noutros partidos políticos que perfilhem ideologias contrárias ou distantes dos da entidade empregadora[306]. No mesmo sentido, neste tipo de empresas, admite-se uma maior restrição à liberdade de expressão dos trabalhadores – a título meramente exemplificativo, é normal que o porteiro de um partido político não possa ostentar emblemas alusivos a outro partido ou, como exemplifica Luís Menezes Leitão, que o empregado de limpeza de uma mesquita não possa trabalhar exibindo um crucifixo[307].

15. Em suma: tratando-se de empresas cuja atividade é indissolúvel de um determinado postulado ideológico (instituições religiosas, partidos políticos, sindicatos, etc.) e de trabalhadores cujo serviço, como sublinha Montoya Melgar, está vinculado "*al desarrollo de los valores ideológicos defendidos por essa empresa, es lógico que deban compartir esos valores y princípios*", na exata medida em que a prestação de trabalho exija tal comunhão ideológica[308].

16. Significativamente importante em sede de ónus da prova, em matéria de igualdade e não discriminação, é a regra constante do número 5 deste mesmo artigo 25.º[309], que prescreve que cabe a quem alega a discriminação indicar o

[305] Lei dos Partidos Políticos – Lei Orgânica n.º 2/2003, de 22 de agosto, alterada e republicada pela Lei Orgânica n.º 2/2008, de 14 de maio, e pela Lei Orgânica n.º 1/2018, de 19 de abril.

[306] Veja-se, a este propósito, o nosso *O Princípio da Igualdade no Direito do Trabalho,* cit., pp. 282-284.

[307] Exemplo retirado de Luís Menezes Leitão, *Direito do Trabalho,* 3.ª ed., cit., p. 190.

[308] Cf. Montoya Melgar, *Derecho del Trabajo,* 30.ª ed., cit., p. 316.

[309] Veja-se a anotação de Guilherme Dray ao número 5 do artigo 25.º do Código do Trabalho, em *Código do Trabalho Anotado,* 13.ª edição, Pedro Romano Martinez, Luís Miguel Monteiro, Joana Vasconcelos, Pedro Madeira de Brito, Guilherme Dray e Luís Gonçalves da Silva, cit., pp. 133-135, que se segue de perto.

trabalhador ou trabalhadores em relação ao qual se encontra discriminado, incumbindo ao empregador provar que a diferença de tratamento não assenta em qualquer fator de discriminação. Esta regra de inversão do ónus da prova é aplicável em caso de invocação de qualquer prática discriminatória no acesso ao trabalho ou à formação profissional ou nas condições de trabalho, nomeadamente por motivo de dispensa para consulta pré-natal, proteção da segurança e saúde de trabalhadora grávida, puérpera ou lactante, licenças por parentalidade ou faltas para assistência a menores. Por via desta regra, afasta-se o regime geral da prova do artigo 342.º do Código Civil. Trata-se de uma regra que, antes da entrada em vigor do CT2003, apenas existia no ordenamento nacional a propósito do princípio da igualdade em função do sexo artigos 9.º do Decreto-Lei n.º 392/79, de 20 de setembro, e 5.º da Lei n.º 105/97, de 13 de setembro, mas que com a aprovação do Código do Trabalho de 2003 passou a estender-se a todas as práticas discriminatórias, para além do alcance redutor da igualdade em função do sexo. O preceito em causa encerra uma regra com uma importância extrema, em sede de defesa da cidadania no trabalho e no acesso ao emprego: provar que uma exclusão teve por fundamento o sexo, a raça, as convicções religiosas ou políticas do trabalhador lesado, constitui um óbice quase intransponível. A utilização das regras gerais em matéria do ónus da prova afigurava-se, neste domínio, claramente insuficiente, razão pela qual o legislador optou por uma regra de inversão do ónus da prova.

17. À luz deste preceito, cabe ao empregador a prova de que a exclusão ou o tratamento desvantajoso conferido ao trabalhador ou ao candidato a emprego não é irrazoável, arbitrário e discriminatório, tendo uma justificação plausível. A regra de inversão do ónus da prova aplica-se às práticas discriminatórias levadas a efeito, quer no decurso, quer na formação do contrato de trabalho. É esse o sentido que deve ser retirado do preceito: por um lado, porque o artigo 25.º surge na sequência lógica do artigo 24.º, que claramente enuncia a aplicação do princípio da igualdade não apenas no trabalho, mas também no acesso ao emprego; por outro lado, porque é esse o sentido que resulta das diretivas que se relacionam com este preceito, nomeadamente as Diretivas n.ºs 2000/43/CE (artigo 8.º) e 2000/78/CE (artigo 10.º). A regra da inversão do ónus da prova aplica-se, pois, não apenas a propósito das condições de

trabalho, mas também no acesso ao emprego, à formação e promoção profissionais, de forma a proteger também o "candidato-cidadão".

18. A propósito da regra de inversão do ónus da prova, recorda-se o importante Acórdão do Supremo Tribunal de Justiça, de 22 de abril de 2009, segundo o qual, para que o trabalhador possa beneficiar daquele regime especial, deve não apenas alegar factos relativos à prática discriminatória, mas também "*... alegar e provar, para além dos factos que revelam a diferenciação de tratamento, também, os factos que integram um daqueles fatores característicos da discriminação*". Ou seja, "*... numa ação em que não se invocam quaisquer factos que, de algum modo, possam inserir-se na categoria de factos característicos de discriminação ... não funciona a aludida presunção ...*"[310-311].

19. Não menos importante em sede de proibição de discriminações, o artigo 25.º, n.º 7, do Código do Trabalho declara que é inválido o ato de retaliação que prejudique o trabalhador em consequência de rejeição ou submissão a ato discriminatório[312].

20. Como forma de complementar a regra proibitiva constante do artigo 25.º, o artigo 26.º do Código do Trabalho prescreve que a disposição de instrumento de regulamentação coletiva de trabalho ou de regulamento interno

310 Acórdão disponível na página www.dgsi.pt.

311 Veja-se, também, o acórdão do STJ de 18 de dezembro de 2013, onde se conclui que "Atento o disposto no n.º 5 do artigo 25.º do CT/09, por forma a fazer funcionar a regra de inversão do ónus da prova, com o consequente afastamento do princípio geral estabelecido no artigo 342.º, n.º 1 do CC, compete ao trabalhador que invoca a discriminação alegar e provar os factos que possam inserir-se na categoria de fatores característicos de discriminação referidos nos artigos 24.º e 25.º do mesmo diploma legal, concretamente, alegar e provar factos que, referindo-se à natureza, qualidade e quantidade de trabalho prestado por trabalhadores da mesma empresa e com a mesma categoria, permitam concluir que a diferente progressão na carreira e o pagamento de diferentes remunerações viola o princípio da igualdade, uma vez que tais factos se apresentam como constitutivos do direito que pretende fazer valer" (acórdão disponível na página www.dgsi.pt).

312 Veja-se a anotação de Guilherme Dray ao artigo 25.º, n.º 7, do Código do Trabalho, em *Código do Trabalho Anotado*, 13.ª edição, Pedro Romano Martinez, Luís Miguel Monteiro, Joana Vasconcelos, Pedro Madeira de Brito, Guilherme Dray e Luís Gonçalves da Silva, cit., pp. 130-135.

de empresa que estabeleça profissão ou categoria profissional que respeite especificamente a trabalhadores de um dos sexos considera-se aplicável a trabalhadores de ambos os sexos[313]. Por outro lado, determina-se também que a disposição de instrumento de regulamentação coletiva de trabalho ou de regulamento interno de empresa que estabeleça condições de trabalho, designadamente retribuição, aplicáveis exclusivamente a trabalhadores de um dos sexos para categoria profissional correspondente a trabalho igual ou a trabalho de valor igual considera-se substituída pela disposição mais favorável aplicável a trabalhadores de ambos os sexos. O desvalor jurídico de tais cláusulas é o da nulidade, circunstância que determina a sua substituição por disposições que abrangem ambos os sexos[314]. No mesmo sentido e de forma a abranger todos os fatores potencialmente discriminatórios, o artigo 26.º, n.º 3, estabelece que tais regras proibitivas se aplicam a disposições contrárias ao princípio da igualdade em função de outro fator de discriminação. Mais do que isso, estabelece-se também que a disposição de estatuto de organização representativa de empregadores ou de trabalhadores que restrinja o acesso a emprego, atividade profissional, formação profissional, condições de trabalho ou carreira profissional exclusivamente a trabalhadores de um dos sexos, fora dos casos previstos no n.º 2 do artigo 25.º e dos previstos em lei específica decorrentes da proteção do património genético do trabalhador ou dos seus descendentes, considera-se aplicável a trabalhadores de ambos os sexos.

21. Por fim, ainda a este propósito, importa recordar que o preceito em apreço deve ser articulado com o artigo 479.º do Código do Trabalho, de onde se retira que no prazo de 30 dias a contar da publicação de instrumento de regulamentação coletiva de trabalho negocial ou decisão arbitral em processo de arbitragem obrigatória ou necessária, o serviço competente do ministério responsável pela área laboral (a CITE – Comissão Para a Igualdade

313 Veja-se a anotação de Guilherme Dray ao artigo 26.º do Código do Trabalho, em *Código do Trabalho Anotado*, 13.ª edição, Pedro Romano Martinez, Luís Miguel Monteiro, Joana Vasconcelos, Pedro Madeira de Brito, Guilherme Dray e Luís Gonçalves da Silva, cit., pp. 135-137.

314 Vejam-se, a este propósito, o Parecer n.º 1/CITE/1985, de 29/11/1985 e o Parecer n.º 1/CITE/1987, de 17/02/1987, ambos publicados na edição Pareceres 1981-1994, da Comissão Para a Igualdade no Trabalho e Emprego, pp. 31 e ss. e 48 e ss.

no Trabalho e Emprego), ouvidos os interessados, procede à apreciação fundamentada da legalidade das suas disposições em matéria de igualdade e não discriminação. Caso delibere no sentido da existência de disposições discriminatórias, a CITE notifica as partes nos instrumentos de regulamentação coletiva de trabalho que contenham aquelas disposições para, no prazo de 60 dias, procederem às respetivas alterações. Decorrido tal prazo sem que se verifiquem as necessárias alterações, a CITE envia a sua apreciação ao magistrado do Ministério Público junto do tribunal competente, acompanhada dos documentos relevantes, nomeadamente de cópia da ata da deliberação e das pronúncias dos interessados, tendo em vista a instauração de ação de invalidade. À luz desta competência, a CITE tem apreciado diversas normas de instrumentos de regulamentação coletiva de trabalho, podendo o resultado desta atuação ser encontrado no *Livro Verde Sobre as Relações Laborais* (LVRL), editado em 2016 pelo Ministério do Trabalho, Solidariedade e Segurança Social, sob a coordenação científica do autor desta obra[315].

[315] Nesse mesmo LVRL, pode verificar-se que, entre 2011 e 2015, foram publicadas várias decisões judiciais relativas a ações declarativas especiais interpostas pelo Ministério Público, com base em pareceres fundamentados elaborados pela CITE, com o objetivo de declarar a nulidade de cláusulas de IRCT violadoras do princípio da igualdade e não discriminação de género no trabalho. Estas decisões abrangem mais de uma centena de cláusulas distribuídas por diversas convenções coletivas de trabalho. A esmagadora maioria das sentenças proferidas decidiu pela declaração de nulidade, tendo por base os artigos 3.º, n.º 3, e 478.º, ambos do CT 2009, por considerar que os normativos contratuais em causa afastavam normas legais imperativas relativas a matérias de parentalidade. Uma análise genérica das referidas decisões já proferidas nos termos do artigo 479.º permite concluir o seguinte: as matérias em que as referidas invalidades mais se manifestam são essencialmente conexas com os direitos de parentalidade, "*e na sua maioria são mais discriminatórias para os homens do que para as mulheres, o que representa uma constatação talvez inesperada numa primeira leitura mas explicável numa análise mais aprofundada. Efetivamente, tais cláusulas representam o status quo ainda predominante em que os papéis das mulheres e homens na sociedade surgem estratificados e estereotipados, entre mulheres cuidadoras e homens produtores, o que tem consequências na forma como as partes negoceiam*, ao arrepio da lei, o exercício dos direitos de parentalidade entre trabalhadores e trabalhadoras" – cf. Livro Verde Sobre as Relações Laborais, cit., pp. 246 e ss., p. 247.

5. Medidas de ação positiva – *affirmative actions*

1. O Código do Trabalho, como se disse inicialmente, não consagra apenas a ideia de igualdade em sentido formal. Ele promove, também, a igualdade material ou substantiva, bem como o conceito de igualdade de oportunidades, à luz do qual o Estado não apenas pode, como deve promover medidas de ação positivas destinadas a promover grupos mais desfavorecidos em termos de acesso ao emprego.

Nesse sentido, o artigo 27.º do Código do Trabalho, sob a epígrafe "*Medidas de ação positiva*", estabelece que não se considera discriminação a medida legislativa de duração limitada que beneficia certo grupo, desfavorecido em função de fator de discriminação, com o objetivo de garantir o exercício, em condições de igualdade, dos direitos previstos na lei ou corrigir situação de desigualdade que persista na vida social[316]. O preceito em causa consagra a ideia de igualdade enquanto igualdade de oportunidades, em sentido material. Mais do que a proclamação de uma igualdade formal, assente na asserção clássica de que todos são iguais perante a lei, afirma-se e incentiva-se a licitude de medidas de caráter temporário que consagram um tratamento desigual como forma de compensar desigualdades de oportunidades e de tratamento que persistem na vida social. Estão em causa as correntemente denominadas medidas de ação positiva ou *affirmative actions*, que concretizam a ideia de discriminação positiva e que se compreendem no âmbito de um ideal de justiça social, que vê na igualdade não um ponto de partida, mas sim um ponto de chegada[317].

Para além dos casos de discriminação em função do sexo, o preceito em apreço admite a adoção de medidas de ação positiva de caráter temporário que beneficiem outros grupos desfavorecidos, nomeadamente em função da capacidade de trabalho reduzida, deficiência ou doença crónica, nacionalidade ou

[316] Veja-se a anotação de Guilherme Dray ao artigo 27.º do Código do Trabalho, em *Código do Trabalho Anotado*, 13.ª edição, Pedro Romano Martinez, Luís Miguel Monteiro, Joana Vasconcelos, Pedro Madeira de Brito, Guilherme Dray e Luís Gonçalves da Silva, cit., pp. 137-139.

[317] Sobre a origem das *affirmative actions*, que remontam ao direito estado-unidense, particularmente concebidas para os afro-americanos, veja-se Guilherme Dray, *A Influência dos Estados Unidos da América na Afirmação do Princípio da Igualdade no Emprego nos Países da Lusofonia*, cit., pp. 65 e ss.

origem étnica. Trata-se de um corolário lógico do artigo 9.º, alínea *d)*, da CRP, segundo o qual incumbe incumbe ao Estado "*promover (...) a igualdade real entre os portugueses*". O preceito em causa consagra, no sistema constitucional, o princípio da igualdade enquanto igualdade de oportunidades, em sentido material. O preceito apresenta pontos de contato com os artigos 30.º e ss. (igualdade em função do sexo), 84.º,n.º 3 (trabalhador com capacidade de trabalho reduzida) e 86.º (trabalhador com deficiência ou doença crónica) do CT2009 e inspira-se, nomeadamente, quer no *Civil Rights Act of 1964* (Título VII), dos Estados Unidos da América, quer no artigo 141.º, n.º 4, do Tratado CE e na Diretiva n.º 76/207/CEE, alterada pela Diretiva n.º 2002/73/CE, da União Europeia.

2. A propósito de pessoas com deficiência e da sua inserção no mercado de trabalho, importa, em particular, recordar o Decreto-Lei n.º 29/2001, de 3 de fevereiro, que estabelece o sistema de quotas de emprego para pessoas com deficiência, com um grau de incapacidade funcional igual ou superior a 60%, em todos os serviços e organismos da administração central, regional autónoma e local. Em todos os concursos externos de ingresso na função pública em que o número de lugares seja igual ou superior a 10, é obrigatoriamente fixada uma quota de 5% do total de lugares, a preencher por pessoas com deficiência. Nos concursos em que o número de lugares a preencher seja inferior a 10 e igual ou superior a três, é garantida a reserva de um lugar. Nos concursos em que o número de lugares a preencher seja de um ou dois, o candidato com deficiência tem preferência em igualdade de classificação. Por outro lado, a Lei n.º 4/2019, de 10 de janeiro, estabelece um sistema de quotas de emprego para pessoas com deficiência com um grau de incapacidade igual ou superior a 60% no setor privado, bem como em organismos do setor público não abrangidos pelo Decreto-Lei 29/2001, de 3 de fevereiro. À luz deste diploma, as médias empresas com um número igual ou superior a 75 trabalhadores devem admitir trabalhadores com deficiência, em número não inferior a 1% do pessoal ao seu serviço. As grandes empresas, por sua vez, devem admitir trabalhadores com deficiência, em número não inferior a 2% do pessoal ao seu serviço.

A ideia de cidadania no trabalho passa também por aqui.

3. A propósito da presença de mulheres em órgãos de gestão, recorda-se, desde logo, a Lei n.º 26/2019, de 28 de março, que estabelece o regime da

representação equilibrada entre homens e mulheres no pessoal dirigente e nos órgãos da Administração Pública. À luz deste diploma, a designação dos titulares de direção obedece a um limiar mínimo de representação equilibrada na proporção de 40% de pessoas de cada sexo nos cargos e órgãos de direção. Determina-se, para o efeito, que a Comissão de Recrutamento e Seleção para a Administração Pública (CRESAP) tem em conta o objetivo da representação equilibrada de homens e de mulheres na composição da lista de candidatos para provimento no cargo enviada ao Governo.

4. Por outro lado, a Lei n.º 62/2017, de 1 de agosto, estabelece o regime da representação equilibrada entre mulheres e homens nos órgãos de administração e de fiscalização das entidades do setor público empresarial e das empresas cotadas em bolsa. Nos termos deste regime, a proporção de pessoas de cada sexo designadas para cada órgão de administração e de fiscalização de cada empresa não pode ser inferior a 33,3%. As entidades do setor público empresarial e as empresas cotadas em bolsa devem elaborar anualmente planos para a igualdade tendentes a alcançar uma efetiva igualdade de tratamento e de oportunidades entre mulheres e homens, devendo publicá-los no respetivo sítio na internet[318].

5. Historicamente e fora do espaço da União Europeia, as medidas de ação positiva inspiram-se num conceito operatório – as *affirmative actions* – desenvolvido nos Estados Unidos da América através da jurisprudência do *Supreme Court*, que admitiu em meados do século XX a adoção de *affirmative actions* (quer pelo Estado, quer por empregadores privados) destinadas a beneficiar grupos (minorias) tradicionalmente desfavorecidos, nomeadamente em função da etnia (vg. os Afro-americanos) ou do género – recordam-se a este propósito os emblemáticos casos, *Steel-workers v. Weber* (1979), e *Johnson v. Transportation Agency of Santa Clara County* (1987)[319].

[318] Cf. Guilherme Dray, *"Corporate Social Responsibility & Labor Compliance"*, *Revista Internacional de Direito do Trabalho*, cit., pp. 837-870.

[319] Ambos os arestos estão disponíveis no sítio https://supreme.justia.com/cases/federal/us. A este propósito, veja-se Guilherme Dray, *A Influência dos Estados Unidos da América na Afirmação do Princípio da Igualdade no Emprego nos Países da Lusofonia*, cit., pp. 66 e ss.

6. No caso *Steelworkers v. Weber* (1979), o *Supreme Court* decidiu que um plano voluntário de *affirmative action* de um empregador privado, que estabelecia objetivos de contratação em função da etnia, dando preferência à contratação de candidatos negros (*afro-americans*) e à promoção de trabalhadores negros em detrimento de trabalhadores brancos, não era discriminatório, *"dado que as disposições do Título VII (...) não proíbem que uma empresa use medidas de ação positiva para eliminar de forma voluntária (...) fenómenos tradicionais de discriminação"*[320]. O caso é simples de explicar: em 1974, o *United Steelworkers of America* (*USWA*) e a *Kaiser Aluminum Chemical Corp.* (*Kaiser*) celebraram uma convenção coletiva de trabalho que envolvia 15 fábricas da *Kaiser*. O acordo incluiu um plano de *affirmative action* projetado para eliminar os desequilíbrios raciais existentes na empresa, reservando para empregados negros 50% das vagas projetadas para trabalhadores qualificados. Antes deste plano de *affirmative action*, apenas 1,83% dos trabalhadores qualificados da *Kaiser* eram negros, quando é certo que a força de trabalho local era de aproximadamente 39% de pessoas negras. Durante o primeiro ano do plano de operação, foram selecionados sete estagiários negros, sendo certo que o estagiário com maior classificação tinha menos antiguidade e experiência que vários trabalhadores brancos do sector da produção, cujas propostas de admissão foram rejeitadas. *Weber*, um dos trabalhadores brancos excluídos, reclamou judicialmente, alegando ter sido vítima de discriminação, em violação do disposto no §§ 703 a e d do *Título VII* do *Civil Rights Act* de 1964. O *Supreme*, como se disse, rejeitou o pedido e admitiu a validade do plano de *affirmative action* da fábrica, invocando para o efeito que o propósito da empresa era legítimo – fazer quebrar situações históricas de segregação racial, abrindo novas oportunidades a pessoas negras que, de outra forma, a elas não teriam acesso, dado que tradicionalmente aquelas posições lhes estavam vedadas. O Tribunal recordou, por outro lado, que esta medida não fechava por completo o acesso de pessoas brancas às fábricas da *Kaiser*, dado que continuava a conceder-lhes 50% das vagas abertas, nem afastava pessoas brancas que já estivessem ao serviço da empresa. Por fim, o Tribunal teve em consideração a natureza temporária desta medida, "*not intend to mantain a racial balance, but simply to eliminate a manifest racial imbalance*".

[320] O caso *Steel-workers v. Weber*, 443, U.S. 193 1979, encontra-se disponível em https://supreme.justia.com/cases/federal/us/443/193/case.html, acesso em agosto de 2015.

7. A doutrina do *Supreme Court* rapidamente se estendeu à contratação ou promoção de mulheres. No caso *Johnson v. Transportation Agency of Santa Clara County* 1987[321], estava em causa um plano de *affirmative action* lançado pela empresa de transportes de *Santa Clara County*, destinado a promover a contratação de mulheres, tradicionalmente sub-representadas na empresa. O plano previa, nomeadamente, que, ao fazer promoções para posições dentro de uma classificação de cargos tradicionalmente segregados em que as mulheres estavam significativamente sub-representadas, a empresa estaria autorizada a considerar o sexo como um fator relevante para a escolha do candidato. O plano destinava-se a alcançar uma melhoria anual estatisticamente mensurável em contratar e promover minorias, em especial mulheres, em categorias profissionais onde as mesmas estavam sub-representadas. Para o efeito, o plano reservava um número específico de vagas para mulheres. A dado passo, quando a empresa pretendeu preencher a vaga de *road dispatcher*, um posto de trabalho qualificado, verificou que os 238 postos de trabalho qualificados existentes eram, todos eles, ocupados por homens. Nesse sentido, apesar de o melhor classificado para ocupar aquele posto ser um homem, a empresa optou por escolher uma mulher, *Diane Joyce*. O candidato masculino opôs-se judicialmente, mas o *Supreme* acabou por aceitar a validade do plano de *affirmative action* da empresa, considerando-o moderado, flexível e com um objetivo legítimo e proporcional – realizar uma melhoria gradual na representação minoritária das mulheres naquela empresa de transportes. O *Supreme* afirmou que "*a Agência tomou de forma devida em linha de conta o sexo de Joyce como um dos fatores de determinação da sua promoção. O Plano da Agência consubstancia um caso moderado e flexível de melhoria da representação de minorias e de mulheres na força de trabalho da Agência, sendo totalmente consistente com o Título VII*".

8. Em ambos os casos, o *Supreme Court* estabeleceu dois requisitos necessários para a validade das *affirmative actions:* em primeiro lugar, os planos em causa deveriam ter por objetivo corrigir "*a manifest imbalance in a segregated job category*", sempre que houvesse uma disparidade entre as minorias

[321] O caso *Johnson v. Transportation Agency of Santa Clara County*, 480, U.S., 616 1987, está disponível em https://supreme.justia.com/cases/federal/us/480/616/case.html, acesso em agosto de 2015.

tradicionalmente desfavorecidas e a força de emprego do empregador, tendo em conta o mercado de trabalho onde aquela unidade produtiva se inseria. Por exemplo, no caso *Johnson v. Transportation Agency of Santa Clara County*, o *Supreme* verificou que enquanto a percentagem de trabalhadoras femininas para aqueles específicos postos de trabalho, naquela empresa, correspondia a 0%, já na mesma zona geográfica e no mesmo mercado de trabalho a percentagem de mulheres empregadas correspondia a 5%.; em segundo lugar, o plano não deveria afastar por completo o interesse dos grupos tradicionalmente mais favorecidos, nem prejudicá-los a ponto de os afastar, devendo apenas ser utilizado para atingir um equilíbrio racial ou de género na força de trabalho[322].

9. As medidas de ação positiva de caráter temporário podem ter por escopo quer o acesso a profissões ou setores de atividade a trabalhadores do sexo sub-representado, a portadores de deficiência ou doença crónica ou a trabalhadores com capacidade de trabalho reduzida, quer a ascensão na carreira em benefício de determinadas categorias de trabalhadores sub-representados em cargos de chefia e de direção. As medidas de ação positiva passam nomeadamente pela realização de ações de formação profissional dirigidas a grupos desfavorecidos ou pela criação de incentivos à sua contratação (por exemplo, através de benefícios em sede de contribuições para a segurança social) de modo a colocá-los no mesmo ponto de partida daqueles que não se integram em camadas desfavorecidas[323].

[322] Cf. Alvin L. Goldman e Roberto L. Corrada, *Labor Law in the USA, Third Revised Edition*, cit., p. 195.

[323] Relativamente à criação de sistemas de quotas, recorda-se que o Tribunal de Justiça da UE, em acórdão de 15 de outubro de 1995 (Proc. C-450/93, habitualmente conhecido por processo *Kalanke)*, considerou ilícito qualquer sistema rígido de quotas, concluindo que "o artigo 2.º, números 1 e 4, da Diretiva n.º 76/207/CEE do Conselho, de 9 de fevereiro de 1976, opõe-se à aplicação de uma disposição nacional com base na qual as mulheres gozam de um direito de preferência no recrutamento e na promoção, bastando que tenham as mesmas qualificações dos candidatos do sexo masculino e pelo simples facto de se encontrarem em minoria na escala salarial do setor (...)". A criação de lugares absolutamente reservados para determinadas categorias de pessoas não é aceitável. Em contrapartida, não só são lícitos como se justificam, à luz da ideia de igualdade de oportunidades, os sistemas flexíveis de quotas, por força dos quais se atribuem vantagens a determinadas pessoas que integram grupos desfavorecidos de modo a colocá-las no mesmo plano dos demais trabalhadores ou candidatos a emprego, sem, contudo, lhes atribuir um direito de preferência de acionamento automático.

6. Práticas discriminatórias e obrigação de indemnização

1. O Código do Trabalho trata, também, das consequências decorrentes da prática de atos discriminatórios. Nos termos do artigo 28.º deste diploma, a prática de ato discriminatório lesivo de trabalhador ou candidato a emprego confere-lhe o direito a indemnização por danos patrimoniais e não patrimoniais, nos termos gerais de direito[324]. A consagração expressa do direito a indemnização por danos patrimoniais e não patrimoniais consubstancia um aspeto que há muito vinha sendo advogado por alguns setores da doutrina[325] e pela jurisprudência da União Europeia[326]. Torna-se claro, por força deste preceito, que a prática de um comportamento discriminatório gera não apenas responsabilidade contraordenacional, mas também responsabilidade civil, nos termos gerais (vg. artigos 483.º, 496.º e 799.º do Código Civil).

2. O preceito em causa tem um âmbito de aplicação alargado: abrange quer os comportamentos discriminatórios praticados *in contrahendo*, nos preliminares da formação do contrato de trabalho, quer aqueles que ocorram na respetiva execução. Em qualquer caso, mesmo quando se trate da aplicação do princípio da igualdade no acesso ao emprego, julga-se que está em jogo o regime da responsabilidade civil obrigacional – a prática discriminatória surge na sequência de contatos e negociações levados a efeito entre as partes,

Os sistemas flexíveis são pacificamente admitidos pela jurisprudência comunitária (vg. acórdãos do TJUE de 11 de outubro de 1997 – processo C-409/95, Marshall – e de 28 de março de 2000 – processo C-158/97, George Badeck).

[324] Veja-se a anotação de Guilherme Dray ao artigo 28.º do Código do Trabalho, em *Código do Trabalho Anotado*, 13.ª edição, Pedro Romano Martinez, Luís Miguel Monteiro, Joana Vasconcelos, Pedro Madeira de Brito, Guilherme Dray e Luís Gonçalves da Silva, cit., pp. 139-141, que se segue de perto.

[325] Veja-se, a título exemplificativo, Guilherme Dray, "Autonomia privada e igualdade na formação e execução de contratos individuais de trabalho", *Estudos do Instituto de Direito do Trabalho, I,* Almedina, Coimbra, 2001, pp. 83-95.

[326] Cf., nomeadamente, Acórdão do TJUE de 10 de Abril de 1984, Processo n.º 14/83, segundo o qual *"(...) quando um Estado-membro escolha uma sanção que se insira num regime de responsabilidade civil, esta deve, em todo o caso, para assegurar a sua eficácia e o seu efeito dissuasivo, ser adequada face aos prejuízos provocados e (...) ir mais além do que a simples atribuição de uma indemnização simbólica, como, por exemplo, o reembolso atribuído ao trabalhador de todas as despesas em que haja incorrido para efeitos de apresentação da sua candidatura"*.

porventura na sequência de negócios preparatórios ou preliminares – circunstância que acarreta, nomeadamente, o regime de presunção de culpa (artigo 799.º do CC) e o da responsabilidade direta por facto de terceiro (artigo 800.º, n.º 1, do CC). Assim, a prática de uma discriminação ilícita na formação do contrato de trabalho gera responsabilidade civil, criando na esfera jurídica da entidade prevaricadora uma obrigação de indemnização, de natureza pecuniária, que visa tornar indemne o "candidato-cidadão" discriminado, colocando-o na situação em que estaria caso o dano (patrimonial e não patrimonial) não tivesse ocorrido.

3. Para além de incorrer em responsabilidade civil e contraordenacional, nada mais é exigível ao empregador que exclua ilicitamente um candidato do acesso ao emprego. Teoricamente, poderia ser concebida outra via: a obrigação de admissão, por parte do empregador, do candidato ilicitamente excluído. Julga-se, porém, que tal solução, para além de juridicamente inviável e de difícil execução, embateria na natureza jurídica da prestação laboral e na liberdade de gestão empresarial, além de que seria facilmente contornável por parte do agente prevaricador. A natureza jurídica do contrato de trabalho, o caráter *intuito personae* da prestação laboral e a liberdade de gestão empresarial impedem que se admita como válida a criação na esfera jurídica do empregador da obrigatoriedade de contratação de um candidato ilicitamente excluído, na sequência de uma prática discriminatória. Do caráter *intuito personae* resulta que, mesmo nas sociedades laborais mais massificadas, as características do trabalhador são sempre tidas em consideração por parte do empregador, em termos tais que não se afigura lícito que o trabalhador, na constância do contrato de trabalho, se faça substituir por outro trabalhador. Ora, o caráter *intuito personae* da relação laboral impede que incida sobre qualquer dos sujeitos laborais um pretenso dever de contratação ou dever de celebração de contrato de trabalho. Tal possibilidade, para além de atentatória dos mais elementares direitos de personalidade do trabalhador e da sua dignidade enquanto pessoa, na eventualidade de ser este o sujeito compelido a contratar, consubstanciaria, com a mesma intensidade, um afrontamento inadmissível à autonomia privada e à liberdade de gestão empresarial, caso o agente obrigado a contratar fosse o empregador. As garantias de liberdade de criação e gestão da empresa, com assento constitucional, não o permitem,

nem tal seria admissível, porquanto contrário ao conteúdo mínimo da autonomia privada e da liberdade negocial. Por outro lado, importa não esquecer que a inexistência de uma obrigação de contratação surge na mesma linha da impossibilidade de execução específica, em caso de incumprimento de contrato-promessa de trabalho[327].

4. A situação altera-se, caso se trate de uma prática discriminatória perpetrada na execução do contrato de trabalho. Neste caso, admite-se que o empregador seja obrigado a proceder à reconstituição natural da situação que existiria caso o ato discriminatório não tivesse ocorrido, nomeadamente em sede de progressão na carreira, violação do princípio a trabalho igual, salário igual, ou em caso de despedimento ilícito[328].

5. O exposto permite que se conclua o seguinte: a discriminação no acesso ou na execução do contrato de trabalho consubstancia um tratamento diminuído ou desvantajoso realizado pelo empregador em função de certos elementos caracterizadores de grupos ou categorias específicas de candidatos. O que está em causa, consequentemente, é um juízo de desvalor e de censura relativamente a determinadas motivações "categoriais" de tratamento diferenciado que são contrárias aos valores do sistema laboral e à ideia de cidadania no trabalho. O que está em causa, portanto, é um juízo de desvalor e de censura relativamente a determinadas motivações categoriais de tratamento da cidadania[329]. O que está em causa, é a proteção da cidadania. Como se sustenta na doutrina portuguesa, nomeadamente MONTEIRO FERNANDES, não é a diferenciação, em si mesma, que está em causa, mas sim a não razoabilidade da sua motivação, bem como a insusceptibilidade da adoção de práticas distintivas fundadas em certas características comuns a certos conjuntos de

[327] Cf. GUILHERME DRAY, anotação ao artigo 28.º do Código do Trabalho, em *Código do Trabalho Anotado*, 13.ª edição, PEDRO ROMANO MARTINEZ, LUÍS MIGUEL MONTEIRO, JOANA VASCONCELOS, PEDRO MADEIRA DE BRITO, GUILHERME DRAY e LUÍS GONÇALVES DA SILVA, cit., pp. 335-341.

[328] A propósito dos efeitos emergentes da prática de comportamentos discriminatórios, veja-se GUILHERME DRAY, "Autonomia privada e igualdade na formação e execução de contratos individuais de trabalho", cit., pp. 83-95 e 104-105.

[329] Cf. GUILHERME DRAY, *O Princípio da Igualdade no Direito do Trabalho*, cit., p. 274.

indivíduos[330]. A raça, o sexo, a religião, a filiação partidária, as convicções político-ideológicas ou a pertença a uma determinada comunidade religiosa não são, em si mesmos, face aos valores axiológicos do sistema, motivos lícitos de práticas distintivas, pelo que qualquer diferença de tratamento baseada, sem mais, num destes aspetos, deverá nessa conformidade ser considerada discriminatória e juridicamente inadmissível[331].

6. No fundo, não é apenas a defesa da dignidade da pessoa humana e a cidadania no trabalho que se proclama, mas a própria irrelevância de certos fatores socialmente identificáveis por notas ou elementos distintivos (*maxime* a raça ou o sexo) como elementos suscetíveis de justificar, na grande generalidade dos casos, diferenças de tratamento. Como afirma MONTOYA MELGAR, não se pode admitir que a discriminação seja feita tendo por base "*motivos típicos, historicamente arraigados y contrários a la dignidade de la persona*"[332].

[330] Cf. MONTEIRO FERNANDES, "Observações sobre o princípio da igualdade de tratamento no Direito do Trabalho", I, *Estudos de Homenagem ao Prof. António de Arruda Ferrer Correia*, pp. 1014 e ss.

[331] Cf. LUÍS MENEZES LEITÃO, *Direito do Trabalho*, 3.ª ed., cit., pp. 204-205.

[332] Cf. MONTOYA MELGAR, *Derecho del Trabajo*, 30.ª ed., cit., p. 313.

Parte IV – Responsabilidade Social Corporativa

1. *Hard Law* e *Soft Law*

1. A associação do Direito do Trabalho aos direitos de cidadania lida, como se viu, com dois dos mais importantes regimes juslaborais, no que diz respeito à proteção da cidadania do trabalhador: o regime dos direitos de personalidade e o da igualdade e não discriminação. Estes regimes justificam, pois, uma abordagem unitária e integrada, em torno da ideia de *citizenship at work*. É esta a riqueza da fórmula, Direito do Trabalho e Cidadania.Ela permite, através da unidade do sistema, facultar uma ideia muito precisa sobre a importância do exercício de direitos de cidadania no âmbito da relação laboral. E permite, também, compreender que a prossecução da cidadania no trabalho, por parte das empresas, é um instrumento de responsabilidade social corporativa, com o seguinte alcance: o respeito pelos direitos de personalidade e pelo princípio da igualdade, a implementação de políticas de combate ao assédio e de *compliance laboral*, bem como a promoção de empregos dignos, podem ser mais bem prosseguidos com a colaboração das empresas. A agenda de responsabilidade social corporativa, conjugada com a adoção de códigos de conduta e a celebração de convenções coletivas de trabalho, pode ser muito útil para o cumprimento da lei laboral, para o bem-estar dos trabalhadores, para o exercício de direitos de cidadania e, até, para a competitividade das empresas[333] e para a promoção do bem comum[334].

[333] Cf. Guilherme Dray, *Corporate Social Responsibility & Labor Compliance*, cit., pp. 837-870.

[334] Sobre a ideia de *common good*, veja-se Robert B. Reich, *The Common Good*, Knopf, New York, 2018.

2. O Direito do Trabalho visa criar relações laborais justas e equilibradas, que protejam o trabalhador e a sua cidadania, sem pôr em causa a liberdade de gestão empresarial. No fundo, é a ideia de *fair balance* qe está em jogo, orientada para a necessidade de proteção do "trabalhador-cidadão".

Ora, os direitos de cidadania, incluindo os direitos de personalidade e o princípio da igualdade, tanto podem ser aprovados e aplicados pelo Estado, como pelos agentes privados. Nesse sentido, aliás, faz sentido recuperar a distinção que se faz nos sistemas jurídicos anglo-saxónicos entre *hard law* e *soft law*.

3. Frequentemente, a *hard law* é definida como o ato normativo emitido pelo Estado ou por agentes estatais, geralmente através de atos legislativos. A *hard law* contém as características da generalidade e da abstração. É aplicada a todas as situações e a todas as pessoas cujas ações estão no âmbito de aplicação das regras legais. A *hard law* é também coerciva, normativa e juridicamente vinculativa: é obrigatória para todos e pode ser aplicada coercivamente pelo Estado e pelas suas instituições. Caso sejam violadas as normas jurídicas produzidas, o Estado pode impor uma sanção contra o cidadão ou a corporação que a desobedeça. Tanto pode ser produzida por atores internacionais como por atores nacionais, como parlamentos legislativos ou governos.

4. Pelo contrário, a *soft law* é produzida por intervenientes não estatais e não é vinculativa para a generalidade da população. Normalmente, a *soft law* é produzida por empresas ou organizações não governamentais, ou surge em resultado da negociação coletiva entre empregadores e sindicatos. Assim, a *soft law* abarca todos os instrumentos não vinculativos frequentemente utilizados por atores não estatais, tais como empresas multinacionais, organizações não-governamentais e sindicatos. Inclui, nomeadamente, *códigos de conduta* societários, *acordos-quadro internacionais* e *convenções coletivas de trabalho*[335]. Todos eles são instrumentos de autorregulação adotados numa base voluntária e, por conseguinte, não são juridicamente vinculativos para a generalidade da população, ainda que as convenções coletivas possam conter uma parte normativa que se aplica não apenas aos seus outorgantes, mas também aos

[335] Cf. Isabelle Duplessis, "Soft Law and international labour law", *in Labour Law: Its role, trends and potential,* Labour Education, 2-3, n.º 143-144, 2006, pp. 37-46, p. 37.

filiados nas entidades deles subscritoras[336]. Por essa razão, e dado que a *soft law* não é juridicamente vinculativa para além dos seus outorgantes, as leis aprovadas pelo Estado são mais eficazes do ponto de vista jurídico e as questões sociais são mais bem regulamentadas por medidas juridicamente vinculativas, incluindo normas internacionais ou regras nacionais. No entanto, a utilização de instrumentos não vinculativos e a chamada *soft law* também podem ter um papel importante, complementando as leis, adaptando-as a alguns ambientes específicos e facilitando a sua implementação[337].

Por outro lado, mesmo que num nível mais circunspecto, a *soft law* também pode ter efeitos normativos. Embora em regra não contenha normas jurídicas, a *soft law* é, pelo menos, obrigatória para aqueles que emitem ou aprovam esses instrumentos e que se autovinculam ao respetivo cumprimento. No caso das convenções coletivas de trabalho, como se disse, ela é obrigatória, não apenas para o empregador e sindicatos que o concluam, mas também para os trabalhadores representados por esse sindicato ou para a empresa representada pela associação de empregadores outorgante, à luz do chamado "princípio da filiação"[338]. As convenções coletivas de trabalho, enquanto fonte específica do Direito do Trabalho, contêm normas jurídicas, que regem o contrato de trabalho. Seja como for, todos os instrumentos que integram a referida *soft law* podem incluir deveres aplicáveis aos que os aprovaram numa base voluntária, assim como podem aplicar-se e obrigar aqueles que por eles são representados[339-340].

[336] Sobre a eficácia normativa da convenção coletiva, veja-se, nomeadamente, Luís Gonçalves da Silva, *Notas sobre a Eficácia Normativa das Convenções Colectivas*, Almedina, Coimbra, 2002.

[337] Cf. Guilherme Dray, *Equality, Welfare State & Democracy*, Almedina, Coimbra, 2018, pp. 41 e ss.

[338] Sobre o princípio da filiação, veja-se Luís Gonçalves da Silva, anotação ao artigo 496.º do Código do Trabalho, *Código do Trabalho Anotado*, 13ª edição, Pedro Romano Martinez, Luís Miguel Monteiro, Joana Vasconcelos, Pedro Madeira de Brito, Guilherme Machado Dray e Luís Gonçalves da Silva, cit., pp. 1070 e ss.

[339] Cf. Antonio Garcia-Muñz Alhambra, "Soft on the Inside, Hard on the Outside: An Analysis of the Legal Nature of New Forms of International Labour Law", *The International Journal of Comparative Labour Law and Industrial relations*, Wolters Kluwer, Law and Business, 2011, pp. 337-363.

[340] Cf. R. J. Dupuy, "Declaratory Law and Programmatory Law: From Revolutionary Custom to 'Soft Law'", *Declarations on Principles, a Quest for World Peace (Liber Röling)*, eds. R.J.

5. A utilização *de códigos de conduta* e de *acordos-quadro internacionais* é um fenómeno que se intensificou nos últimos 30 anos e que surgiu simultaneamente como resposta à incapacidade dos intervenientes públicos em adotarem regras juridicamente vinculativas em matéria social. Podem também ser entendidos no âmbito da responsabilidade social das empresas multinacionais e na sequência do advento do conceito de *Corporate Social Responsibility* – responsabilidade social corporativa e do conceito de *ESG – Environment, Social and Governance*[341]. Por outro lado, as *convenções coletivas de trabalho* existem há mais de um século, desde o final do século XIX.

6. Em termos gerais, *os códigos de conduta corporativos* podem ser definidos como um regulamento unilateral aprovado por uma determinada empresa e pela sua equipa de gestão que contém um conjunto de princípios e regras destinados a governar a forma como as instituições devem comportar-se perante os seus *stakeholders* (clientes, colaboradores, trabalhadores, fornecedores e a comunidade) e a forma como as partes interessadas (especialmente os trabalhadores) se devem comportar em relação à instituição relativamente a determinadas matérias[342-343-344]. Muitas vezes, os referidos códigos de conduta colocam ênfase na responsabilidade social das empresas e constituem um instrumento central da referida agenda de responsabilidade social corporativa.

Akkerman, P.J. van Krieken & Ch. O. Pannenborg, Leyden, Sijthof, 1977, p. 248: J. Klabbers, "The Undesirability of Soft Law", *Nordic Journal of International Law*, 67, 1988, pp. 381-391.

341 Sobre o conceito de *ESG – Environment, Social and Governance*, veja-se Sir Ronald Cohen, *Impact: Reshaping Capitalism to Drive Real Change*, Morgan James Publishing, 2021.

342 Cf. A. Carson / M. Scott & Baetz / S. McGill, *Codes of Conduct in the Private Sector – A Review of the Academic Literature from 1987 to 2007*, 2, 2008, citados por Antonio Garcia-Muñz Alhambra, "Soft on the Inside, Hard on the Outside: An Analysis of the Legal Nature of New Forms of International Labour Law", *The International Journal of Comparative Labour Law and Industrial relations*, cit., p. 339.

343 Cf. I. Schömann et al., *Codes of Conduct and International Framework Agreements: New Forms of Governance at Company Level*, European Foundation for the Improvement of Living and Working Conditions, 2008, p. 105.

344 Cf. J. Murray, *Corporate Social Responsibility: An Overview of Principles and Practices*, Policy Integration Department – World Commission on the Social Dimension of Globalization, International Labour Office, Geneva, Working Paper n.º 34, 2004.

7. Num nível diferente, os *acordos-quadro internacionais* podem ser definidos como acordos entre multinacionais e sindicatos a nível internacional. Representam o resultado do diálogo social a nível transnacional, nomeadamente como método para promover e executar os principais padrões laborais da Organização Internacional do Trabalho (OIT). São mais ambiciosos do que os códigos de conduta unilaterais devido ao facto de incluírem várias partes interessadas a nível multinacional e internacional. Os acordos são adequados para colmatar lacunas de governação entre as multinacionais e os atores sociais que, tradicionalmente, atuam apenas a uma escala nacionais[345].

8. Por fim, as *convenções coletivas de trabalho* são acordos celebrados entre empregadores e sindicatos em consequência de um processo de negociação coletiva. Contêm normas que se aplicam regem os contratos de trabalho e, por conseguinte, complementam as leis laborais através da criação de normas e regimes geralmente mais favoráveis para os trabalhadores e que se adaptam às especificidades de determinado setor de atividade ou empesa. Geralmente, são aprovados a nível da empresa, mas podem ser aplicados em determinado sector de atividade ou para uma profissão específica. Normalmente, contêm regras sobre a organização do tempo de trabalho, salários, progressão na carreira, férias e local de trabalho. As convenções coletivas provêm da negociação coletiva e têm uma longa tradição. Nos Estados Unidos da América (EUA), em particular, a negociação coletiva começou no final do século XVIII pela mão do líder sindical, Samuel Gompers, o fundador da Federação Americana do Trabalho (1886). O sucesso da negociação coletiva nos EUA criou o ambiente para a sua consolidação em todo o mundo ocidental e para a sua proclamação nos pactos das Nações Unidas sobre questões laborais[346].

9. Estes três tipos de *soft law – códigos de conduta, acordos-quadro internacionais* e *convenções coletivas de trabalho* – diferem das leis do Estado. Como já disse, não são vinculativos para a generalidade da população e não beneficiam da

[345] Cf. D. Stevis, *International Framework Agreements and Global Social Dialogue: Parameters and Prospects*, ILO Multinational Enterprises Program, Job Creation and Enterprise Development Department. Employment Sector, Employment Working Paper, n.º 47, 2010, p. 2.

[346] Cf. Samuel Gompers, *Seventy Years of Life and Labor: An Autobiography*, E.P. Dutton and Co., New York, 1925.

tradicional coercibilidade das normas legais. São vinculativas apenas para aqueles que os emitiram ou são representados pela corporação ou pelo sindicato que concluiu as negociações. Em todo o caso, podem desempenhar um papel muito importante na promoção da igualdade e da não discriminação e na promoção e aplicação dos direitos de personalidade, quer através da criação de novas regras para além das regras legais expressas na legislação nacional, quer através da implementação de esquemas ou programas de ações afirmativas, a fim de promover grupos de pessoas tradicionalmente desfavorecidas e excluídas do mercado de trabalho, nomeadamente mulheres e minorias raciais.

10. Como exprimimos acima, os EUA desempenharam um papel pioneiro, tanto na negociação coletiva, como em matéria de responsabilidade social corporativa, sendo certo que ambos podem ser muito importantes para a aplicação de questões relativas aos direitos de personalidade ou à igualdade e não discriminação. A importância e a magnitude das convenções coletivas de trabalho justificam algumas palavras concretas sobre a sua história, a que segue a sinalização da importância dos EUA na utilização de códigos de conduta corporativos.

2. Negociação coletiva

1. Os EUA têm uma longa tradição na negociação coletiva e, atualmente, as convenções coletivas de trabalho têm uma importância muito significativa, desempenhando um papel fundamental no desenvolvimento económico do país e na promoção da paz social, permitindo ao setor industrial trabalhar livre de greves e situações de turbulência laboral[347-348]. A regulação das relações laborais, neste país, assenta essencialmente na negociação coletiva e não na lei, em particular no setor industrial; assim como assenta, em larga medida,

[347] Cf. William B. Gould IV, *A Prime from American Labor Law, fourth edition,* MIT Press, Cambridge, Massachusetts, Massachusetts Institute of Technology, 2004, p. 1.
[348] Sobre a história do Direito do Trabalho estado-unidense, veja-se Robert A. Gorman / Matthew W. Finkin, *Basic Text on Labor Law, Second Edition,* Thomson West, United States of America, 2004, pp. 2 et seq.

na resolução de litígio laborais por via de meios alternativos de resolução de conflitos (como a mediação e a arbitragem), em detrimento da via judicial[349]. De resto, as duas maiores áreas de intervenção do Direito do Trabalho estado-unidense[350] dizem respeito à igualdade e à não discriminação, por um lado, e à negociação coletiva, por outro: no primeiro caso, atendendo a que a defesa da igualdade e não discriminação, bem como a meritocracia, são absolutamente cruciais para a mobilidade social; no segundo caso, porque a negociação coletiva está no centro das relações laborais, que devem ser pacíficas e economicamente produtivas[351]. Estas duas matérias podem também ser reunidas, uma vez que vários acordos coletivos de trabalho contêm programas de ação afirmativa, que visam promover a igualdade no acesso ao trabalho.

2. O papel dos sindicatos, em especial no setor industrial, cujo poder se foi fortalecendo após a Grande Depressão dos anos 30 do século XX, é significativo e não pode ser dissociado do Direito do Trabalho que marca atualmente a sociedade estado-unidense. As grandes conquistas laborais foram, no essencial, obtidas através da luta laboral coletiva, nem sempre de forma pacífica. São famosas, aliás, as lutas laborais ocorridas durante o século XIX, em especial após a Guerra Civil e no setor ferroviário: no essencial, foram litígios marcados por uma grande conflituosidade e, nalguns casos, por ações violentas, protagonizadas, quer pelos primeiros sindicatos estado-unidenses de âmbito nacional – o *National Labor Union* (NLU) e, mais tarde, o sindicato que lhe sucedeu, o *Knights of Labor* –, quer pelos empregadores[352].

[349] Cf. Guilherme Dray, *The Influence of the United States of America on Reaffirming the Principle of Equality in Portuguese Speaking Countries*, Almedina, Coimbra, 2017, pp. 23 e ss.

[350] Sobre a História do Direito do Trabalho dos Estados Unidos da América, veja-se David E. Strecker, *Labor Law. A Basic Guide to the National Labor Relations Act*, CRC Press, Taylor & Francis Group, Boca Raton, London, New York, 2011, pp. 11 et seq.

[351] Cf. David E. Strecker, *Labor Law. A Basic Guide to the National Labor Relations Act*, p. 2.

[352] Como afirmam Robert A. gorman / Matthew W. Finkin, *Basic Text on Labor Law, Second Edition*, Thomson West, United States of America, 2004, a industrialização trouxe problemas até então desconhecidos no domínio laboral, dando origem à famosa "Questão Laboral" – "*(...) the rise of a permanent working class of unskilled and semi-skilled workers, often first or second generation immigrants, accompanied by strikes and a degree of labor violence virtually never view in the Western world, posed a set of social problems that were commonly clustered about "The Labor Question"*" (p. 2). No mesmo sentido, Lawrence M. Friedman, *American Law in the 20th Century*, cit. p. 112, recorda que no final do século XIX "*there were millions of landless urban workers – men*

A situação tornou-se insustentável: as lutas laborais coletivas, nomeadamente os piquetes de greve agressivos e turbulentos (*"mass picketing"*), caracterizados pela concentração de trabalhadores em protesto contra as respetivas condições de trabalho em condições não regulamentadas[353], converteram-se em ações de extrema violência de parte a parte, que por vezes duravam semanas, assemelhando-se mais a ações militares do que ao conceito que hoje temos de greve[354]. A agressividade e a violência grassavam, de parte a parte, e havia que pôr termo a esta situação[355].

3. Numa primeira fase, os tribunais americanos, na ausência de dispositivos legais que protegessem a atuação sindical, atuaram contra os trabalhadores, criminalizando as suas ações – foi a época da *criminal consparicy doctrine*, à luz da qual as ações coletivas e concertadas de trabalhadores destinadas a reivindicar melhores condições de trabalho, nomeadamente através do recurso à greve, eram qualificadas como ilícitas. É representativa, a esse propósito, uma decisão do Tribunal de *Philadelphia*, de 1806, no caso *Cordwainers Case*, que condenou os trabalhadores de uma fábrica de calçado que reivindicaram perante os seus empregadores o aumento dos seus salários. Os empregadores, que se encontravam numa situação económica adversa, não aceitaram tal reivindicação e, ao invés de negociarem com os trabalhadores, recorreram à via judicial, com vista a incriminá-los. O tribunal decidiu condenar os trabalhadores, por *criminal conspiracy*, nascendo, por essa via, a *criminal conspiracy*

and women who earned their bread by working in mines, factories, railroads yards, and sweat-shops (...) often in conditions of misery and squalor".

353 A propósito do *mass picketing* e da sua importância para o Moderno Direito do Trabalho, nomeadamente durante o período entre 1937 e 1947, veja-se Amhed A. White, *Workers Disarmed: The Campaing Against Mass Picketing and the Dilemma of Liberal Labor Rights", Harvard Civil Rights – Civil Liberties Review*, Harvard Law School, Vol. 49, n.º 1, Winter 2014, pp.59 e ss.

354 Cf. David E. Strecker, *Labor Law. A Basic Guide to the National Labor Relations Act*, p. 13.

355 A propósito do emblemático *"Memorial Day Massacre"*, ocorrido em Chicago, em 30 de Maio de 1937, onde a polícia disparou contra uma marcha de cerca de 1000 a 2500 trabalhadores desarmados que se preparavam para realizar uma ação de protesto na fábrica *Republic Steel*, episódio este que foi filmado e que ainda hoje é visto como *"one of the most infamous episodes of labour violence in American History"*, veja-se Amhed A. White, *Workers Disarmed: The Campaing Against Mass Picketing and the Dilemma of Liberal Labor Rights", Harvard Civil Rights – Civil Liberties Review*, cit., p. 60.

doctrine[356]. À luz desta doutrina, um trabalhador poderia, a título individual, reclamar um aumento salarial perante o respetivo empregador; já a atuação coletiva e concertada de trabalhadores para esse mesmo fim era, todavia, considerada ilícita *(outlaw)*. É desta época, também, que surgem as *criminal syndicalism laws*, que criminalizavam o sindicalismo que advogasse ou praticasse atos de desordem suscetíveis de afetar ou alterar a propriedade ou o controlo das indústrias – é particularmente emblemático, a esse propósito, o *California's Criminal Syndicalism Act*, de 1919, que criminalizava atuações sindicais suscetíveis de perturbar o bom funcionamento das unidades produtivas. Ficou célebre, a este propósito, o caso *Whitney v. California* (1927), à luz do qual o *Supreme Court*, com base naquele diploma de 1919, condenou a ativista e filha de boas famílias, *Charlotte Anita Whitney*, por esta, alegadamente, tendo sido membro *do Communist Labor Party*, ter professado e promovido uma ideologia perigosa e subversiva, "*tending to incite crime, disturb the public peace, or endanger the foundations of organized government and threaten its overthrow*"[357].

4. Num segundo momento, os próprios empregadores passaram a condicionar a contratação de trabalhadores ou a manuteção de contratos de trabalho à celebração de acordos de renúncia à sindicalização – por esta via, os candidatos a emprego ou os trabalhadores renunciavam à sua filiação sindical, como pressuposto necessário à sua contratação ou à manutenção do emprego. Surgem, então, os habitualmente denominados *yellow dog contracts* – através do contrato de trabalho, o trabalhador assumia perante o empregador o compromisso de não sindicalização, sob pena de justa causa de resolução contratual. O *Supreme Court* admitiu a validade destes contratos, à luz da "*liberty of contract*".

No caso *Adair v. United States* (1908)[358], o *Supreme* chegou mesmo a declarar a invalidade de um diploma do Congresso de 1898 *Erdman Act*, que proibia os empregadores do setor ferroviário de discriminarem os trabalhadores em

[356] Veja-se, a este propósito, WALTER NELLES, "The Firts American Labor Case", *Yale Law Journal*, Vol. XLI, December 1931, n.º 2, pp. 165 e ss., disponível em http://digitalcommons.law.yale.edu/cgi/viewcontent.cgi?article=5500&context=fss_papers

[357] O caso *Whitney v. California*, 274 U.S. 357 (1927) encontra-se disponível em https://supreme.justia.com/cases/federal/us/274/357/case.html

[358] O caso *Adair v. United States*, 208, U.S. 161 (1908), pode ser consultado em https://supreme.justia.com/cases/federal/us/208/161/case.html

função da sua filiação numa "*labor organization*". O caso é simples de resumir: *Adair*, um alto quadro do *Louisville and Nashville Railroad*, foi acusado de ter despedido um trabalhador, chamado *Coppage*, por este ser filiado no *Order of Locomotive Firemen*, despedimento esse que seria contrário ao citado *Erdman Act* de 1898. O *Supreme*, quando confrontado com esta acusação, considerou que o *Erdman Act* de 1898 violava a liberdade contratual e o *Fourtheenth Amendment*, pelo que era inconstitucional. A atuação de *Adair*, consequentemente, não era ilícita e os *yellow dog contracts* eram aceitáveis, por se inscreverem na liberdade de celebração e estipulação contratual. À luz desta tese, empregadores e trabalhadores podiam, livremente, negociar o que bem entendessem e dispor livremente do conteúdo do respetivo contrato de trabalho.

O mesmo sucedeu em 1915, no caso *Coppage v. Kansas (*1915). Neste caso, o *Supreme* seguiu a doutrina do caso *Adair* e declarou a invalidade de um diploma do Estado do *Kansas*, que declarava a ilicitude dos *yellow dog contracts*, considerando que aquele diploma violava a liberdade contratual e o *due process clause* decorrente da *Fourtheenth Amendment*[359]. Foi, de resto, com base nessa mesma tese e na idea de "*liberty of contract*" que o mesmo *Supreme Court*, no início do século XX, já havia declarado a invalidade de um diploma do Estado de *New York* que estabelecia como limite máximo do período normal de trabalho, nas padarias, 10h por dia e 60h por semana. No caso *Lochner v. New York* 1905[360], o proprietário de uma padaria, que havia sido acusado de exigir aos seus trabalhadores que trabalhassem mais de 10h por dia e de 60h por semana, defendeu-se com base no contrato de trabalho celebrado com os trabalhadores, que admitia aqueles limites temporais. Quando confrontado com o tema, o *Supreme Court*, na altura, inciando aquilo a que alguns apelidam de *conservative activism*[361], decidiu que a lei do Estado de Nova York era inconstitucional, por interferir na liberdade contratual de empregadores e trabalhadores, violando como tal a citada XIV Emenda Constitucional, segundo a qual nenhum Estado poderia privar as pessoas da sua vida, liberdade ou propriedade sem um "*due process of law*". O *Supreme* entendeu que a *bakery law* interferia com a liberdade

[359] O caso *Coppage v. Kansas, 236, U.S. 1 (1915)*, pode ser consultado em https://supreme.justia.com/cases/federal/us/236/1/case.html

[360] O caso *Lochner v. New York*, 198, U.S. 45 (1905), pode ser consultado em https://supreme.justia.com/cases/federal/us/198/45/case.html

[361] Cf. Lawrence M. Friedman, *American Law in the 20th Century*, Yale University Press, cit., p. 17.

de celebração do contrato de trabalho e que o Estado de *New York* não podia impor limites à duração diária e semanal do trabalho.

5. Numa terceira fase, nos finais do século XIX e no primeiro quartel do século XX, os empregadores passam a intentar as *labor injunctions* – desprovidos da lei criminal como arma de utilização contra os trabalhadores, recorrem às *injunctions*, ou seja, a ordens judiciais destinadas a paralisar ações grevistas, ordens essas cujo desrespeito faria incorrer os grevistas em crime de desobediência – nesse contexto, todas as atuações coletivas dos trabalhadores, incluindo greves, piquetes e boicotes ao empregador ou aos seus produtos(*"strikes, picketing and boycots of the employer or its products"*) eram qualificadas e tratadas como *"conspiracies"* que afetavam o comérico e causavam danos ao empregador afetado[362]. Também as *labor injuctions* foram, numa primeira fase, apadrinhadas pelo *Supreme Court*. Mesmo quando alguns Estados começaram a legislar contra as *labor injuctions*, o *Supreme Court* declarou alguns desses diplomas inválidos, nomeadamente no caso *Truax v. Corrigan (*1921)[363], que envolveu um diploma do Estado do *Arizona*.

Neste caso, os trabalhadores do restaurante *the English Kitchen*, sito na cidade de *Bisbee*, Arizona, entraram em greve e organizaram-se em piquetes à porta do restaurante; como consequência, o negócio e a faturação do mesmo caíram abruptamente. Os proprietários do restaurante intentaram uma *labor injuction* e os trabalhadores defenderam-se, invocando o *Arizona Statute*, que autorizava o *peaceful picketing* e que proibia *as labor injuctions*. Quando confrontado com o caso, o *Supreme* considerou que o *Arizona statute* era inválido – para o *Supreme*, "negócio" era sinónimo de "propriedade", pelo que qualquer ato grevista suscetível de causar danos à propriedade de outrem seria ilícito, estando fora do alcance dos Estados autorizar e permitir este tipo de comportamentos. Este movimento dos empregadores, validado pelo *Supreme*, não teve, todavia, grande alcance: os sindicatos organizaram-se, de forma a paralisar as *labor injuctions*.

Em 1930, o Presidente *Hoover* nomeou para o *Supreme Court* um republicano *sulista*– o juiz *John J. Parker* – que havia, em 1927, emitido uma *labor injuction*

[362] Cf. ROBERT A. GORMAN / MATTHEW W. FINKIN, *Basic Text on Labor Law, Second Edition*, cit., p. 2.
[363] O caso *Truax v. Corrigan, 257, U.S., 312 (*1921), pode ser consultado em https://supreme.justia.com/cases/federal/us/257/312/.

contra o *United Mine Workers*. A *American Federation of Labor* organizou uma enorme campanha de boicote à nomeação daquele juiz e, em 7 de maio de 1930, o Senado vetou a nomeação do mesmo. As *labor injuctions*, politicamente desacreditadas, tinham os dias contados. Para os reformistas, tornava-se claro que a "*Questão Laboral*" não se podia resolver com *injuctions* – ela carecia, isso sim, de uma verdadeira política laboral ("*labor policy*") e da aprovação de leis laborais ("*labor law*") capazes de dar resposta às "*contemporary circumstances and needs*"[364].

6. Havia que intervir: o Estado não podia continuar a assistir, impávido e sereno, a estas lutas laborais coletivas, marcadas pela agressividade e pela violência e que em nada contribuíam para o desenvolvimento económico e social do país.

Em 1932, finalmente, o Congresso aprovou o *Norris-La Guardia Act*, à luz do qual os tribunais foram impedidos de emitir *injunctions* no âmbito de litígios laborais, salvo em situações excecionais[365].

O Estado passa, a partir de então, a legislar em matérias laborais.

7. O primeiro marco legislativo federal relativo ao Direito do trabalho dos Estados Unidos da América data de 1935[366].

Na sequência do *stock market crash* de 1929 e da *Great Depression* de 1930, que lançou o país numa tremenda recessão ou, como alguns afirmam, num

[364] Cf. Robert A. gorman / Matthew W. Finkin, *Basic Text on Labor Law, Second Edition*, cit., p. 4.

[365] Cf. Robert A. gorman / Matthew W. Finkin, *Basic Text on Labor Law, Second Edition*, cit., p. 6., que recorda que "*For the most part, the law barred the insurance of an injunction in a "labour dispute" (...) Peaceful strikes, picketing and boycotts were sheltered against the injunction and in the extraordinary cases in which an injunction could lawfully issue, the Act imposed limitations upon the duration of restraining orders and provided for full and fair hearings for preliminary injunctions (...)*.

[366] A atuação do Estado Federal no domínio do Direito do trabalho começou, todavia, a ser discutida alguns anos antes. Em 1902, a "*Industrial Comission*" do Congresso alertou para a necessidade de se introduzir "*an element of democracy into the government of industry*" e para a necessidade de os empregadores negociarem, em pé de igualdade, com os representantes dos trabahadores. Em 1919, o President Wilson "*summoned an Industrial Conference in the fall of 1919, consisting of management, labor, and public representation, to find 'some common ground' with regard to future labor policy*". A partir de 1920, os acordos negociais no setor ferroviário, entre os *railroads* (with *private* management) e os *railroads unions* sucederam-se, dando origem, em 1926, ao *Railway Labor Act of 1926*.

enorme "*black hole*", com mais de um quarto da população ativa desempegada, com falências nos bancos e nas empresas e com a economia paralisada, o novo Presidente então eleito, em 1933, Franklin Delano Roosevelt, lançou o *New Deal*, programa político destinado a recuperar a economia norte-americana e a assistir os que haviam sofrido com a Grande Depressão. O *New Deal* implicou uma séria significativa de reformas legais, em especial no período compreendido entre 1933 e 1935, destinadas a dinamizar a economia, seja através de leis aprovadas no Congresso, quer através de Ordens Executivas *Executive orders* do Presidente. É nesta fase, nomeadamente, que são aprovados, em 1933, o *National Industrial Recovery Act*, destinado a promover a recuperação da indústria, o *Emergency Banking Act*, que procurou garantir o saneamento financeiro do setor bancário, o *Agricultural Adjustment Act*, que teve em vista regular a produção agrícola, e o *Home Owner's Refinancing Act*, que teve como objetivo evitar a perda de casas próprias hipotecadas. Neste ambiente social e político, o Presidente F. Roosevelt e o Congresso aperceberam-se, também, que não mais podia ser negado um papel de relevância aos sindicatos, no âmbito do funcionamento da economia americana. A manutenção do *status quo* e a negação de qualquer legitimidade aos sindicatos redundariam, apenas, na mantenção dos conflitos violentos no setor produtivo, que em nada acrescentavam ao crescimento económico. Havia que ir mais longe.

8. Surge, então, em 1935, o *Wagner Act*, novo marco legislativo destinado a criar "*a new era in labor relations*"[367]. O diploma, que reconheceu no seu preâmbulo a existência de uma desigualdade de base entre empregadores e trabalhadores, assinalando a natureza meramente formal da "*liberty of contract*" dos trabalhadores, atribui-lhes pela primeira vez legitimidade para atuarem de forma coletiva e concertada, defendendo-os de interferências externas por parte dos empregadores e compelindo estes últimos a negociarem com os sindicatos "*in good faith*". O diploma criou, por outro lado, a *National Labor Relations Board*, a primeira agência administrativa incumbida de garantir a aplicação da lei laboral, bem como a *Works Progress Administration*, que procurou combater o desemprego através da contratação de milhares de desem-

[367] Cf. LAWRENCE M. FRIEDMAN, *American Law in the 20th Century*, Yale University Press, cit. p. 167.

pregados – trabalhadores manuais, artistas, escritores, etc – por todo o país[368]. E o *Supreme Court,* pela primeira vez, no caso *National Labor Relations Board v. Jones & Laughlin Steel Corp* 1937, analisando a constitucionalidade do *Wagner Act*, reconheceu o direito dos trabalhadores "*to self-organization*" como um "*fundamental right*", assumindo ainda que os sindicatos eram essenciais para facultar aos trabalhadores "*opportunity to deal on an equality with their employer*"[369].

9. Mais tarde, em 1938, foi aprovado o *Fair Labor Standards Act,* que estabeleceu pela primeira vez o salário mínimo nacional *twenty five cents an* hour e o limite máximo ao período normal de trabalho *forty-four hours a week*. Em 1947, o *Wagner Act* foi reformado pelo *Taft-Hartley Act* que, para além de reforçar os direitos de atuação coletiva decorrentes do diploma de 1935, estabeleceu o direito ao trabalho "*right to work*", que determinou a invalidade das cláusulas contratuais que condicionavam o acesso ou manutenção do emprego à não sindicalização, ou seja, a invalidade dos citados *yellow dog contracts.*

Por fim, em 1957, foi aprovado o *Landrum-Griffin Act,* que aprovou, nomeadamente, o *Union Members "Bill of Rights"*, destinado a garantir os direitos dos trabalhadores sindicalizados perante os respetivos sindicatos. Em simultâneo, regulamentou as chamadas "*unfair labor practices*", proibindo algumas práticas inaceitáveis e injustas – *v.g.* os boicotes e os apelos aos consumidores para não adquirirem certos produtos – e regulamentando o *picketing.*

10. O conjunto daqueles diplomas – o *Wagner Act,* o *Taft-Hartley Act* e o *Landrum-Griffin Act* – é habitualmente denominado por *National Labor Relations Act,* um produto das circunstâncias económicas, sociais, legais e políticas da Grande Depressão que, todavia, se mantém ainda hoje como a principal "*federal law governing the conduct of labor-management relations*"[370]. O *National*

[368] Veja-se, a este propósito, Lawrence M. Friedman, *American Law in the 20th Century,* Yale University Press, cit. pp. 152-155. Sobre o *New Deal,* veja-se também Jennifer Klein / Eileen Boris, *Caring for America: Home Health Workers In the Shadow of the Welfare State,* Oxford University Press, 2012.

[369] O caso *National Labor Relations Board v. Jones & Laughlin Steel Corp,* 301 U.S. 1 1937, pode ser consultado em https://supreme.justia.com/cases/federal/us/301/1/case.html, acesso em agosto de 2015.

[370] Cf. Robert A. gorman / Matthew W. Finkin, *Basic Text on Labor Law, Second Edition,* cit., p. 1.

Labor Relations Act marcou a diferença, em termos legislativos: a partir de então, passa a ser atribuído aos sindicatos o direito à negociação coletiva ou, por outras palavras, "*the right to engage in collective bargaining*".

A negociação coletiva passa a ter um papel predominante. Ao ser introduzido um fator como este de democraticidade no setor industrial, alguns temas tradicionalmente problemáticos, como a segurança no local de trabalho, o desenvolvimento da economia e a lealdade e dignificação do trabalho passam a vingar de forma autónoma, "*without the need for direct government intervention*"[371].

Iniciou-se, então, uma espécie de "*golden age for American unions*" – os trabalhadores sindicalizados passaram de 3 milhões em 1933 para 6 milhões em 1937, 10 milhões em 1942 e 15 milhões em 1951[372]. A negociação coletiva afirmou-se definitivamente como fonte do Direito do trabalho por excelência.

11. A negociação coletiva, de acordo com o sistema industrial dos Estados Unidos, assenta numa estrutura descentralizada, baseada em unidades sindicais de base local, muitas vezes com presença ao nível da fábrica.

É nesse sentido que a doutrina costuma afirmar, com propriedade, que "*a maior parte das convenções coletivas celebradas nos Estados Unidos da América são negociadas ao nível da fábrica, com a participação dos sindicatos locais*"[373]. De resto, o grau de pormenorização e de regulamentação desses acordos coletivos é elevado, o que faz com que os acordos obtidos entre os sindicatos e as equipas de gestão envolvam questões que, na Europa e nos países lusófonos, tradicionalmente, são objeto de intervenção legislativa.

É o que sucede, nomeadamente, com o tratamento dado aos habitualmente denominados *fringe benefits*, nomeadamente férias, subsídios de férias, feriados, compensações pelo desemprego, seguros de saúde ou benefícios hospitalares. No mesmo sentido, tradicionalmente, as matérias relacionadas com a proteção dos trabalhadores contra despedimentos sem justa causa, ou as que

[371] Cf. Robert A. gorman / Matthew W. Finkin, *Basic Text on Labor Law, Second Edition*, cit., p. 8. Os autores recordam, todavia, que "*Today, however, many of these matters are dealt with by law directly – by occupational safety and health legislation, anti-discrimination legislation, pension and benefit legislation, and by more discrete pieces of labor-protective law at both the federal and the state levels*"

[372] Cf. Lawrence M. Friedman, *American Law in the 20th Century*, Yale University Press, cit. pp. 168-169.

[373] Cf. William B. Gould IV, *A Prime rom American Labor Law*, cit., p. 4.

se prendem com o pagamento de compensações em caso de despedimento por justa causa objetiva, nomeadamente decorrentes de encerramento de estruturas empresariais, são tratadas pelas referidas convenções coletivas de trabalho e não pela lei, ao arrepio do que acontece na Europa e, em particular, em Portugal e nos demais países da lusofonia. É verdade que, mais recentemente, nalguns Estados federais, como é o caso da Califórnia, os tribunais, seguindo a liderança do *Supreme Court of California*, optam muitas vezes por decretar a ilicitude de despedimentos realizados sem justa causa, de forma arbitrária ou com má fé (*"without juste cause, arbitrarily, or in bad faith"*)[374] tendo por base leis estaduais e não convenções colectivas de trabalho – na grande maioria dos casos, porém, estas matérias resultam da *"collective bargaining"*.

12. As convenções coletivas de trabalho são, hoje, à escala global, um importante instrumento de cidadania. Envolvem as estruturas sindicais, promovem a autorregulamentação de interesses e garantem, ainda que nem sempre com o impulso que deveriam ter, temas relativos à prevenção do assédio, à proteção da privacidade e à igualdade e não discriminação.

3. Códigos de conduta corporativos

1. Mais recentemente, os Estados Unidos da América EUA também desempenharam um papel muito importante no aparecimento de *códigos de conduta corporativos*, uma vez que foi uma empresa norte-americana – a *General Motors* – que pela primeira vez adotou e divulgou um *Código de Governança Corporativa* (1992). Desde então, a adoção de códigos desta natureza, muitas vezes envolvendo questões relativas à igualdade e não discriminação e à proteção dos *stakeholders*, passou a ser mais comum.

Com efeito, apesar da existência de leis federais governamentais e leis estatais sobre a igualdade e a não discriminação, subsistem ainda alguns fenómenos de discriminação no que respeita ao acesso ao emprego e a luta pela igualdade é uma tarefa interminável. Neste contexto, a aprovação de códigos de conduta e o reconhecimento das empresas de que a adoção de políticas

[374] Cf. WILLIAM B. GOULD IV, *A Primer on American Labor Law*, cit., p. 6.

de igualdade e a contratação de grupos desfavorecidos são úteis para o desenvolvimento dos seus negócios, pode ajudar à aplicação do princípio da igualdade. Este fenómeno é cada vez mais visível nos EUA, dada a sua diversidade étnica e religiosa. Hoje em dia, muitas empresas são poderosas aliadas da igualdade de oportunidades, ao tentarem recrutar candidatos a emprego minoritários, ao melhorar as condições de trabalho das mulheres trabalhadoras e ao proporcionar o acesso ao emprego a pessoas com deficiência, em nome da responsabilidade social corporativa.

As grandes empresas que atuam no mercado global estão abertas para aumentar a diversidade e a experiência transcultural nos seus negócios[375].

O advento do conceito de "Responsabilidade Social Corporativa", hoje complementado com o conceito de "*ESG – Environment, Social, and Governance*", ajudou a construir esse caminho.

2. A ideia de *responsabilidade social corporativa* começou na década de 1980 do século XX com o seguinte sentido: mais do que simplesmente obter um valor acionista, o principal objetivo do governo corporativo deveria ser o de distribuir tal os proveitos da empresa a todos os *stakeholders*.

Nesta perspetiva, para além de estarem preocupadas com a equipa de gestão e os acionistas, a gestão das empresas deveria também preocupar-se com a criação de riqueza, suscetível de ser distribuída por todos os que fazem parte da empresa, nomeadamente os trabalhadores, os fornecedores, a comunidade local, os credores e, em última análise, o próprio Estado. Surge, então, a ideia de ética empresarial, que passa também pela criação de *labour standards* que reafirmam a ideia de cidadania dos trabalhadores, em larga medida por força dos desenvolvimentos sentidos ao nível das políticas de *corporate social responsibility*[376].

375 Veja-se Richard Thompson Ford, "Discounting Discrimination: Dukes v. Wal-Mart Proves that Yesterday's Civil Rights Laws Can't Keep Up with Today's Economy", *Harvard Law & Policy Review, Jobs and the American Worker*, Volume 5, No. 1, Winter 2011, Cambridge, Massachusetts, 2011, disponível em http://web.archive.org/web/20120625043058/http://hlpronline.com/2011/06/discountingdiscrimination/.

376 A este respeito, veja-se Michael C. Jensen, "*Value Maximization, Stakeholder Theory and the Corporate Objective Function*", October 2011, *Negotiation, Organization and Markets Unit Harvard Business School, Working Paper* n.º 01-09, Monitor Company and M. C. Jensen, 2002, disponível em http://papers.ssrn.com/sol3/papers.cfm?abstract_id=220671.

3. Nas últimas décadas, as grandes empresas tornaram-se cada vez mais conscientes da sua responsabilidade social, moral e ambiental, à luz do conceito de "*ESG – Environment, Social, and Governance*", o que melhorou a aplicação da igualdade no local de trabalho e a defesa de outros temas intimamente associados aos direitos de cidadania, como sejam a prevenção do assédio e a implementação de políticas de privacidade e de proteção de dados pessoais. Atualmente, a preocupação das equipas de gestão na sua relação com os trabalhadores, a comunidade local e o ambiente está a aumentar de forma significativa, bem como a assunção de que a adoção de métodos de trabalho injustos pode levar a campanhas de imprensa, boicotes e outras ações diretas lançadas por sindicatos, consumidores ou outras associações de partes interessadas, com danos reputacionais.

4. A responsabilidade social corporativa e a ideia de "*ESG - Environment, Social, and Governance*", envolve um vasto leque de práticas que vão além dos requisitos legais e que são adotadas numa base voluntária. Tratam da prevenção do suborno e da corrupção, do respeito pelos direitos humanos, da promoção da cidadania, do envolvimento da comunidade e da proteção do ambiente, bem como da gestão dos recursos humanos, das condições de emprego e da prevenção contra o assédio e a discriminação[377-378].

5. Neste contexto, o conceito de *responsabilidade social corporativa* inclui o respeito pelas *normas mínimas de trabalho*[379]. Com este objetivo, as empresas adotam frequentemente, de forma voluntária, os referidos códigos de conduta corporativos, que contêm normas de conduta. Nalguns casos, estas normas contêm referências a temas de cidadania, nomeadamente a eliminação da

[377] Sobre o tema, veja-se JEAN-MICHEL SERVAIS, "International Labor Standards and Corporate Social Responsibility", *Bulletin of Comparative Labor Relations*, Kluwer Law International, Netherlands, No. 55, 2005, pp. 21 e ss.

[378] Cf. JEAN-MICHEL SERVAIS, "*International Labor Standards and Corporate Social Responsibility*", cit., p. 22.

[379] A este respeito, ERIC OGILVIE-BROWN, "Corporate Social Responsibility: An Integral Element Rather than a Bolt-on Option", *Rethinking Corporate Governance, Bulletin of Comparative Labor Relations*, Kluver Law International BV, Netherlands, 2011, pp. 165 et seq. O Autor defende que a "*Corporate Social Responsibilities CSR is an integral part of the day-today planning and operation of a successful business*".

discriminação no emprego, a abolição do trabalho forçado e do trabalho infantil, a prevenção do assédio e a promoção da igualdade de oportunidades, entre outros. O papel desempenhado pelas empresas na promoção da igualdade e do progresso social é cada vez mais uma realidade – hoje em dia, as empresas podem fazer parte da solução. A crescente popularidade da responsabilidade social corporativa baseia-se, em parte, na crença de que as empresas modernas têm os recursos financeiros, o capital humano e a influência global para fazer avançar causas progressistas[380].

6. O papel desempenhado por várias associações americanas neste domínio, como o caso da *American Bar Association*, fundada em 1878, através da sua Comissão de Igualdade de Oportunidades de Emprego, tem sido absolutamente determinante[381].

7. A sensibilização das políticas empresariais para a igualdade e a não discriminação é também incentivada pelas instituições internacionais. A iniciativa de 1976 da OCDE, intitulada, *"Declaração sobre Investimento Internacional e Empresas Multinacionais"*, contém um conjunto de orientações para as empresas que operam em vários mercados. No fundo, as orientações da OCDE incluem conceitos e princípios gerais como o respeito pelos direitos humanos, a importância da formação de capital humano, a observância da legislação nacional e a promoção da sensibilização dos trabalhadores para o cumprimento das políticas das empresas. No que diz respeito ao emprego e às relações laborais, referem alguns direitos fundamentais no local de trabalho, tais como a eliminação da discriminação, a abolição do trabalho infantil e o trabalho forçado, a liberdade de associação e a livre negociação coletiva[382].

[380] Ver Aaron K. Chatterji / Barak D. Richman, "Understanding the Corporate", *Corporate Social Responsibility, Harvard Law & Policy Review, Progressive Visions of The Corporation*, Volume 2, No. 1, disponível em http://web.archive.org/web/20120625075725/ http://www.hlpronline.com/Chatterji_Richman_HLPR.pdf.

[381] A este respeito, veja-se o site oficial da *American Bar Association* ABA, disponível em http://www.americanbar.org/groups/labor_law/committees/eeocom.html

[382] Cf. Jean-Michel Servais, "International Labor Standards and Corporate Social Responsibility", cit., pp. 28-29.

8. Da mesma forma, em 1998, a OIT aprovou a "*Declaração sobre Princípios e Direitos Fundamentais no Trabalho*". Mais tarde, a mesma OIT criou a "*Agenda do Trabalho Decente*"[383], com o objetivo de "*garantir que as pessoas possam encontrar trabalho, que é essencial para sair da pobreza; e que o trabalho que encontram é "decente" – em termos de proporcionar vida ao trabalhador e à sua família, a ser realizado em condições razoáveis e, sobretudo, a assegurar que os direitos fundamentais dos trabalhadores sejam respeitados*"[384-385].

9. A União Europeia, por sua vez, também em 1998 e através do Parlamento Europeu, aprovou a resolução "*Normas da UE para as empresas europeias que operam nos países em desenvolvimento: Rumo a um Código de Conduta Europeu*"[386] e, em 2001, através da Comissão Europeia, lançou o "*Livro Verde sobre a responsabilidade social das empresas*", que se refere à[387] "*responsabilidade social das empresas*", afirmando que as empresas também têm responsabilidades sociais, nomeadamente na relação com os seus colaboradores.

10. Em 2001, a OCDE volta a insistir no tema da *corporate social responsibiity*, com o projeto "*Partners for Progress*" . Definindo a *corporate social responsibility* (CSR) como a "*business's contribution to sustainable development*", e recordando que as empresas devem garantir, não apenas, "*returns to shareholders*", mas também, "*wages to employees, and products and services to customers*" , bem como uma resposta adequada a "*societal and environmental concerns*", a OCDE insiste

[383] O documento "*Declaração sobre Princípios e Direitos Fundamentais no Trabalho*" está disponível em http://www.ilo.org/declaration/lang--en/index.htm.

[384] Veja-se Lee Swepston, "OIT Standards and Globalization", cit., p. 12.

[385] A este respeito, veja-se Pieter Leenknegt, "EU Trade Policy and International Labor Standards: The View from the ILO", *Protecting Labor Rights in a Multi-Polar Supply Chain and Mobile Global Economy, Bulletin of Comparative Labor Relations,* Wolters Kluwer Law & Business, No. 89, Netherlands, 2015, p. 73 et seq. O Autor recorda que foi graças à *Declaration on Social Justice for a Fair Globalization* de 2008 que a OIT assumiu definitivamente que "*the trade and labor linkage*" e "*the violation of fundamental principles and rights at work cannot be invoked or otherwise used as a legitimate comparative advantage*" (p. 76).

[386] A resolução, "*EU standards for European Enterprises operating in developing countries: Towards a European Code of Conduct*", está disponível em http://www.europarl.europa.eu/sides/getDoc.do?pubRef=-//EP//TEXT+REPORT+A4-1998-0508+0+DOC+XML+V0//EN,"

[387] O "*Green Paper on corporate social responsibility*" está disponível em http://eur-lex.europa.eu/ conteúdo legal/PT/TXT/?uri=URISERV:n26039.

na necessidade de as empresas passarem a ser atores ativos na preservação de boas relações de trabalho e na adoção de boas praticas laborais, sociais e ambientais, recordando que o setor privado e empresarial se deve envolver na criação de uma *"coherent social strategy in the interest of society as a whole"*[388].

11. Em 2003, através da *Subcomissão de Promoção e Proteção dos Direitos Humanos*, as Nações Unidas aprovaram o documento "*Normas sobre as responsabilidades das empresas transnacionais e de outras empresas no que diz respeito aos direitos humanos*", contendo uma "*lista de verificação abrangente para empresas privadas, a caminho de operar em conformidade e em conformidade com as normas internacionais em matéria de direitos humanos*".

12. Em 2009, o *Pacto Global das Nações Unidas* aprovou o documento "*Corporate Governance – The Foundation for Corporate Citizenship and Sustainable Businesss*"[389], estabelecendo 10 princípios de boa governação, entre os quais se destaca o princípio das normas laborais, e inclui o direito à liberdade de associação, o direito à negociação coletiva, a eliminação de todas as formas de trabalho forçado e obrigatório, a abolição do trabalho infantil e, naturalmente, a eliminação da discriminação em matéria de emprego e ocupação[390].

13. Já em 2012, a *International Finance Corporation* IFC do Banco Mundial aprovou as "*Normas de Desempenho em Matéria de Sustentabilidade Ambiental e Social*", que recomenda o respeito pela cidadania corporativa e estabelece um conjunto de recomendações relacionadas com a "*saúde, segurança e bem-estar da força de trabalho*"[391].

[388] A publicação *Corporate Social Responsibiity – Partners for Progress*, da OCDE, pode ser consultada em https://www.oecd.org/cfe/leed/corporatesocialresponsibilitypartnersforprogress.htm

[389] O documento "*Norms on the responsibilities of transnational corporations and other business enterprises with regard to human rights*", está disponível em http://www1.umn.edu/humanrts/business/norms-Aug2003.html

[390] O documento "*Corporate Governance – The Foundation for Corporate Citizenship and Citizenship and Sustainable Businesses*" está disponível em https://www.unglobalcompact.org/docs/issues_doc/Corporate_Governance/Corporate_ Governance_IFC_UNGC.pdf, acesso em agosto de 2015.

[391] O documento "*Performance Standards on Environmental and Social Sustainability*", do *World Bank's International Finance Corporation IFC*, está disponível em http://www.ifc.org/wps/wcm/connect/115482804a0255db96fbffd1a5d13d27/PS_ English_2012_Full-Documento.pdf?MOD=AJPERES.

14. Em 2019, a Organização Internacional do Trabalho (OIT) aprovou, em 21 de junho de 2019, a Convenção n.º 190 e a Recomendação n.º 206, em ambos os casos sobre a eliminação da violência e do assédio no mundo do trabalho. Ambos os textos consideram que o assédio é contrário à dignidade humana, que pode afetar a saúde física, mental e sexual da pessoa visada e que deve ser combatido em nome da agenda promovida pela Organização das Nações Unidas e pela OIT, denominada, "*decent work agenda*" ("agenda do trabalho decente"). Para o efeito, a citada Convenção n.º 190 da OIT determina, nomeadamente, que cada Estado Membro deverá adotar, de acordo com a legislação e as circunstâncias nacionais e em consulta com as organizações representativas de empregadores e de trabalhadores, uma abordagem inclusiva, integrada e sensível ao género para a prevenção e eliminação da violência e do assédio no mundo do trabalho (artigo 9.º). Ou seja, o apelo que é feito passa, não apenas pela aprovação e publicação de leis e regulamentos estatais destinados a prevenir e a reprimir o assédio (*hard law*), mas também pela aprovação de leis e regulamentos que exijam que os empregadores tomem eles próprios medidas adequadas e proporcionais ao seu grau de controlo para prevenir a violência e o assédio no mundo do trabalho, através, nomeadamente, de códigos de conduta (*soft law*). No mesmo sentido, determina-se, também, que as disposições da Convenção deverão ser aplicadas por meio da legislação e de regulamentos nacionais, bem como por meio de acordos coletivos ou de outras medidas coerentes com a prática nacional (artigo 12.º).

15. E, em 2021, no auge da crise pandémica da doença Covid-19, o Banco Mundial no seu *Sustainability Review 2021*, volta a insistir na necessidade de as empresas assumirem o compromisso de adoção de práticas alinhadas com o planeta, as pessoas e o ambiente, incluindo naturalmente os trabalhadores. Passa a falar-se, com propriedade, no "*corporate footprint*" e na necessidade de as empresas incorporarem nos seus valores a integridade, o respeito, o trabalho de grupo, a inovação e o ambiente, à luz da ideia de "*ESG – Environment, Social, and Governance*".[392].

[392] O *Sutainability Review 2021* pode ser consultado em Sustainability Review 2021 (worldbank.org)

16. Por outras palavras: todas as convenções e documentos de organizações internacionais acima referidos convidam as empresas a respeitar os direitos humanos e a legislação nacional; a promover a eliminação de práticas discriminatórias e do assédio; a proceder à contratação de minorias; a atuar no sentido da abolição do trabalho infantil e o trabalho forçado; a promover a liberdade de associação e a livre negociação coletiva, bem como a garantir o respeito pela privacidade e confidencialidade dos dados. A essência deste movimento é a seguinte: no âmbito da agenda social corporativa, as empresas podem desenvolver os direitos e os padrões legais mínimos que já foram decretados pelos atores estatais (*hard law*). Para tal, podem utilizar a *soft law* e os seus instrumentos principais: códigos de conduta, acordos-quadro internacionais e convenções coletivas de trabalho.

17. Em Portugal, este movimento tem vindo a ter correspondência na lei, através da obrigatoriedade de adoção por parte das empresas de diversos planos ou códigos de conduta corporativos centrados na ideia de responsabilidade social corporativa.

Assim, a título meramente exemplificativo:

- O Código do Trabalho, na alínea k), do número 1, do artigo 127.º, impõe às empresas com sete ou mais trabalhadores a adoção de códigos de boa conduta para a prevenção e combate ao assédio no trabalho;
- O Decreto-Lei n.º 133/2013, de 3 de outubro, prevê, no número 1 do artigo 47.º, a obrigatoriedade de adoção/adesão por todas as empresas do setor público empresarial de um código de ética;
- O mesmo diploma, em complemento com a Resolução do Conselho de Ministros n.º 18/2014, de 7 de março, impõe às empresas do setor empresarial do Estado a adoção de planos para a igualdade de género;
- A Lei n.º 62/2017, de 1 de agosto, estabelece o mesmo dever - adoção de planos para a igualdade de género - para as empresas cotadas em bolsa;
- A referida Resolução do Conselho de Ministros n.º 18/2014, de 8 de março, consagra um conjunto de medidas específicas com vista a alcançar uma efetiva igualdade de género, determinando que as empresas do setor empresarial do Estado promovam, de três em três anos, a elaboração de um relatório e a divulgação interna e no sítio

da internet das remunerações pagas a mulheres e homens, tendo em vista o diagnóstico e a prevenção de diferenças injustificadas naquelas remunerações;

- A Recomendação n.º 5/2012, de 7 de novembro, do Conselho de Prevenção da Corrupção, determina que as entidades de natureza pública são ainda obrigadas a dispor de mecanismos de acompanhamento e gestão de conflitos de interesses;
- Recentemente, a Lei n.º 93/2021, de 2022, que procedeu à transposição da Diretiva da (UE) 2019/1937 do Parlamento Europeu e do Conselho, de 23 de outubro de 2019, relativa à proteção das pessoas que denunciam violações do direito da União, veio estabelecer a proteção das pessoas que trabalham numa organização pública ou privada ou que com ela estão em contacto no contexto de atividades profissionais e que denunciem ameaças ou situações lesivas do interesse público e do direito da União ou nacional que surgem nesse contexto, impondo às empresas a necessidade de criarem canais de denúncia.

18. A aplicação simultânea da *soft law* e da *hard law*, lado a lado, pode promover de forma mais eficaz um justo equilíbrio entre a dignidade no trabalho e a liberdade de gestão. A razão é simples de compreender: se o empregador promulgar códigos de conduta ou celebrar convenções coletivas de trabalho com os sindicatos, estará mais motivado para cumprir a lei e os seus próprios regulamentos e convénios. Ao convidá-lo a fazê-lo, o legislador incute no empregador a ideia de que as próprias corporações podem melhorar as condições de trabalho dos seus trabalhadores, independentemente de imperativos legais.

19. Em suma: a combinação entre *hard law* e a *soft law* pode reduzir a diferença entre a chamada *law in books* e *law in action* e garantir um melhor grau de implementação da lei laboral. Sempre que a *soft law* for mais longe e complementar a *hard law*, podemos alcançar melhores resultados e ir além das normas mínimas expressas na legislação laboral tradicional. Sendo um pressuposto aplicado a todos os ramos do direito, esta combinação pode ser particularmente bem-sucedida no que diz respeito ao Direito do Trabalho.

20. A ideia de *Corporate Social Responsibility*, à luz da qual as empresas devem procurar criar valor para todos os *stakeholders*, incluindo os trabalhadores e os candidatos a emprego, pode ser determinante em matéria de *labour compliance*, ou seja, em termos de efetiva aplicação da lei laboral.

MATERIAIS DE ESTUDO

1. A bibliografia disponível sobre os diversos temas que compõem esta unidade curricular é muito vasta, tendo sido enunciada ao longo de cada capítulo do programa proposto, em notas de rodapé, a par de inúmera jurisprudência (nacional e internacional). Tendo em causa que o tema da cidadania no trabalho é objeto de atenção, não só em sede de direito internacional e direito da União Europeia, mas também ao nível dos ordenamentos jurídicos nacionais de países que integram, quer os da família da *common law*, quer a dos países romano-germânicos, os elementos de estudo são abundantes. Para isso contribui, também, o acesso imediato a elementos de estudo que as novas tecnologias possibilitam – como sejam a disponibilização imediata de livros, artigos e monografias de acesso livre ("*open source*"), a jurisprudência de tribunais nacionais, europeus e internacionais ou as bases de dados gratuitas. A este propósito, será recomendada a utilização da biblioteca da Faculdade de Direito da Universidade de Lisboa que dispõe de inúmeras bases de dados que possibilitam o acesso gratuito a livros e artigos jurídicos que não se encontram acessíveis, gratuitamente, fora da Faculdade.

2. As bases de dados possibilitam o acesso a inúmeras revistas jurídicas – nacionais e estrangeiras – especializadas em Direito do Trabalho e em Direitos Civis e de Cidadania, essenciais para a compreensão desta unidade curricular.

3. A título meramente exemplificativo, os alunos podem consultar, a nível nacional, as seguintes revistas:

i) Revista Internacional de Direito do Trabalho
ii) Revista de Direito e Estudos Sociais
iii) Revista de Direito da Faculdade de Direito da Universidade de Lisboa
iv) Questões Laborais
v) Prontuário de Direito do Trabalho do Centro de Estudos Judiciários
vi) Revista Jurídica Luso-Brasileira (on-line – http://www.cidp.pt/revistas/rjlb);
vii) Revista da Ordem dos Advogados.

4. De entre as revistas estrangeiras recomendadas, assinalam-se as seguintes:

i) *Droit Social,* Dalloz (França)
ii) *Diritto del Lavoro,* A. Giuffrè (Itália)
iii) *Revista Española de Derecho del Trabajo* (Espanha)
iv) *Revista de La Associación Espanola de Derecho del Trabajo y de la Seguridad Social,* Associación Espanola de Derecho del Trabajo y de la Seguridad Social (Espanha)
v) *Neue Zeitschrift für Arbeitsrecht,* C.H. Beck (Alemanha)
vi) *Revue internationale du Travail – Bureau international du Travail* (BIT) (Suiça)
vii) Revista de Direito do Trabalho, Processo do Trabalho e Direito da Seguridade Social, Labor Juris (Brasil)
viii) Revista de Direito do Trabalho, Jus.Com.Br (Brasil)
ix) Revista da Escola Judicial do TRT4 (Brasil)
x) *Harvard Law Review,* Harvard Law School (EUA)
xi) *Harvard Civil Rights – Civil Liberties Review,* Harvard Law School (EUA)
xii) *Labor*: Studies Working-Class History, Kalmanovitz Initiative for Labor and the Working Poor, Georgetown University (EUA)
xiii) *Berkeley Journal of Employment and Labor Law,* Berkeley Law (EUA)
xiv) *Employee Relations Law Journal,* Wolters Kluwer Legal & Regulatory U.S. (EUA)
xv) *Employee Rights and Employment Policy Journal,* Chicago-Kent College of Law (EUA)

xvi) *Hofstra Labor & Employment Law Journal*, Maurice A. Deane School of Law (EUA)

xvii) *Industrial and Labor Relations Review*, Cornell University School of Industrial and Labor Relations (EUA)

xviii) *CCH Labor Law Journal*, Wolters Kluwer Legal & Regulatory U.S. (EUA)

xix) *University of Pennsylvania Journal of Business Law*, University of Pennsylvania (EUA)

xx) *Verdict*, Justia's online legal news and commentary magazine (EUA)

xxi) *Journal of Law & Policy*, Brooklin Law Scholl (EUA)

xxii) *Michigan Law Review*, MLR (EUA);

xxiii) *The Georgetown Law Journal*, Georgetown Law (EUA);

xxiv) *Stanford Law Review*, SLR (EUA)

5. Complementarmente, indica-se no final do relatório a bibliografia que se entende ser útil à compreensão da matéria e aos trabalhos de investigação que serão desenvolvidos pelos mestrandos. Estes terão liberdade de escolha do tema de cada trabalho, devendo, no entanto, fazer essa opção dentro dos temas previstos no programa.

BIBLIOGRAFIA

ABRANTES, José João. —. "O novo Código do Trabalho e os direitos de personalidade do trabalhador", *Estudos de Direito do Trabalho*, AAFDL, Lisboa, 2018, pp. 131 e ss.

—. "Direitos fundamentais da pessoa humana no trabalho – em especial, a reserva da intimidade da vida privada (algumas questões)" *Estudos de Direito do Trabalho*, AAFDL, Lisboa, 2018, pp. 151 e ss.

—. *Direito do Trabalho II – Direito da Greve*, Almedina, Coimbra, 2013.

—. *Direito do Trabalho II (Direito da Greve)*, Almedina, Coimbra, 2012.

—. "Álcool e drogas no meio laboral.", *Estudos em Memória do Professor Doutor José Dias Marques*, Almedina, Coimbra, pp. 355-361, 2007.

—. *Contrato de Trabalho e Direitos Fundamentais*, Almedina, Coimbra, 2005.

—. "A Autonomia do Direito do Trabalho, a Constituição Laboral e o Artigo 4.º do Código do Trabalho.", *Estudos Sobre o Código do Trabalho*, Coimbra Editora, Coimbra, 2004.

—. *Estudos sobre o Código do Trabalho*, Almedina, Coimbra, 2004.

—. *A Reforma do Código do Trabalho*, Centro de Estudos Judiciários/Inspecção Geral do Trabalho (org.), Coimbra Editora, Coimbra, 2004, pp. 161-171.

—. "Contrato de trabalho e Meios de Vigilância da Actividade do Trabalhador (Breves Considerações)", *Estudos em Homenagem ao Prof. Doutor Raul Ventura*, Vol. II, Coimbra Editora, Coimbra, 2003, pp. 809 e ss.

—. "Contrato de trabalho a termo", *Estudos do Instituto de Direito do Trabalho*, Vol. III, Almedina, Coimbra, 2002, pp. 157-177.

—. *Contrat de travail et droits fondamentaux: contribution a une dogmatique commune europeenne, avec reference speciale au droit allemand et au droit portugais*, Peter Lang, Frankfurt, 2000.

—. "Do Tratado de Roma ao Tratado de Amsterdão – a caminho de um Direito do Trabalho europeu?", *Questões Laborais*, n.º 16 de Ano 7-2000.

—. "Contrato de trabalho e direitos fundamentais", *II Congresso Nacional de Direito do Trabalho*, de António José Moreira (coord.), pp. 105 e ss, Almedina, Coimbra, 1999.

—. "Breve apontamento sobre o regime jurídico do contrato de trabalho a prazo", *Direito do Trabalho- Ensaios*, Cosmos, Lisboa, 1995, pp. 93-101.

—. "Formação e Evolução Histórica do Direito do Trabalho.", *Direito do Trabalho- Ensaios*, Cosmos, Lisboa, 1995, pp. 20 e ss.

—. *Do contrato de trabalho a prazo*, Almedina, Coimbra, 1992.

ACIDIANO, Peter / AUCEJO, Esteban / HUSSEY, Andrew / SPENNER, Kenneth. -. "Racial Segregation Patterns Selective Universities", *The Journal of Law & Economics*, The University of Chicago Press, Vol. 56, number 4, November 2013, pp. 1039 e ss.;

ACKERMAN, Bruce. -. *We The People, II*, Transformations, Harvard University Press, Cambridge, Massachusetts, 2000.

—. *We The People, III, The Civil Rights Revolution*, Harvard University Press, Cambridge, Massachusetts, 2014.

ALVAREZ, Anselmo Prieto / FILHO, Wladimir Novaes. -. *Constituição dos EUA Anotada*, 2ª edição, LtR, São Paulo, 2008.

ALVES, Lurdes Dias, *Proteção de Dados Pessoais no Contexto Laboral – O direito à privacidade do trabalhador*, Almedina Coimbra, 2020.

ALVIN, L. Goldman/CORRADA, Roberto L. -. *Labor Law the USA*, Third Revised Edition, Law and Business, Wolters Kluwer, The Netherlands, 2011.

AMADO, João Leal. -. *Contrato de trabalho*, 3ª edição, Coimbra Editora, Coimbra, 2019.

—. *Trabalhar e Amar*, Almedina, Coimbra, 2019.

—. *Contrato de trabalho – à luz do novo Código do Trabalho*, Coimbra Editora, Coimbra, 2009.

—. "Contrato de trabalho e condição resolutiva breves considerações a propósito do Código do Trabalho.", *Estudos de Direito do Trabalho em Homenagem ao Professor Manuel Afonso Olea*, Almedina, Coimbra, 2004, pp. 343-356;

—. "A Proteção do Salário." Suplemento do Boletim da Faculdade de Direito da Universidade de Coimbra, Vol. XXXIX, 1995: pp. 1 e ss.

AMADO, João Leal / VICENTE, Joana Nunes, "Contrato de trabalho intermitente.", *IX-X Congressos Nacionais de Direito do Trabalho. Memórias*, de António José Moreira (org.), Almedina, Coimbra, 2007, pp. 117 e ss.

AMADO, João Leal / MOREIRA, Teresa Coelho.—. "A lei portuguesa sobre o transporte de passageiros a partir da plataforma eletrónica: sujeitos, relações e presunções", *Labour Law & Law Issues*, vol. 5, n.º 1, 2019, pp. 48-78.

AMADO, João Leal / ROUXINOL, Milena Silva / VICENTE, Joana Nunes / SANTOS, Catarina Gomes / MOREIRA, Teresa Coelho.—. *Direito do Trabalho – Relação Individual*, Almedina, Coimbra, 2020.

ARROYO-ABAD, Carlos.—. "Risks and challenges providing services digital environment and its impacto n uber economy", *The Sharing Economy: Legal problems of a permutations and combinations society*, Cambridge Scholars publishing, NewCastle, 2019, pp. 131-151.

ARNESON, Richard. "Equality of Opportunity", *The Stanford Encyclopedia of Philosophy*, Edward N. Zalta (ed.), Fall Edition 2008.

ARTHURS, Harry.—. "Labour Law after Labour", *The Idea of Labour Law*, by GUY DAVIDOV & BRIAN LANGILLE, 190-208, Oxford University Press, United Kingdom, 2013.

ASCENSÃO, José de Oliveira.—. Os Direitos de personalidade no Código Civil brasileiro, http://www.fd.ulisboa.pt/wpcontent/uploads/2014/12/Ascensao-Jose-Oliveira-os-direitos-depersonalidade-no-codigo-civil-brasileiro.pdf

AUVERGNON, Philippe. -. "Angustias de Uberización y retos que plantea el trabajo digital al Derecho Laboral", *Revista Derecho Social y Empresa*, 2016, pp. 25-42, *https://www.dykinson.com/cart/download/numeros/760/*

BANCROFT, George.—. *History of the Formation of the Constitution of the United States of America,* Vol. 2, D. Appleton and Co., United States of America,1889.

BASTOS, Celso Ribeiro.—. *Curso de Direito Constitucional,* 22ª edição, Editora Saraiva, São Paulo, 2010.

BATALHA, António Lopes.—. "A Alienabilidade do Direto Laboral, Direito do Domicílio e Teletrabalho", *Edições Universitárias Lusófonas,* Lisboa, 2017, p. 284.

MANSFIELD QC, Gavin / BANERJEE, Lydia / BROWN QC, Damian / FORSHAW, Simon / KORN, Anthony / MISRA, Eleena / READE QC, David / TAYLOR, Catherine Blackstone's.—. *Employment Law Practice 2019,* Oxford, 2019.

BONAVIDES, Paulo.—. "Constitucionalismo Luso-Brasileiro: influxos recíprocos", *Perspectivas Constitucionais: nos 20 anos da Constituição de 1976,* Jorge Miranda org., 51 e ss., Coimbra Editora, Coimbra,1996.

—. Curso de Direito Constitucional, 30ª edição, Editora Saraiva, São Paulo, 2015.

—. *Curso de Direito* Paulo: Malheiros Editores, São Paulo, 2001.

BREYER, Stephen.—. *Making Our Democracy Work. A Judge's View,* Alfred A. Knopf, New York, 2010.

BRITO, Pedro Madeira de. –. anotação aos artigos 97.º a 99.º, 115.º a 125.º, 126.º a 129.º, 135.º, 139.º a 149.º, 157.º a 160.º e 193.º a 196.º, *Código do Trabalho Anotado,* 13ª edição, Pedro Romano Martinez, Luís Miguel Monteiro, Joana Vasconcelos, Pedro Madeira de Brito, Guilherme Dray e Luís Gonçalves da Silva, Almedina, Coimbra, 2020.

—. *Contrato de Trabalho da Administração Pública e Sistema de Fontes,* AAFDL, Lisboa, 2020.

BRITO, Rodrigo Toscano de. –. "Estado de Perigo e Lesão: entre a previsão de nulidade e a necessidade de equilíbrio das relações contratuais.", *Novo Código Civil, Questões controvertidas no direito das obrigações e dos contratos,* Série Grandes Temas de Direito Privado, Vol. 4, Editora Método, São Paulo, 2005.

BRUCHEZ, Christian / MANGOLD, Patrick / SCHWAAB, Jean Christophe

BRUNNER, Christiane/BÜHLER, Jean-Michel/WAEBER, Jean-Bernard. –. *Commentaire du contrat de travail,* Réalités Sociales, Lausanne, 2019.

BRUTON, Henry/FARIRRIS, David. –. "Travail et développement.", *Revue International do Travail,* vol. 138 1999, n.º 1, (1999): pp. 5 e ss.

BROCKHOFF, J. R. "A Lesson on Tolerance", *Rethoric, Religion and the Civil Rights Movement,* David W. Houck & David E. Dixon editors, 2006, pp. 172 e ss.

CABEZA, Jaime/DIÉGUEZ, Gonçalo. –. *Derecho del Trabajo,* Segunda Edición, Marcial Pons, Madrid/Barcelona, 2003.

CABRAL, Rita Amaral. –. "O direito à reserva sobre a intimidade da vida privada.", *Boletim da Faculdade de Direito da Universidade de Coimbra,* XLIX, 1993: pp. 479-585.

—. "O Direito à Intimidade da Vida Privada Breve reflexão acerca do artigo 80.º do Código Civil.", *Separata dos Estudos em Memória do Professor Doutor Paulo Cunha,* Lisboa, 1988, pp. 26 e ss.

CALDER, Alan/COLLEY, John/STETTINIUS, Wallace/DOYLE, Jacqueline/LOGAN, George. –. *What is Corporate Governance,* The Mcgraw-Hill, New York, 2004.

CAMANHO, Paula Ponces. –. "O Contrato de trabalho a termo." *A Reforma do Código do Trabalho,* Centro de Estudos Judiciários/Inspeção Geral do Trabalho, Coimbra Editora, 2004, pp. 300-304.

—. "Limites da Contratação a Termo.", *Código do Trabalho – Alguns Aspectos Cruciais*, pp. 85-86, Principia, Cascais, 2003.

—. "Contrato de Trabalho a Tempo Parcial.", *Estudos do Instituto de Direito do Trabalho*, Vol. IV, Almedina, Coimbra, 2003, pp. 205 e ss.

—. "Algumas reflexões sobre o regime jurídico do contrato de trabalho a termo.", *Juris et de Jure*, 1998: pp. 969-986.

CAMPOS, Carlos Alexandre de Azevedo. –. "A Evolução do Ativismo Judicial na Suprema Corte Norte-Americana II.", *Revista Brasileira de Direito Constitucional*, Year 2 2013, pp. 6515-6571.

CARRION, Valentim. –. *Comentários à Consolidação das Leis do Trabalho*, 26ª edição, Editora Saraiva, São Paulo, 2001.

CARTER, Ian. –. "Positive and Negative Liberty.", *The Stanford Encyclopedia of Philosophy*, Edward N. Zalta ed., Spring 2012.

CARVALHO, António Nunes De. –. "Código do Trabalho, a Revisão de 2009.", *Mobilidade Funcional (do Código de Trabalho de 2003 à revisão de 2009)*, Paulo Morgado de Carvalho coord., Coimbra Editora, Coimbra, 2011.

—. "Duração e Organização do Tempo de Trabalho no Código do Trabalho", *VI Congresso Nacional de Direito do Trabalho. Memórias, António Moreira (coord.)*, Almedina, Coimbra, 2004, pp. 95 e ss.

—. "Reflexões sobre a carreira profissional a propósito do Código do Trabalho.", *Estudos de Direito do Trabalho em Homenagem ao Professor Manuel Alonso Olea*, Almedina, Coimbra, 2004, pp. 123-161.

—. "O pluralismo do Direito do Trabalho.", *III Congresso Nacional de Direito do Trabalho. Memórias, António Moreira coord.*, Almedina, Coimbra, 2001, pp. 269-294.

CARVALHO, Catarina. –. "A Regulamentação Nacional do Tempo de Trabalho e o Direito Comunitário: Omissões e Incompatibilidades." *Questões Laborais*, n.º 27 (2006), 2006, pp. 33 e ss.

—. "A mobilidade geográfica dos trabalhadores no Código do Trabalho.", *VII Congresso Nacional de Direito do Trabalho, Memórias, António Moreira (coord.)*, Almedina, Coimbra, 2004, pp. 43 e ss.

CARVALHO, Joana. –. "From bilateral to triangular concluding contracts the collaborative economy», *The Sharing Economy: Legal problems of a permutations and combinations society*", Cambridge Scholars publishing, NewCastle, 2019, pp. 196-210.

CAUPERS, João. –. *Os Direitos Fundamentais dos Trabalhadores e a Constituição*, Almedina, Coimbra, 1985.

CENTENO, Mário. –. *O Trabalho, Uma visão de mercado.* Lisboa, Fundação Francisco Manuel dos Santos, Lisboa, 2013.

CIHON, Patrick J. / CASTAGNERA, James Ottavio, *Employment and Labor* Law, 9 ed.,Cengage Learning, Legal Studies in Business, Boston, MA, 2017.

CORDEIRO, Menezes. –. *Direito do Trabalho, I, Direito Europeu Dogmática Geral Direito Coletivo*, Almedina, Coimbra, 2019.

—. *Direito do Trabalho, II, Direito Individual*, Almedina, Coimbra, 2019;

—. *Tratado de Direito Civil* Português, *I, Introdução, Fontes do Direito, Interpretação da Lei, Aplicação das Leis no Tempo, Doutrina Geral*, 4ª edição, reformulada e atualizada, Almedina, Coimbra, 2012.

—. *Tratado de Direito Civil* Português, *II, Negócio Jurídico, Formação, Conteúdo e Interpretação, Vícios da Vontade, Ineficácia e Invalidades*, 5ª edição atualizada, Almedina, Coimbra, 2012.

—. *Da Modernização do Direito Civil, I* – Aspectos Gerais, Almedina, Coimbra, 2004.

—. "Da Natureza Civil do Direito do Consumo.", *O Direito*, Ano 136, 2004: pp. 605 -640, Almedina, Coimbra, 2004.

—. "Justas Causas de Despedimento", *Estudos do Instituto de Direito do Trabalho, Vol. II, Justa Causa de Despedimento*, Pedro Romano Martinez (coord.), pp. 15 e ss, Almedina, Coimbra, 2001.

—. "A liberdade de expressão do trabalhador.", *II Congresso Nacional de Direito do Trabalho. Memórias, António José Moreira coord.*, Almedina, Coimbra, 1999, pp. 16-37.

—. "O respeito pela esfera privada do trabalhador.", *I Congresso Nacional de Direito do Trabalho, Memórias, António José Moreira (coord.)*, Almedina, Coimbra, 1998, pp. 20 e ss.

—. *Da Boa Fé* no Direito Civil, Almedina, Coimbra, 1997.

—. "Dos Conflitos Temporais de Instrumentos de Regulamentação Colectiva de Trabalho.", *Estudos em Memória do Professor Doutor João de Castro Mendes*, Lex, Lisboa, 1995, , pp. 460 e ss.

—. *Manual de Direito do Trabalho*, Almedina, Coimbra, 1991.

—. "Da Constitucionalidade das Comissões de Serviços Laborais.", *Revista de Direito e de Estudos Sociais XXXIII*, n.ºs. 1/2, 1991, pp. 129 e ss.

—. "O Princípio do Tratamento Mais Favorável no Direito do Trabalho.", *Direito e Justiça, Volume de Homenagem ao Prof. Doutor Cavaleiro Ferreira*, Volume III, 1987/1988, pp. 111 e ss.

CHATTERJI, Aaron K. / RICHMAN, Barak D. –. "Understanding the Corporate Corporate Social Responsibility", *Harvard Law & Policy Review, Progressive Visions of The Corporation*, Volume 2, Number 1, n.d.

CIHON, Patrick J./ CASTAGNERA, James Ottavio. –. *Employment & Labor Law*, 10th Edition, Cengage, Hampshire, 2019.

COOLEY, Thomas M. . –. *Princípios Gerais de Direito Constitucional nos Estados Unidos da América*, Ed. Russel, Campinas. 2002.

CONSTANT, Benjamim. –. . –. Da liberdade dos antigos comparada à dos modernos, Discurso pronunciado no Athénée royal de Paris, 1819. Tradução de Loura Silveira realizada a partir da edição dos textos escolhidos de Benjamin Constant, organizada por Marcel Gauchet, intitulada De la Liberté chez les Modernes (Le Livre de Poche, Collection Pluriel, Paris, 1980).

CORDEIRO, A. Barreto Menezes. –. *Do Trust no Direito Civil*, Almedina, Coimbra, 2014.

CUVILLO, ANTONIO ÁLVAREZ DEL. –. " La igualdad y no discriminación de los trabajadores migrantes : una perspectiva jurídico-constitucional", *A Igualdade nas Relações de Trabalho*, Estudos APODIT, AAFDL, Lisboa, 2019.

DAVIDOV, Guy. –. "Re-Matching Labour Laws with Their Purpose.", *The Idea of Labour Law*, by Guy Davidov & Brian Langille, 179-189, Oxford University Press, United Kingdom, 2013.

—. *A Purpositive Approach to Labour Law*, Oxford, 2018.

DAVIDOV, Guy / LANGILLE, Brian. –. "Understanding Labour Law: A Timeless Idea, a Timed-Out Idea, or an Idea Whose Time has Now Come", *The Idea of Labour Law*, Edited by Guy Davidov & Brian Langille, Oxford University Press, United Kingdom, 2013, pp. 1-10.

DEAKIN, Simon/GILLIAN Morris. –. *Labour Law*, 6 [th] edition, Bloomsbury Publishing, London, 2012.

DEAKIN, Simon. –."The Contribution of Labour Law to Economic and Human Development", *The Idea of Labour Law*, Edited by Guy Davidov & Brian Langille, Oxford University Press, United Kingdom, 2013, pp. 156-175.

DELGADO, Maurício Godinho. –. Curso de Direito do Trabalho, 19ª edição, LTR Editora, São Paulo, 2020.

—. Princípios de Direito Individual e Coletivo do Trabalho, LTR Editora, São Paulo, 2001.

DRAY, Guilherme —. *Equality, Welfare State and Democracy*, Almedina / The Luso-American Development Foundation, Coimbra, 2018.

—. *The Influence of the United States of America on Reaffirming the Principle of Equality Employment Portuguese Speaking Language Countries*, Almedina / The Luso-American Development Foundation, Coimbra, 2016.

—. Anotação (da 1.ª à 13.ª edição) aos artigos 13.º a 96.º, 126.º a 129.º, 165.º a 162.º e 288.º a 293.º, *Código do Trabalho Anotado*, 13.ª edição, Pedro Romano Martinez, Luís Miguel Monteiro, Joana Vasconcelos, Pedro Madeira de Brito, Guilherme Dray e Luís Gonçalves da Silva, Almedina, Coimbra, 2020.

—. *An Introduction to Portuguese Employment & Labour Law*, com a colaboração de Catarina Granadeiro, 2ª edição, Almedina, Coimbra, 2020.

—. *A influência dos Estados Unidos da América na Afirmação do Princípio da Igualdade no Emprego nos Países da Lusofonia*, Almedina, Coimbra, 2016.

—. *O Princípio da Proteção do Trabalhador*, Almedina, Coimbra, 2015.

—. *O Princípio da Proteção do Trabalhador*, Ltr, São Paulo, 2015.

—. "Corporate Social Responsibility & Labor Compliance", *Revista Internacional de Direito do Trabalho*, Almedina, Coimbra, 2021, pp. 30-64.

—. "Lay Off Simplificado: conceito de crise empresarial e procedimento", *COVID 19. Implicações na Jurisdição do Trabalho e da Empresa*, Coleção Formação Contínua, Centro de Estudos Judiciários, dezembro 2020, pp. 59-89.

—. "O Acordo Quadro Sobre o Teletrabalho", *Revista de Direito e Estudos Sociais*, Ano LXI, janeiro-dezembro 2020, Almedina, Coimbra, 2020, pp. 361 e ss.;

—. "Constituição Laboral: actualidade ou revisão?", *II Congresso Europeu de Direito do Trabalho, os Desafios Atuais do Direito do Trabalho*, José João Abrantes (Coordenação Científica), Almedina, Coimbra, 2018, pp. 25-57.

—. "As convenções fundamentais da OIT: receção normativa e dificuldades de aplicação", *IV Encuentro Ibérico de Derecho del Trabajo. Los Convenios de la OIT: su incidência en los ordenamentos de Portugal Y España*, Documentación Laboral, Revista de la Associación Española de Derecho del Trabajo y de la Seguridad Social, n-º 116, Año 2019, Vol. I, Ediciones Cinca, Mayo 2019, pp. 23-35.

—. "Direito ao Respeito pela Vida Privada no Âmbito das Relações Laborais II", *Comentário da Convenção Europeia dos Direitos Humanos"*, Paulo Pinto de Albuquerque (org.), Volume I, Universidade Católica Editora, Lisboa, 2019, pp. 1491-1508.

—. "A Jurisprudência da Crise", *Revista de Direito e de Estudos Sociais*, janeiro-setembro 2015, Ano LVI (XXIX da 2.ª Série), n.º 1-3, pp. 155 e ss..

—. "Direitos fundamentais e retrocesso social – o sentido do Direito do Trabalho, a experiência portuguesa & o caso brasileiro", *Revista do Tribunal Superior do Trabalho*, Volume 83, n.º 3, julho/setembro 2017, Tribunal Superior do Trabalho, Brasil.

—. "O Livro Verde Sobre As Relações Laborais & o mercado de trabalho português da última década", *Revista de Direito e de Estudos Sociais*, janeiro-dezembro 2017 Ano LVIII (XXXI da 2.ª Série), n.º 1-4, pp. 155 e ss.

—. "O direito à reserva da intimidade da vida privada. O artigo 80.º do Código Civil de 1966", *Revista de Direito Civil*, Centro de Investigação de Direito Privado, Faculdade de Direito da Universidade de Lisboa, Ano II (2017), Número 3, António Menezes Cordeiro Dir., pp. 673-699.

—. "Liberdade e dever de não concorrência", *Estudos de Direito do Trabalho, em Homenagem ao Professor António Monteiro Fernandes*, Parte I, Bernardo da Gama Lobo Xavier, Maria do Rosário Palma Ramalho, José João Abrantes, João Leal Amado, David Falcão, Sérgio Tenreiro Tomás (Coordenação), Nova Causa – Edições Jurídicas, Lisboa, 2017, pp. 434-449.

—. "Comunicações Eletrónicas e privacidade no contexto laboral", *Prontuário de Direito do Trabalho, II*, 2016, Centro de Estudos Judiciários, Almedina, Coimbra, 2016, pp. 103-131.

—. "A Globalização e as Novas Tendências do Mercado de Trabalho. Teletrabalho e Deslocalização do Trabalho. O caso Português», *II Congresso Internacional de Direito (Brasil – Europa), Análise Contemporânea do Direito em Face da Globalização e da Crise Económica*, org. Instituto de Direito do Trabalho da Faculdade de Direito de Lisboa, Programa de Pós-Graduação em Direito da PUC/SP e Comunidade de Juristas de Língua Portuguesas, pp. 81-92, Almedina, Coimbra, 2010.

—. "Igualdade e Não Discriminação." *Separata de Código do Trabalho*, a Revisão de 2009, pp.123-138, Coimbra Editora, Coimbra, 2009.

—. *Direitos de Personalidade – Anotações ao Código Civil e ao Código do Trabalho*, Almedina, Coimbra, 2006.

—. "Período anual de férias: articulação entre o regime do Código do Trabalho e o do Acordo Colectivo de Trabalho Vertical do Sector Bancário.", Separata da Revista *O Direito*, pp. 657-685, Almedina, Coimbra, 2005.

—. "O Sentido Jurídico do Princípio da Igualdade: Perspectiva Luso-Brasileira." *Revista Brasileira de Direito Constitucional*, n.º 2, Jul./Dez. de 2003, pp.113-137.

—. "Trabalho Temporário." *Estudos do Direito do Trabalho*, IV, pp. 101-143, Almedina, Coimbra, 2003.

—. "Teletrabalho, Sociedade de Informação e Direito", *Estudos do Instituto de Direito do Trabalho*, Volume III, Almedina, Coimbra, 2002, pp. 261-287.

—. "Autonomia privada e igualdade na formação e execução de contratos individuais de trabalho." *Estudos do Instituto de Direito do Trabalho*, I, pp. 83-95, Almedina, Coimbra, 2001.

—. "Justa causa e esfera privada.", *Estudos do Instituto de Direito do Trabalho*, II, de Pedro Romano Martinez (coord.), pp. 35-91, Almedina, Coimbra, 2001.

—. *O Princípio da Igualdade no Direito do Trabalho – sua aplicabilidade no domínio específico da formação de contratos individuais de trabalho*, Almedina, Coimbra, 1999.

DUARTE, David. –. “An Experimental Essay on the Antecedent and Its Formulation.”, *Estudos de Homenagem ao Prof. Doutor Jorge Miranda,* Volume VI, Edição da Faculdade de Direito da Universidade de Lisboa, pp. 119-139, Coimbra Editora, Coimbra, 2012.

—. A norma de legalidade procedimental administrativa. A teoria da norma e a criação de normas de decisão na discricionariedade instrutória, Almedina, Coimbra, Colecção Teses, 2006.

DUBOIS, Louis/BLUMANN, Claude. –. *Droit matériel de l'Union Européenne,* 4ª ed. Montchrestien, Paris, 2006.

DUQUESNE, François. –. *Droit du Travai 2021,* 16éme edition, Gualino éditeur, Paris, 2021.

ENGELS, Friedrich. –. *A situação da classe trabalhadora em Inglaterra,* tradução portuguesa, Edições Afrontamento, Porto,1975.

FELICIANO, Guilherme Guimarães. –. *Do Pré-Contrato de Trabalho, O Contrato Preliminar de Trabalho no Iter da Contratação Laboral: Abordagem Comparativa e Jusfundamental,* Editora LTR, São Paulo, 2010.

—. *Direito Ambiental do Trabalho,* Feliciano, Guilherme Guimarães / Sarlet, Ingo Wolfgang / Maranhão, Ney / Fensterseifer, Tiago (coord.), Editora Ltr, São Paulo, 2020.

FELTEN, Maria Cláudia. –. “Os Direitos Fundamentais e as tecnologias da Comunicação e Informação e os Grupos de Trabalho do WhatsApp”, Denise Pires Fincato e Leiliane Piovesani Vidaletti (org.), Lex Magister, Porto Alegre, 2019, pp. 118-136.

FERNANDES, António Monteiro. –. *Direito do Trabalho,* 20ª edição, Almedina, Coimbra, 2020.

FINNIS, John. –. *Natural Law and Natural Rights,* Second Edition, Oxford University Press, New York, 2011.

FOGLIA, Laura. –. “Il Welfare Europa: realtà e prospettive per un nuovo modelo sociale.”, *Sviluppo e ocupazione nel mercato globale,* Giuseppe Ferraro (coord.), pp. 379-393. Giuffré Editore, Milano, 2004.

FULLINWIDER, Robert. –. “Affirmative Action.”,*The Stanford Encyclopedia of Philosophy,* Edward N. Zalta (ed.), (Fall Edition) de 2013.

GALANTINO, Luisa.–. *Diritto del Lavoro,* Unidecisa Edizione. G. Giappichelli Editore, Torino, 2018.

GARCIA, Maria da Glória Ferreira. –. *Estudos sobre o Princípio da Igualdade,* Almedina, Coimbra, 2005.

—. “Princípio da Igualdade, Fórmula Vazia ou Fórmula “Carregada”de sentido?”, *Boletim do Ministério da Justiça* 358, 1987.

GARBEN, Sacha, *Protecting Workers the Online Platform Economy: An overview of regulatory and policy developments the EU European Risk Observatory Discussion paper,* European Agency for Safety and Health at Work, 2017, pp. 12 e ss.

GARILLI, Alessandro. –. “Tutela della persona e tutela della sfera privata nel rapporto di lavoro.”, *Rivista Critica del Diritto Privato,* Ano X – 3, 1992.

GARRONE, Pierre. –. “La discrimination indirecte en droit communautaire: vers une théorie générale”, *Revue trimestrielle de droit européen,* n.º 3, 1994, pp. 425 e ss.

GINÈS I FABRELLAS, Anna. –. *Crowdsourcing sites y nuevas formas de trabajo el caso de amazon mechanical turk* Revista Derecho Social y Empresa, 2016, 66-85 *https://dialnet.unirioja.es/servlet/articulo?codigo=5813340,* 01.03.2021.

GÍRIA, Joana, "Igualdade de Género de Trabalho: entre a Consagração Legal e a Inefetividade Prática – O Papel da CITE na Igualdade e Não Discriminação", *A Igualdade nas Relações de Trabalho*, Estudos APODIT, AAFDL, Lisboa, 2019, pp. 21.

GODOY, Arnaldo Sampaio de Moraes. –. *Direito do Trabalho e Globalização,* disponível em http://jus.com.br/ revista/texto/6042/direito-do-trabalho-e-globalizacao, 2004.

GOLDIN, Adrián. –. "Global Conceptualizaions and Local Constructions", *The Idea of Labour Law*, Edited by Guy Davidov & Brian Langille, Oxford University Press, United Kingdom, 2013, pp. 69-87.

GOMES, Irene. –. "A comissão de serviço.", *A Reforma do Código do Trabalho,* Centro de Estudos Judiciários/Inspeção Geral do Trabalho, pp. 370 e ss., Coimbra Editora, Coimbra, 2004.

—. "Considerações sobre o regime jurídico do contrato a termo certo no Código do Trabalho.", *Questões Laborais*, n.º 24, s.d.: pp. 137-169.

GOMES, Januário da Costa. –. "O Problema da Salvaguarda da Privacidade Antes e Depois do Computador." Boletim do Ministério da Justiça, 319, 1982, pp. 28 e ss.

GOMES, Júlio Vieira. –. "Da interpretação e integração das convenções colectivas.", Novos Estudos de Direito do Trabalho, pp. 121 e ss. Coimbra: Wolters Kluwer Portugal e Coimbra Editora, Coimbra, 2010.

—. *Direito do Trabalho,* Volume I, Relações Individuais de Trabalho. Coimbra: Coimbra Editora, 2007.

—. "O contrato de trabalho a termo certo ou a tapeçaria de Pénelope.", *Estudos do Instituto de Direito do Trabalho,* Volume IV, pp. 35-101, Almedina, Coimbra, 2003.

—. "Do uso e abuso do período experimental.", *Revista de Direito e de Estudos Sociais,* Ano XXXI, n.º 1-2, 2000: pp. 57 e ss.

GOSEPATH, Stefan. –. "Equality.", *The Stanford Encyclopedia of Philosophy*, Edward N. Zalta (ed.), (Spring Edition) 2011, pp. 1-11.

GOUVEIA, Jorge Bacelar. –. *Manual de Direito Constitucional,* 6ª edição – reimpressão, Almedina, Coimbra, 2020.

—. "Os direitos de participação dos representantes dos trabalhadores na elaboração da legislação laboral.", *Estudos do Instituto de Direito do Trabalho,* Pedro Romano Martinez (coord.), pp. 109-152, Almedina, Coimbra, 2001.

GUARINO, Antonio. –. Diritto Privato Romano, Undezima edizione, Napoli 1997.

GUERRA, Amadeu. –. *A privacidade no local de trabalho. As novas tecnologias e o controlo dos trabalhadores através de sistemas automatizados. Uma abordagem ao Código do* Trabalho, Almedina, Coimbra, 2004.

KOUNTOURIS, Nicola. –. "The Legal Characterization of Personal Work Relations and The Idea of Labour Law", *The Idea of Labour Law,* Edited by Guy Davidov & Brian Langille, Oxford University Press, United Kingdom, 2013, pp. 190-208.

HÄBERLE, Peter. –. "A dignidade humana como fundamento da comunidade estatal.", *Dimensões da dignidade: ensaios de filosofia do direito e direito constitucional,* pp. 89-152. Porto Alegre: Livraria do Advogado, 2005.

HANSEN, Johan / PLATENGA, Janneke. –. "Analyse comparative de l'égalité des chances dans l'Union européenne.", *Revue Internationale du Travail,* vol. 138 (1999), n.º 4, Número Spécial: Femmes, Genre et Travail (deuxième partie), 1999.

HART, H.L.A.– *The Concept of Law*, Third Edition, Clarendon Law Series, Oxford University Press, New York, 2012.

HEERS, Jacques. –. *Le travail au Moyen Âge*, 2nd edition, Presses Universitaires de France, Paris,1968.

HENRIQUES, Miguel Gorjão. –. *Direito da União*, 9ª edição – reimpressão, Almedina, Coimbra, 2020.

HESPANHA, António Manuel. –. *Cultura Jurídica Europeia*, Síntese de um Milénio, Publicações Europa-América, Mem Martins, 2003.

—. *Entre a História e o Direito*, Almedina, Coimbra, 2020.

HOFFMAN, Reid / BEN Casnocha / CHRIS Yeh. –. "Tours of Duty – The New Employer--Employee Compact", *Harvard Business Revue*, June, 2013: pp. 49 e ss.

HÖRSTER, Heinrich Ewald / SILVA, Eva Sónia Moreira da. –. *A Parte Geral do Código Civil Português*, 2ª edição totalmente revista e atualizada, Almedina, Coimbra, 2019.

ICHINO, Pietro. –. *Il contrato di lavoro*, Vol. I. Milano: Giuffre, 2000.

IVANOVA, Maria N. –. "The Great Recession and the State of American Capitalism.", *Science & Society*, Vol. 77, n.º 3, The Guilford Press, New York/London, July 2013, pp. 294 e ss.

KAHN-FREUNDK, Otto. –. *Trabajo y Derecho* (Spanish Edition), Editorial Comares, Madrid, 2019.

KILLMISTER, Suzy. –. "Autonomy and the Problem of Socialization.", *Social Theory and Practice*, Volume 39, n.º 1, Department of Philosophy The Florida State University, January, 2013, pp. 95 e ss.

KIRK, John A. –. "Racial Inequality the Post-Civil Rights Era South", *Social Policy, Organizing for Social & Economic Justice*, Volume 42, n.º 2, New Orleans, Summer 2012: pp. 14 e ss.

LAMBELHO, Ana. –. "Trabalho autónomo economicamente dependente: da necessidade de um regime jurídico próprio", *Para Jorge Leite, Escritos Jurídico-Laborais*, Vol. 1, Coimbra Editora, Coimbra, 2014, pp. 433-451

LANGILLE, Brian. –. *The Idea of Labour Law*, Edited by Guy Davidov & Brian Langille, Oxford University Press, United Kingdom, 2013, pp. 101-119.

LANQUETIN, Marie Thérèse. –. "L´égalité de traitment entre les femmes et les hommes en matiére d´emploi et de travail: a propos de la directive 2006/54/ CE du 5 juillet 2006 (directive "refonte")", *Droit Social*, n.º 7/8, 2007: pp. 861- 878.

—. "L´égalité entre les femmes et les hommes: sur la directive 2002/73/CE du 23 septembre 2002.", *Droit Social*, 2003, 3, 2003: pp. 312-322. –. "Discriminations à raison du sexe.", *Droit Social*, n.º 7/8, 1998: pp. 688 e ss.

LEITÃO, Luís Menezes —. *Direito do Trabalho*, 7ª edição, Almedina, Coimbra, 2021.

—. "Dispositivos tecnológicos de protecção e direito de acesso do público." *Revista da Ordem dos Advogados*, Jul.-Set. de 2011: 735-749.

—. Direito do Trabalho, Almedina, Coimbra, 2008.

—. "A protecção de dados pessoais no contrato de trabalho.", *A Reforma do Código do Trabalho*, de Centro de Estudos Judiciários/Inspeção Geral do Trabalho, pp. 123-138, Coimbra Editora, Coimbra, 2004.

—. *Código do Trabalho Anotado*, Almedina, Coimbra, 2004.

—. "O Direito do Consumo: Autorização e Configuração Dogmática", *Estudos do Instituto de Direito do Consumo*, Volume I, Instituto de Direito do Consumo, Faculdade de Direito da Universidade de Lisboa, de Luís Menezes Leitão coord., pp. 11 e ss, Almedina, Coimbra, 2002.

—. *Direito das Obrigações, Vol. I.*, Introdução. *Da Constituição das Obrigações*, 15ª edição – reimpressão, Almedina, Coimbra, 2021.

LEVY, Leonard. –. *Constitutional History, 1776-1789*, Vol. 1, Encyclopedia of the American Constitution, New York, 1986.

LOMBARDI, Giorgio. –. *Potere privato i diritti fondamentali.* Torino: G. Giappichelli Editore, 1970.

LÓPEZ, Manuel Carlos / ROSA, Manuel Álvarez de la. –. *Derecho del Trabajo*, 27ª edición, Editorial Universitaria Ramón Areces, Madrid, 2019.

LOPEZ, Maria Fernández. –. "El princípio de igualdad en el Derecho Social Europeo.", *I Jornadas sobre la Comunidad Europea*, Sevilha, 1994.

LORENZETTI, Ricardo Luis. –. Las normas fundamentales de derecho privado, Rubinzal – Culzoni editores, Argentina, 1995.

LOURENÇO, Paula Meira. –. "Os deveres de informação no contrato de trabalho.", *Revista de Direito e de Estudos Sociais*, n.ºs 1-2, 2003, pp. 29 e ss.

LYON-CAEN, Antoine. –. *Les Grands Principes du Droit du Travail*, 11éme édition, Dalloz, Paris, 2017.

MACKINNON, Catharine. –. *Sexual Harassement of Working Women: A Case of Sex Discrimination*, Yale University Press, Yale, 1979.

MAGANO, Octavio Bueno. –. "Princípios do Direito do Trabalho e os avanços da tecnologia.", *Os Novos Paradigmas do Direito do Trabalho homenagem a Valentin Carrion*, Silvestre, Rita Maria / Nascimento, Amauri Mascaro coord., Editora Saraiva, São Paulo, 2001, pp. 81 e ss.

MANTOUVALOU, V., "I lost my job over a Facebook post: was that fair? discipline and dismissal for social media activity", *International Journal of Comparative Labor Law and Industrial Relations, Wolters Kluwer*, 2019, pp. 101 ss.

MARTINEZ, Pedro Romano. –. *Direito do Trabalho*, Instituto de Direito do Trabalho da Faculdade de Direito de Lisboa, 9ª edição, Almedina, Coimbra, 2019.

—. Anotação aos artigos 4.º a 12.º, 112.º a 110.º, 126.º a 129.º, 130.º a 134.º, 281.º a 284.º, 323.º a 332.º e 337.º a 393.º, Código do Trabalho Anotado, 13ª edição, Pedro Romano Martinez / Luís Miguel Monteiro / Joana Vasconcelos / Pedro Madeira de Brito / Guilherme Dray / Luís Gonçalves da Silva, Almedina, Coimbra, 2020.

—. *Da Cessação do Contrato*, 3ª edição – reimpressão, Almedina, Coimbra, 2020.

—. "A justa causa de despedimento.", *Estudos do Instituto de Direito do Trabalho, Vol. II, Justa Causa de Despedimento.*, Almedina, Coimbra, 2001, pp. 93 e ss.

—. "Os Novos Horizontes do Direito do Trabalho.", *III Congresso Nacional de Direito do Trabalho – Memórias*, António José Moreira (coord.), Almedina, Coimbra, 2001, pp. 326 e ss.

—. "Os princípios e o Direito do Trabalho em Portugal", *Os Novos Paradigmas do Direito do Trabalho homenagem a Valentin Carrion*, Silvestre, Rita Maria / Nascimento, Amauri Mascaro (coord.), Editora Saraiva, São Paulo, 2001, pp. 27 e ss.

MARTINEZ, Rey. –. "El derecho fundamental a no ser discriminado por razón de sexo", *La discriminación por razón de sexo tras 25 años de la Constituición española*, Consejo General del Poder Judicial, Madrid, 2004, pp. 25 e ss.

MARTINS, Ana Maria Guerra. –. *Direito Internacional dos Direitos Humanos*, Almedina, Coimbra, 2017.

—. *Curso de Direito Constitucional da União Europeia*, Almedina, Coimbra, 2004.

—. *A Igualdade e a Não Discriminação dos Nacionais de Estados Terceiros Legalmente Residentes na União Europeia – Da Origem na Integração Económica ao Fundamento na Dignidade do Ser Humano*, Almedina, Coimbra, 2010.

—. *As origens da constituição norte-americana, uma lição para a Europa*, Lex – Edições Jurídicas, Lisboa, 1994.

MARTINS, Sérgio Pinto. –. Direito do Trabalho, 28ª edição, Editora Atlas, São Paulo, 2012.

MAZZONI, Giuliano. –. *Manuale di Diritto del Lavoro*, Volume Primo, 6ª ed., Giuffrè Editore, Milano, 1988.

MAZZOTTA, Oronzo. –. *Diritto del Lavoro*, Giuffrè Editore, Milano, 2019.

MCDONALD, Laughlin –. *The Rights of Racial Minorities*, Second Edition. Southern Illinois University Press, Illinois, 1993.

MELGAR, Alfredo Montoya. –. *Derecho del Trabajo*, 41ª ed., Tecnos, Madrid, 2020.

MELGAR, Montoya /GALIANA, Moreno / NAVARRO, Sempre. –. *Derecho Social Europeu*, Fundación Dialnet, Madrid,1994.

MENDES, João João de Castro: Direitos, Liberdades e garantias – alguns aspectos gerais (artigos 25.º a 49.º) – Estudos sobre a Constituição- Volume I, Livraria Petrony, 1977, pp. 93 e seg.

MESQUITA, Andrade. –. *Direito do Trabalho*, 2ª edição, AAFDL, Lisboa, 2004.

MEYER, Francis. –. "La discrimination en fonction de l´âge en droit communautaire: aperçu de la jurisprudence recente de la Cour de Justice de l´Union européenne.", *Droit Ouvrier*, n.º 755, 2011, pp. 350 e ss.

MIRANDA, Jorge / MEDEIROS, Rui. –. *Constituição Portuguesa Anotada*, Tomo I, Coimbra Editora, Coimbra, 2007.

—. *Constituição Portuguesa Anotada, – Livro 1, Preâmbulo, Princípios Fundamentais, Direitos e Deveres Fundamentais, Artigos 1.º a 79.º*, 2ª edição revista, Universidade Católica Editora, 2010.

MIRANDA, Jorge. —. *Manual de Direito Constitucional, Preliminares. O Estado e os Sistemas Constitucionais*, Tomo I, 10ª edição, Coimbra Editora, Coimbra, 2014.

—. *Manual de Direito Constitucional, Direitos Fundamentais, Tomo IV*, 5ª edição, Coimbra Editora, Coimbra, 2012.

—. *Manual de Direito Constitucional, Tomo II* – Constituição, 6ª edição. Coimbra Editora, Coimbra, 2007.

—. "Princípio da Igualdade.", *Polis/Enciclopédia Verbo da Sociedade e do Estado*, vol. 3, pp. 401 e ss. Verbo, Lisboa, São Paulo, 1985.

MIRANDA, Jorge / MEDEIROS, Rui. –. *Constituição Portuguesa Anotada*, Tomo I, Coimbra Editora, 2005.

MONTEIRO, Luís Miguel. –. anotação aos artigos 100.º a 101.º, 111.º a 114.º, 135.º, 139.º a 149.º, 150.º a 156.º, 161.º a 164.º e 197.º a 257.º, Código do Trabalho Anotado, 13ª edição, Pedro Romano Martinez, Luís Miguel Monteiro, Joana Vasconcelos, Pedro Madeira de Brito, Guilherme Dray e Luís Gonçalves da Silva, Almedina, Coimbra, 2020.

MOREIRA, Teresa Coelho. –. *Direito do Trabalho na Era Digital*, Almedina, Coimbra, 2021.

—. "Direito ao respeito pela vida privada no âmbito de relações laborais", *Comentário da Convenção Europeia dos Direitos Humanos e dos Protocolos Adicionais,* Volume II, Universidade Católica Editora, Lisboa, 2020, pp. 1473-1492.

—. "Igualdade de Género no Trabalho, 4.0", *A Igualdade nas Relações de Trabalho,* Estudos APODIT, AAFDL, Lisboa, 2019, pp. 45 e ss.

—. "To Be or Not To Be Digital: o controlo das redes sociais online dos candidatos no processo de recrutamento", *Para Jorge Leite – Estudos Escritos Jurídico- Laborais,* Coimbra Editora, Coimbra, 2015.

—. "Controlo do Messenger dos trabalhadores: anotação ao acórdão do Tribunal da Relação de Lisboa de 7 de março de 2012", *Prontuário de Direito do Trabalho,* n.º 91/92, 2014.

—. "Transparency and data protection the workplace: the workers control by video surveillance", *Transparenz – Tagungsband des 17. Internationalen Rechtsinfomratik Symposions – IRIS 2014,* (coord. Erich Schweigofer, Frank Kummer, Walter Hötzendorfer), Oesterrechische Computer Gesellschaft, Áustria, 2014.

—. "Data Protection at work: the worker's privacy and the use of online social networks hiring decisions", *Abstraktion und Applikation – Tagungsband des 16. Internationalen Rechtsinfomratik Symposions – IRIS 2013, (coord. Erich Schweigofer, Frank Kummer, Walter Hötzendorfer), Oesterrrechische Cumputer Gesellschaft,* Áustria, 2013, also published www.jusletter-IT.eu, 20 February 2013.

—. "A discriminação em razão da idade no contexto de uma população envelhecida na UE.", *Igualdade e Não Discriminação, Estudos de Direito do Trabalho,* Almedina, Coimbra, 2013, pp. 9-78.

—. "Discriminação com base na orientação sexual dos trabalhadores", *Igualdade e Não Discriminação, Estudos de Direito do Trabalho,* Almedina, Coimbra, 2013, pp. 129-163.

—. "O ónus da prova em casos de discriminação", *Igualdade e Não Discriminação, Estudos de Direito do Trabalho,* Almedina, Coimbra, 2013, pp. 79-127.

—. "As novas tecnologias de informação e comunicação: um Admirável Mundo Novo do trabalho?", *Estudos de Homenagem ao Prof. Doutor Jorge Miranda,* Volume VI, Edição da Faculdade de Direito da Universidade de Lisboa, pp. 953-973, Coimbra Editora, Coimbra, 2012.

—. "A proteção de dados pessoais dos trabalhadores e a utilização de tecnologias de identificação por radiofrequência", *Memórias do XVI Congresso Ibero Americano de Derecho e Informática,* Quito, 2012.

—. "As Novas Tecnologias de Informação e Comunicação: um Admirável Mundo Novo do Trabalho?", *Estudos de Homenagem ao Prof. Doutor Jorge Miranda* – Volume VI, Coimbra Editora, Coimbra, 2012.

—. "Novas Tecnologias; Um admirável Mundo Novo do Trabalho", in *Revista de Direitos e Garantias Fundamentais,* n.º 11, Janeiro/Junho, 2012.

—. "A privacidade dos trabalhadores e a utilização de tecnologias de identificação por radiofrequência", *Estudos em Homenagem ao Professor Doutor Heinrich Hörster,* Almedina, Coimbra, 2012.

—. O controlo das comunicações electrónicas do trabalhador", *Direito do Trabalho + Crise = Crise do Direito do Trabalho?,* (coord. CATARINA CARVALHO e JÚLIO GOMES), Coimbra Editora, Coimbra, 2011.

—. "Direitos de personalidade", *Código do Trabalho – A revisão de 2009*, (coord. PAULO MORGADO DE CARVALHO), Coimbra Editora, Coimbra, 2011.

—. "O controlo electrónico dos e-mails dos trabalhadores", *Memórias do XV Congresso Ibero Americano de Derecho e Informática*, Dialnet, Buenos Aires, 2011.

—. "O poder de controlo do empregador através de meios audiovisuais: análise do art. 20.º do Código do Trabalho", *Nos 20 anos do Código das Sociedades Comerciais – Homenagem aos Profs. Doutores A. Ferrer Correia, Orlando de Carvalho e Vasco Lobo Xavier*, Coimbra Editora, Coimbra, 2007.

—. *A privacidade dos trabalhadores e as novas tecnologias de informação e comunicação: contributo para um estudo dos limites do poder de controlo electrónico do empregador*, Almedina, Coimbra, 2006.

—. "Intimidade do trabalhador e tecnologia informática", *VII Congresso Nacional de Direito do Trabalho – Memórias*, Almedina, Coimbra, 2004.

—. "A conduta e a orientação sexuais do trabalhador", *Estudos de Direito do Trabalho em Homenagem ao Professor Manuel Alonso Olea*, António Monteiro Fernandes (org.), Almedina, Coimbra, 2004, pp. 613-645.

NASCIMENTO, Amauri Mascaro. –. *Curso de Direito do Trabalho*, 28ª edição, revista, Editora Saraiva, São Paulo, 2013.

NETO, José Francisco Siqueira. –. "Princípios de Direito do Trabalho e economia de mercado.", *Os Novos Paradigmas do Direito do Trabalho homenagem a Valentin Carrion*, Amauri Mascaro / Rita Maria Silvestre Nascimento (coord.), Editora Saraiva, 2001, São Paulo, pp. 129 e ss.

NICKEL, James. –. "Human Rights.", *The Stanford Encyclopedia of Philosophy*, Edward N. Zalta (ed.), (Summer Edition), 2013.

NOVAIS, Jorge Reis. –. *Direitos Sociais. Teoria jurídica dos direitos sociais enquanto direitos fundamentais*, 2ª edição revista e reformulada, AAFDL, Lisboa, 2017.

—. *As restrições aos direitos fundamentais não expressamente autorizados pela Constituição*. Coimbra Editora, Coimbra, 2003.

—. "Renúncia a direitos fundamentais.", *Perspectivas Constitucionais – Nos 20 anos da Constituição de 1976*, Volume I, Jorge Miranda (org.), Coimbra Editora, Coimbra, 1997, pp. 263-335.

NOVITZ, Tonia. –. *International and European Protection of the Right to Strike. A Comparative Study of Standards Set by the International Labour Organization, the Council of Europe and the European Union*, Oxford, 2003.

OJEDA AVILÉS. –. António. *Ajenidad, dependencia o control: la causa del contrato*, Derecho PUCP: Revista de la Facultad de Derecho, Perú, 2007.

ORGANIZAÇÃO INTERNACIONAL DO TRABALHO. –. "Digital labour plataforms and the future of work. Towards decent work the online world", 2018, p. 107 https://www.ilo.org/wcmsp5/groups/public/---dgreports/---dcomm/---publ/documents/publication/wcms_645337.pdf, (01.03.2021).

OLEA, Alonso / BAAMONDE, M. Emilia Casas. –. *Derecho del Trabajo*, 26ª ed. Editorial Civitas, Madrid, 2009.

OLEA, Alonso. —. *Introducción al Derecho del trabajo*. Tecnos, Madrid, 2013.

PALADIN, Livio. –. *Eguaglianza, Enciclopedia del Diritto*, vol. XIV. Milano: Giuffrè, 1965.

PALMER, R.R. –. *The Age of Democratic Revolution – A Political History of Europe and America, 1760-1780*, Princeton University Press, Princeton, 1959.

PARREIRA, Isabel. –. "O Assédio Moral no Trabalho.", *V Congresso Nacional de Direito do Trabalho, Memórias*, António José Moreira coord., pp. 209- -247, Almedina, Coimbra, 2003.

—. "Assédio Sexual no Trabalho.", *IV Congresso Nacional de Direito do Trabalho, Memórias*, António José Moreira (coord.), Almedina, Coimbra, 2002.

PEDRO, Rute. –. "One size fits all? Civil Liability arising from traffic accidents im the context of the new mobility based on the use of digital platforms.", *The Sharing Economy: Legal problems of a permutations and combinations society*, Cambridge Scholars publishing, NewCastle, 2019, pp. 329- 351.

PELISSIER, Jean / SUPIOT, Alain / JEAMMAUD, Antoine. –. *Droit du Travail*, 24ème ed., Dalloz, Paris, 2008.

—. *Droit du Travail*. Dalloz, Paris, 2006.

PERA, Giuseppe/ MARCO Papaleoni. –. *Diritto del Lavoro*, 7ª ed., Cedam, Padova, 2003.

PERA, Giuseppe. –. *Compendio di Diritto del Lavoro*, Giuffrè, Milano, 2003.

—. *Compendio di Diritto del Lavoro*, 5ª ed., Giuffré Editore, Milano, 2000.

—. *Diritto del Lavoro*, 6ª ed., Cedam, Padova, 2000.

PERELMAN, Chaim. –. *Liberty, Equality and Public Interest, Equality and Freedom, Past, Present and Future*, Steiner, Wiesbaden,1977.

PÉREZ, Jesus Gonzalez. –. *La Dignidad de la Persona*, Civitas, Madrid, 1986.

PERONE, Giancarlo. –. "Direitos do trabalhador como indivíduo. Os direitos sociais.", *Os Novos Paradigmas do Direito do Trabalho (homenagem a Valentin Carrion)*, Silvestre, Rita Maria / Nascimento, Amauri Mascaro (coord.), pp. 60 e ss., Editora Saraiva, São Paulo, 2001.

PINILLA, Ana de La Puebla, "Cambio Tecnológico e impacto sobre el trabajo de las mujeres", *A Igualdade nas Relações de Trabalho*, Estudos APODIT, AAFDL, LISBOA, 2019, pp. 27 e ss.

PINTO, Mário / MARTINS, Furtado/CARVALHO, Nunes. –. *Comentário às Leis do Trabalho*, Lex, Lisboa, 1994.

PINTO, Mário. –. *Direito do Trabalho*. Universidade Católica, Lisboa, 1996.

PINTO, Paulo Mota. –. "O direito à reserva da intimidade da vida privada.", *Boletim da Faculdade de Direito da Universidade de Coimbra*, LXIX 1993, 1993, pp. 479-485.

—. A protecção da vida privada e a Constituição", comunicação apresentada na XVI Table Ronde International, Aix-en-Provence, 15-16 de setembro de 2000, *Boletim da Faculdade de Direito*, Coimbra, vol. 76 (2000), pp. 153-204.

—. "A limitação voluntária do direito à reserva sobre a intimidade da vida privada", *Estudos em homenagem a Cunha Rodrigues*, II, Coimbra Editora, Coimbra, 2001, pp. 527-558.

—. "A limitação voluntária do direito à reserva sobre a intimidade da vida privada", *Revista Luso-Brasileira de Direito Comparado*, vol. 21, 2001, pp. 21-62).

—. "A protecção da vida privada na jurisprudência do Tribunal Constitucional", *Jurisprudência Constitucional*, Lisboa, n.º 10, abr.-jun.2006, pp. 13-28.

—. *Direitos da personalidade e direitos fundamentais – Estudos*, Gestlegal, Coimbra, 2018.

PUNTA, R. Del. –. "Social Media and Workers' Rights: What Is at Stake?", *International Journal of Comparative Labor Law and Industrial Relations*, Wolters Kluwer, 2019, pp. 79 ss.

RACHLEFF, Peter. –. "Labor History for the Future, Vol. 42, n.º 3.", *Social Policy, Organizing for Social & Economic Justice*, New Orleans, LA, Fall 2012, pp. 34 e ss.

RAMALHO, Maria Do Rosário. –. *Tratado de Direito do Trabalho, Parte I – Dogmática Geral*, 5ª edição, Almedina, Coimbra, 2020.

—. "Igualdade e Desigualdade entre mulheres e homnes no trabalho e no emprego: da teoria à prática", *A Igualdade nas Relações de Trabalho*, Estudos APODIT, AAFDL, Lisboa, 2019, pp. 11 e ss.

—. *Tratado de Direito do Trabalho, Parte II – Situações Laborais Individuais*, 7ª ed, Almedina, Coimbra, 2019.

—. *Tratado de Direito do Trabalho, Parte III, Situações Laborais Colectivas*, 3ª ed, Almedina, Coimbra, 2020.

—. *Direito Social na União Europeia*, Almedina, Coimbra, 2009.

—. "Igualdade e não discriminação em razão do género no domínio laboral – situação portuguesa e relação com o direito comunitário.", *Estudos de Direito do Trabalho*, I, Almedina, Coimbra, 2003, pp. 227-246.

—. "O Direito do Trabalho numa sociedade em mutação acelerada e o problema da igualdade de tratamento entre trabalhadores e trabalhadoras.", *Estudos de Direito do Trabalho, I*, Almedina, Coimbra, 2003, pp. 215-225.

—. "Contrato de trabalho e direitos fundamentais.", *Estudos em Homenagem à Professora Doutora Isabel Magalhães Collaço*, Vol. II, Almedina, Coimbra, 2002, pp. 393-417.

—. *Da Autonomia Dogmática do Direito do Trabalho*, Almedina, Coimbra, 2001.

—. *Do Fundamento do Poder Disciplinar Laboral*, Almedina, Coimbra, 1993.

RAWLS, John. –. *Justice as Fairness: A Restatement*, ed. by Erin Kelly, Harvard University Press, Cambridge, 2001.

—. *Theory of Justice*. Harvard University Press, Massachusetts, 1971 (republicado em 1999).

—. *Political Liberalism*, Columbia University Press, New York, 1993.

REDINHA, Maria Regina. –. "Os direitos de personalidade no Código do Trabalho: actualidade e oportunidade da sua inclusão.", *A Reforma do Código do Trabalho*, Centro de Estudos Judiciários / Inspecção Geral do Trabalho (org.), Coimbra Editora, Coimbra, 2004, pp. 161-171.

—. "Assédio Moral ou Mobbing no Trabalho.", *Estudos em Homenagem ao Prof. Doutor Raúl Ventura*, Volume II, Coimbra Editora, Coimbra, 2003, pp. 833-847.

—. "Utilização de Novas Tecnologias no Local de Trabalho (algumas questões).", *IV Congresso Nacional de Direito do Trabalho*, António Moreira (org.), Almedina, Coimbra, 2002, pp. 115-125.

—. "O Teletrabalho.", *II Congresso Nacional de Direito do Trabalho*, António José Moreira (coord.), Almedina, Coimbra, 1999, pp. 95 e ss.

—. *Relação Laboral Fragmentada. Estudo sobre o Trabalho Temporário*. Coimbra Editora, Coimbra, 1995.

REICH, Robert, *The Common Good*, Knopf, New York, 2018.

RICCOBONO, Alessandro / BOLOGNA, Silvio, "What are you thinking about?". Freedom of expression and labour lawin times of social network", *Variazioni su Temi di Diritto del Lavoro*, Fascicolo 3/2020, Giappichelli, pp. 819 e ss.

RIVERO, Jean. –. "La protection des droits de l'homme dans les rapports entre personnes privées", *René Cassin – Amicorum Discipulorumque Liber.* A. Pardone, Paris, 1971.

ROCCELLA, Massimo. –. *Manual di Diritto del Lavoro,* 6ª ed., G. Giappichelli Editore, Torino, 2015.

ROCCELLA, Massimo / TIZIANO Treu. –. *Diritto del Lavoro della Comunità Europea,* 8 ed., CEDAM, Padova, 2019.

RODRIGUES DE ALMEIDA, Cynthia Campello / GUIZZARDI VAZ, Fernando. –. "Redes Sociais e Relação de Emprego : os Limites do Poder Diretivo Patronal", *Novas Tecnologias, Processo e Relações de Trabalho, III,* DENISE PIRES FINCATO e LEILIANE PIOVESANI VIDALETTI org., Editora CRV, Curitiba, pp. 67-83 .

RODRIGUES, Américo Plá. –. "Los princípios y el derecho del trabajo en Uruguay.", *Os Novos Paradigmas do Direito do Trabalho (homenagem a Valentin Carrion),* Silvestre, Rita Maria / Nascimento, Amauri Mascaro (coord.), Editora Saraiva, São Paulo, 2001, pp. 53 e ss.

—. *Princípios de Direito do Trabalho.* Editora LTR, São Paulo, 1997.

—. *Curso de derecho laboral,* Acali, Montevideo, 1978.

ROTMAN, David. –. "How Technology is Destroying Jobs.", *MIT Technology Review,* Volume 116, n.º 4, Massachusetts Institute of Technology, Boston, July/August de 2013: pp. 28 e ss.

ROUXINOL, Milena Silva: Contrato de trabalho – um modelo formoso e não seguro (ou: quando o trabalhador é um "Adónis musculado deambulando pela praia") – *Direito do Trabalho e as empresas novos desafios, novas soluções – Congresso Internacional de Ciências jurídico-empresariais,* ocorrido em Leiria – outubro de 2017, edição dezembro de 2017, pp. 7 e segs.

RUIZ, Armando Torrent. –. Manual de Derecho Privado Romano, Madrid, Edisofer, 2008.

SABINO, João Filipe Moreira. –. "Os Direitos Fundamentais nas Relações de Trabalho.", *Direitos Humanos e Direito do Trabalho,* de Piovesan, Flávia/ Carvalho, Luciana Paula Vaz de (coord.), Editora Atlas, São Paulo, 2010, pp. 64 e ss.

SANGUINETI RAYMOND, Wilfredo.—. *Contrato de Trabajo Y Nuevos Sistemas Productivo: Un estudio sobre el concepto de subordinación jurídico-laboral y su aptitud para reflejar las transformaciones recientes de las formas de organización del trabajo,* Ara Editores, Lima, 1996.

SANTORO-Passarelli, Francesco.—. *Nozioni di Diritto del Lavoro,* Giuffré Editore, Napoli, 1995.

—. *Nozioni di Diritto del Lavoro,* 35ª edição. Casa Editrice Dott. Eugenio Jovene, Napoli,1995.

SANTOS, Alessandro Pombo. –. Breves notas sobre a "eficácia horizontal dos direitos humanos", http://datavenia.net/artigos/brevesnotassobreeficaciahorizontadir eitoshumanos.html

SANTOS, Sabina Pereira dos. –. *Direito do Trabalho e Política Social na União Europeia,* Principia, Cascais, 2000.

SANGUINETI RAYMOND, Wilfredo. Los teletrabajadores de la emergência y el teletrabajo del futuro, 2020, *http://cres.cescyl.es/los-teletrabajadores-de-la-emergencia-y-el-teletrabajo--del-futuro/,* (01.03.2021).

SARLET, Ingo Wolfgang. –. A eficácia dos direitos fundamentais, 6ª ed. Livraria do Advogado, Porto Alegre, 2006.

SCHROEDER, Helena Carolina. –. Os "limites da limitação voluntária" dos direitos da personalidade diante do mínimo existencial e do núcleo duro dos direitos fundamentais, *XIII seminário internacional – demandas sociais e políticas públicas nas sociedades contemporâneas & IX mostra internacional de trabalhos científicos* – 2016 – https://online.unisc.br/acadnet/anais/index.php/sidspp/ article/download/15765/3665

SCHWABE, Jürgen. –. *Cinqüenta Anos de Jurisprudência do Tribunal Constitucional Federal Alemão*, tradução de Beatriz Hennig Leonardo Martins Mariana Bigelli de Carvalho, Konrad Adeneuer Stiftung, 2005.

SEGOVIA, Amparo Merino. –. "Género y Cuotas: su ordenación jurídica en los âmbitos económico y político" (Amparo Merino Segovia), *A Igualdade nas Relações de Trabalho*, Estudos APODIT, AAFDL, Lisboa, 2019, pp. 69 e ss.

SEN, Amartya. –. A ideia de justiça, Almedina, Coimbra, 2012.

SILVA, Filipe Fraústo da. –. "30 Anos de Contrato de Trabalho a Termo." A Reforma do Código do Trabalho, de Centro de Estudos Judiciários/Inspecção Geral do Trabalho (coord.), pp. 271-274, Coimbra Editora, Coimbra, 2004.

SILVA, Luís Gonçalves Da. –. anotação aos artigos 1.º a 3.º e 404.º a 529.º, *Código do Trabalho Anotado*, 9ª edição, Pedro Romano Martinez, Luís Miguel Monteiro, Joana Vasconcelos, Pedro Madeira de Brito, Guilherme Dray e Luís Gonçalves da Silva, Almedina, Coimbra, 2013.

—. "O Código do Trabalho face à Constituição" *Estudos de Direito do Trabalho (Código do Trabalho)*, volume I, 2ª ed., Almedina, Coimbra, 2008, pp. 18 e ss.

—. "Princípios Gerais da Contratação Coletiva no Código do Trabalho.", *Estudos de Direito do Trabalho (Código do Trabalho)*, volume I, 2ª ed., Almedina, Coimbra, 2008, pp. 179 e ss.

—. *Da Eficácia Normativa das Convenção Coletiva*, Colecção Cadernos Laborais, n.º 1, Instituto de Direito do Trabalho, Almedina, Coimbra, 2002.

—. *Direito Constitucional do Trabalho Comparado*, —. *Direito Constitucional do Trabalho Comparado*, AAFDL Editora, Lisboa, 2021.

SOUSA, Duarte Abrunhosa e, "Impacts of collaborative economy work relations; A growing processo or already broken down", *The Sharing Economy: Legal problems of a permutations and combinations society*, 2019, Org. Maria Regina Redinha, Maria Raquel Guimarães e Francisco Liberal Fernandes, Cambrigde Scholars Publishing, United Kingdom, 2019 pp. 388-408.

SOUSA, Miguel Teixeira de. –. *Introdução ao Direito*, Almedina, Coimbra, 2016.

—. "Positivismo e Valores." *Estudos de Homenagem ao Prof. Doutor Jorge Miranda*, Volume VI, Edição da Faculdade de Direito da Universidade de Lisboa, pp. 403-415, Coimbra Editora, Combra, 2012.

SOUSA, Rabindranath Capelo de. –. *O direito geral de personalidade*, Coimbra Editora, Coimbra, 1995.

SREENIVASAN, Gopal. –. "Justice, Inequality, and Health.",*The Stanford Encyclopedia*, (Spring Edition) 2009.

SUPIOT, Alain. –. *Le droit du travail*, Presses Universitaires de France, Paris, 2016.

–. *Critique du droit du travail*, Presses Universitaires de France, Paris, 2015.

–. *Transformações do trabalho e o futuro do Direito do trabalho na Europa*. Coimbra Editora, Coimbra, 2003.

—. "Transformations du travail et devenir du droit du travail: une prospective européene." Revue Internationale du Travail, vol. 138 (1999), n.º 1, 1999: pp. 33 e ss. –. Le travail en perspectives, Librairie LGDJ, Paris, 1998.

STEFANO, De / ALOISI, A. –. "European legal framework for "digital labour platforms", *European Commission*, 2018.

SUPIOT, Alain/CASAS, María Emilia/MUNCK, Jean de/HANAU, Peter/JOHANSSON, Andres/MEADOWS, Pamela/MINGIONE, Enzo/SALAIS, Robert/HEIJDEN, Paul Va Der. –. *Transformações do Trabalho e futuro do Direito do Trabalho na Europa*, Coimbra Editora, Coimbra, 2003.

SUPIOT,: Dalloz-Sirey, Alain / LYON-CAEN. Gerard / PELISSIER, Jean. –. *Droit du Travail*, Paris, 2000.

SVOLOS, Alex. –. *Le Travail dans les Constitutions Contemporaine*, Librairie du Recuel Sirey, Paris, 1939.

SWAN, Kyle. –. "Republican Equality", *Social Theory and Practice*, Volume 38, n.º 3, Department of Philosophy, The Florida State University, July de 2012: pp. 432 e ss.

TEYSSIÉ, Bernard. –. *Droit européen du travail*, 4ª ed. Paris: Litec, 2010.

—. *Droit du Travail*, 1. Relations individuelles de travail, 12ª edição, Litec, Paris, 1992.

THALIA, O. –. "Public employees' first amendment speech rights the social media world: #fire or #fire-d?", *Hofstra Labor and Employment Law Journal*, Hofstra University, 2019, pp. 431 ss.

THOMSEN, Frej Klem. –. "But some Groups Are More Equal Than Others: a critical revew of the Group-Criterion the concept of discrimination", *Social Theory and Practice*, Volume 39, n.º 1, Department of Philosophy The Florida State University, January de 2013, pp. 120 e ss.

THORNTHWAITE, L. –. "Social media and dismissal: Towards a reasonable expectation of privacy?", *Journal of Industrial Relations*, SAGE Publishing, 2018, pp. 119 ss.

THÜSING, Gregor. –. "Following the U.S. Example: european Employment Discrimination Law and the Impact of Council Directives 2000/43/EC and 2000/78/ EC.",*The International Journal of Comparative Labour Law and Industrial Relations*, vol. 19, n.º 2, Summer de 2003.

TODOLÍ-SIGNES. –. "A special regulation for the gig economy: Which things would we need to regulate and which not", *The Sharing Economy: Legal problems of a permutations and combinations society*, 2019, pp. 99-109.

–. "The end of the subordinate worker?:Collaborative economy, on-demand economy, Gig economy, and the crowdworkers' need for protection", *University of Balearic Island*, 2017.

VALENTE, Joana Nunes. –. A fuga à relação de trabalho típica, Coimbra Editora, Coimbra, 2008.

VAN ZOONEN, Ward / RICE, R.E.. –. "Paradoxical implications of personal social media use for work", New technology work and employment, Edited By: Debra Howcroft and Miguel Martinez Lucio, 2017, pp. 228 ss.

VASCONCELOS, Joana. –. anotação aos artigos 136.º a 138.º, 258.º a 280.º, 285.º a 287.º, 294.º a 322.º, 333.º a 336.º e 394.º a 403.º, *Código do Trabalho Anotado*, 13ª edição, Pedro Romano Martinez, Luís Miguel Monteiro, Joana Vasconcelos, Pedro Madeira de Brito, Guilherme Dray e Luís Gonçalves da Silva, Almedina, Coimbra, 2020.

—. *O Contrato de Trabalho – 100 Questões,* 6ª edição Revista e Atualizada, Universidade Católica Editora, 2020.

—. *A Revogação do Contrato de Trabalho,* Almedina, Coleção Teses de Doutoramento, Coimbra, 2011.

—. "O conceito de justa causa de despedimento. Evolução legislativa e situação actual", *Estudos do Instituto de Direito do Trabalho,* Vol. II, Justa Causa de Despedimento, Instituto de Direito do Trabalho da Faculdade de Direito da Universidade de Lisboa, de Pedro Romano Martinez coord., pp. 15 e ss, Almedina, Coimbra, 2001.

VEIGA, Motta. –. *Direito do Trabalho Internacional e Europeu,* Universidade Lusíada, Lisboa, 1994.

VENTURA, Raúl. –. *Teoria da Relação Jurídica de Trabalho, Estudos de Direito Privado,* Imprensa Portuguesa, Porto,1944.

VERDIER, Jean-Maurice. –. *Libertés et travail. Problématique des droits de l'homme et rôle du juge,* Recueil Dalloz Sirey, Paris, 1988.

VILLALON, Jesus Cruz/CARACUEL, Manuel Ramón Alarcon. –. *La igualdad de trato en el Derecho Comunitario Laboral,* Aranzadi Editorial, Madrid,1997.

XAVIER, Bernardo Lobo. –. *Contratação coletiva – cláusulas de paz, vigência e sobrevigência, Código do Trabalho – alguns aspectos cruciais,* Principia, Cascais, 2003.

—. "A Constituição portuguesa como fonte do Direito do Trabalho e os direitos fundamentais dos trabalhadores", *Estudos de Direito do Trabalho em Homenagem ao Professor Manuel Olonso Olea,* Almedina, Coimbra, 2004, pp 163 e segs.

—. "Contrato de trabalho a prazo", *Revista de Direito e de Estudos Sociais,* n.º 4, Almedina, Coimbra, 1998, pp. 424-436.

—. Regime Jurídico do Contrato de Trabalho Anotado, 2ª edição. Lisboa, 1972.

XAVIER, Bernardo Lobo, com a colaboração de P. Furtado Martins, A. Nunes de Carvalho, Joana Vasconcelos e Tatiana Guerra De Almeida. –. *Manual de Direito do Trabalho,* 4ª Edição, Revista e Atualizada, Rei dos Livros, 2020.

WALLON, Ch. Lenoir e B. –. "Informatique, travail et libertés", *Droit Social,* n.º 3, março de 1988: pp. 2-241.

WAQUET, Philippe. –. "La vie personelle du salarié.", *Droit Social,* Dalloz, Paris, 2004: pp. 23 e ss.

WEDDERBURN, Lord. –. *Los Derechos Laborales en Gran Bretaña y en Europa,* Centro de Publicaciones – Ministerio de Trabajo y Seguridad Social, Madrid,1994.

WEISS, Manfred. –. "Re-Inventing Labour Law?", *The Idea of Labour Law,* Edited by Guy Davidov & Brian Langille, Oxford University Press, United Kingdom, 2013, pp. 43-57.

WILFERT, Joël, *As grandes noções da filosofia (A liberdade),* Instituto Piaget, Lisboa, 2002.

ZOONEN, Ward Van / RICE, R.E. –. "Paradoxical implications of personal social media use for work", *New technology work and employment,* Edited By: Debra Howcroft and Miguel Martinez Lucio, 2017, pp. 228 ss.